Lei de Responsabilidade Fiscal
Lei Complementar Nº 101, de 04 de maio de 2000

Coleção Jacoby de Direito Público

Coleção Jacoby de Direito Público v. 2

Organização: J. U. Jacoby Fernandes

Lei de Responsabilidade Fiscal
Lei Complementar Nº 101, de 04 de maio de 2000

6ª edição, revista, atualizada e ampliada

Belo Horizonte

2014

© 2013 da 5ª edição by Editora Fórum: 1000 exemplares
2014 da 6ª edição by Editora Fórum: 1.000 exemplares.

Coordenação Editorial: Mailson Veloso Sousa
Assistência Editorial: Vinícius da Silva Paiva
Capa e produção gráfica: Walter Santos

Dados Internacionais de Catalogação na Publicação (CIP)

B823l   Brasil. Lei de Responsabilidade Fiscal (2000)
        Lei de Responsabilidade Fiscal. Lei Complementar nº 101, de
        4 de maio de 2000. Organização dos textos e índices por Jorge
        Ulisses Jacoby Fernandes. 6. ed. rev. atual e ampl.   Belo
        Horizonte: Fórum, 2014.
        444 p.
        ISBN: 978-85-7700-837-7

        1. Lei de Responsabilidade Fiscal, Brasil (2000). 2.
        Administração pública, responsabilidade tributária, Brasil. 3.
        Bens públicos, responsabilidade, Brasil. 4. Administração
        pública, controle, Brasil. 5. Finanças públicas, controle,
        legislação, Brasil. 6. Probidade administrativa, legislação, Brasil.
        I. [Brasil. Lei Complementar n. 101 de 4 de maio de 2000]. II.
        Jacoby Fernandes, Jorge Ulisses.
        CDD: 341.387   CDU: 336.1/.5(81)(094)

Proibida a reprodução total ou parcial desta obra, por qualquer meio
eletrônico, inclusive por processos xerográficos, sem autorização
expressa do editor, em especial das notas e índice de assuntos.

SUMÁRIO

NOTA DO ORGANIZADOR 9

LEI COMPLEMENTAR Nº 101, DE 4 DE MAIO DE 2000 11

Estabelece normas de finanças públicas voltadas para a responsabilidade na gestão fiscal e dá outras providências.

CAPÍTULO I - DISPOSIÇÕES PRELIMINARES 11
CAPÍTULO II - DO PLANEJAMENTO 18
Seção I - Do Plano Plurianual 18
Seção II - Da Lei de Diretrizes Orçamentárias 19
Seção III - Da Lei Orçamentária Anual 22
Seção IV - Da Execução Orçamentária e do Cumprimento das Metas 26
CAPÍTULO III - DA RECEITA PÚBLICA 29
Seção I - Da Previsão e da Arrecadação 29
Seção II - Da Renúncia de Receita 31
CAPÍTULO IV - DA DESPESA PÚBLICA 35
Seção I - Da Geração da Despesa 35
Subseção I - Da Despesa Obrigatória de Caráter Continuado 42
Seção II - Das Despesas com Pessoal 44
Subseção I - Definições e Limites 44
Subseção II - Do Controle da Despesa Total com Pessoal 59
Seção III - Das Despesas com a Seguridade Social 64
CAPÍTULO V - DAS TRANSFERÊNCIAS VOLUNTÁRIAS 65
CAPÍTULO VI - DA DESTINAÇÃO DE RECURSOS PÚBLICOS PARA O SETOR PRIVADO 68
CAPÍTULO VII - DA DÍVIDA E DO ENDIVIDAMENTO 70
Seção I - Definições Básicas 70
Seção II - Dos Limites da Dívida Pública e das Operações de Crédito 72
Seção III - Da Recondução da Dívida aos Limites 75

SUMÁRIO

Seção IV - Das Operações de Crédito 76
Subseção I - Da Contratação 76
Subseção II - Das Vedações 80
Subseção III - Das Operações de Crédito por Antecipação de Receita Orçamentária 84
Subseção IV - Das Operações com o Banco Central do Brasil 86
Seção V - Da Garantia e da Contragarantia 87
Seção VI - Dos Restos a Pagar 89
CAPÍTULO VIII - DA GESTÃO PATRIMONIAL 93
Seção I - Das Disponibilidades de Caixa 93
Seção II - Da Preservação do Patrimônio Público 96
Seção III - Das Empresas Controladas pelo Setor Público 99
CAPÍTULO IX - DA TRANSPARÊNCIA, CONTROLE E FISCALIZAÇÃO 100
Seção I - Da Transparência da Gestão Fiscal 100
Seção II - Da Escrituração e Consolidação das Contas 102
Seção III - Do Relatório Resumido da Execução Orçamentária ... 105
Seção IV - Do Relatório de Gestão Fiscal 107
Seção V - Das Prestações de Contas 110
Seção VI - Da Fiscalização da Gestão Fiscal 112
CAPÍTULO X - DISPOSIÇÕES FINAIS E TRANSITÓRIAS 116

MENSAGEM DE VETO À LEI DE RESPONSABILIDADE FISCAL 125
Mensagem nº 627, de 4 de maio de 2000

Art. 3º - Razões do veto 126
Alínea "c" do inciso I do art. 4º - Razões do veto 127
Alínea "d" do inciso I do art. 4º - Razões do veto 128
Inciso II do art. 4º - Razões do veto 129
Inciso III do art. 4º - Razões do veto 130
Alínea "a" do inciso III do art. 5º - Razões do veto 131
§7º do art. 5º - Razões do veto 132
Art. 6º - Razões do veto 133

LRF   SUMÁRIO

§6º do art. 20 - Razões do veto 134
Inciso III do §3º do art. 32 - Razões do veto 135
§3º do art. 40 - Razões do veto 135
§4º do art. 40 - Razões do veto 136
Art. 41 - Razões do veto 137
Alínea "a" do inciso II do art. 63 - Razões do veto 138
Inciso II do §1º do art. 25 - Razões do veto 139

LEI Nº 10.028, DE 19 DE OUTUBRO DE 2000 ....**141**
Altera o Decreto-Lei nº 2.848/1940 - Código Penal, a Lei nº 1.079/1950, e o
Decreto-Lei nº 201, de 27 de fevereiro de 1967.

LEI Nº 12.919, DE 24 DEZEMBRO DE 2013...............................**149**
Dispõe sobre as diretrizes para a elaboração e execução da Lei Orçamentária de
2014 e dá outras providências.

LEI Nº 12.952, DE 20 JANEIRO DE 2014 ....**273**
Estima a receita e fixa a despesa da União para o exercício financeiro de 2014.

JURISPRUDÊNCIA – STF: ADI Nº 2238-5 ....**292**

JURISPRUDÊNCIA – STF: AC Nº 1.033-1/DF **298**

LEGISLAÇÃO COMPLEMENTAR **314**

SECRETARIA DO TESOURO NACIONAL **314**

CARTILHA DO MPOG SOBRE A LEI DE RESPONSABILIDADE
FISCAL **316**

ÍNDICE DE ASSUNTOS **343**

NOTA DO ORGANIZADOR

A Lei de Responsabilidade Fiscal - LRF, que acaba de completar 14 anos de existência, se destaca não só pelo conteúdo como pelo fato de ser uma das raras normas nacionais de grande expressão alterada uma única vez.

Desde a sua publicação, a LRF contribuiu para a evolução do modo de pensar a gestão pública no país, fomentando o desenvolvimento das políticas de gestão ao estipular metas governamentais e a obrigatoriedade da transparência e publicidade das movimentações orçamentárias, desde os pequenos municípios à União Federal.

Esta obra, encabeçada pela íntegra do texto da LRF, reúne relevante jurisprudência e um conjunto de orientações normativas colhidas, principalmente, perante o Tribunal de Contas de União, tribunais de contas estaduais e o Poder Judiciário, fundamentais para sintetizar o entendimento adotado.

Nesta edição foram inseridas, ainda, a Lei de Diretrizes Orçamentárias e a própria Lei Orçamentaria para 2014.

Considerando o avanço tecnológico e buscando maior objetividade, melhor organização e fluência na leitura, abdicamos de alguns preceitos da Associação Brasileira de Normas Técnicas - ABNT.

O índice remissivo, como facilitador de pesquisa, foi integralmente reformulado de forma a conduzir o leitor ao encontro rápido e eficiente dos assuntos do seu interesse.

Esperamos que esta obra contribua para a manutenção dos valores éticos que deve permear o correto emprego da verba pública, patrimônio dos cidadãos.

Lei Complementar Nº 101, de 4 de maio de 2000

Estabelece normas de finanças públicas voltadas para a responsabilidade na gestão fiscal e dá outras providências.

O PRESIDENTE DA REPÚBLICA Faço saber que o Congresso Nacional decreta e eu sanciono a seguinte Lei Complementar:

CAPÍTULO I - DISPOSIÇÕES PRELIMINARES

Art. 1º Esta Lei Complementar estabelece normas de finanças públicas voltadas para a responsabilidade na gestão fiscal, com amparo no Capítulo II do Título VI da Constituição.[1]

---

[1] **CF/1988. Art. 163.** Lei complementar disporá sobre: **I** - finanças públicas; **II** - dívida pública externa e interna, incluída a das autarquias, fundações e demais entidades controladas pelo poder público; **III** - concessão de garantias pelas entidades públicas; **IV** - emissão e resgate de títulos da dívida pública; **V** - fiscalização financeira da administração pública direta e indireta; (Redação dada pela Emenda Constitucional nº 40, de 2003) **VI** - operações de câmbio realizadas por órgãos e entidades da União, dos Estados, do Distrito Federal e dos Municípios; **VII** - compatibilização das funções das instituições oficiais de crédito da União, resguardadas as características e condições operacionais plenas das voltadas ao desenvolvimento regional. **Art. 164.** A competência da União para emitir moeda será exercida exclusivamente pelo Banco Central. **§1º** É vedado ao Banco Central conceder, direta ou indiretamente, empréstimos ao Tesouro Nacional e a qualquer órgão ou entidade que não seja instituição financeira. **§2º** O Banco Central poderá comprar e vender títulos de emissão do Tesouro Nacional,

Art. 1º
J. U. Jacoby Fernandes

§1º A responsabilidade na gestão fiscal pressupõe a ação planejada e transparente, em que se previnem riscos e corrigem desvios capazes de afetar o equilíbrio das contas públicas, mediante o cumprimento de metas de resultados entre receitas e despesas e a obediência a limites e condições no que tange a renúncia de receita, geração de despesas com pessoal, da seguridade social e outras, dívidas consolidada e mobiliária, operações de crédito , inclusive por antecipação de receita, concessão de garantia e inscrição em Restos a Pagar.[2]

---

com o objetivo de regular a oferta de moeda ou a taxa de juros. §3º As disponibilidades de caixa da União serão depositadas no Banco Central; as dos Estados, do Distrito Federal, dos Municípios e dos órgãos ou entidades do poder público e das empresas por ele controladas, em instituições financeiras oficiais, ressalvados os casos previstos em lei.

TCU determinou: "[...] 9.7.8. contabilize, como outras despesas de pessoal, os dispêndios efetuados com terceirização de mão-de-obra, referentes á substituição de servidores, conforme determina o art. 18, parágrafo 1º, da Lei de Responsabilidade Fiscal. [...]." Processo TC nº 009.144/2004-4. Acórdão 201/2007 - 2. Câmara.

[2] **Despesas obrigatórias - limitação de empenho e movimentação.** TCU determinou: "[...] aos Ministérios da Fazenda e do Planejamento, Orçamento e Gestão que, em prol da transparência na gestão das finanças públicas e com base no art. 1º, §1º, da Lei Complementar n.º 101/2000, não incluam despesas obrigatórias nos limites de movimentação e empenho, nas próximas minutas de decretos que versarem sobre a matéria. [...]." Processo TC nº 007.465/2005-0. Acórdão nº 1574/2005 - Plenário.

TCU determinou: "[...] 9.7.7. adote medidas prévias para que a despesa e a assunção de compromisso sejam registrados segundo o regime de competência, conforme estabelece a Lei de Responsabilidade Fiscal,

LRF	Art. 1º

§2º As disposições desta Lei Complementar obrigam a União, os Estados, o Distrito Federal e os Municípios.

§3º Nas referências:

I - à União, aos Estados, ao Distrito Federal e aos Municípios, estão compreendidos:[3]

---

observando rigorosamente a proibição de realizar despesas sem crédito orçamentário. [...]." Processo TC nº 009.144/2004-4. Acórdão 201/2007 - 2. Câmara.

[3] **a) Autarquias - contratos - atos - previsão.** As despesas inerentes à participação de servidores, membros de Conselhos Fiscal e Administrativo de autarquia municipal, deverão obedecer rigorosamente os princípios norteadores da Administração Pública expressos no art. 37 da Constituição Federal, quais sejam: legalidade, impessoalidade (finalidade pública), moralidade, publicidade e eficiência. Caberá ao administrador público utilizar os recursos em manifesta obediência aos princípios acima consignados, sendo inadmitido, sob pena de desvio de finalidade, sujeito às penalidades legais, a utilização desses recursos em benefício de particulares. Os contratos das autarquias estão submetidos à licitação, por expressa determinação do art. 1º, parágrafo único, da Lei Federal nº 8.666/93 e do art. 37, XXI, da Constituição Federal, bem como os seus atos às normas de finanças voltadas para a responsabilidade de gestão fiscal, nos termos do art. 1º, **§3º**, inciso I, da Lei Complementar nº 101, de 04 de maio de 2000: TCE/SC. Processo nº 00/03401979. Decisão nº 4083/00.

b) Conselhos profissionais: TCU determinou aos Conselhos: "[...] movimente contas correntes e efetue aplicações financeiras preferencialmente em papéis de renda fixa lastreados em títulos do Tesouro Nacional, depósitos a prazo fixo ou caderneta de poupança, por intermédio das instituições financeiras oficiais Banco do Brasil ou Caixa Econômica Federal, na forma do **§3º** do art. 164 da Constituição Federal, evitando aplicações em papéis de renda variável, a exemplo de ações, fundos, opções,

a) o Poder Executivo, o Poder Legislativo, neste abrangidos os Tribunais de Contas, o Poder Judiciário e o Ministério Público;

b) as respectivas administrações diretas, fundos, autarquias, fundações e empresas estatais dependentes;

II - a Estados entende-se considerado o Distrito Federal;

III - a Tribunais de Contas estão incluídos: Tribunal de Contas da União, Tribunal de Contas do Estado e, quando houver, Tribunal de Contas dos Municípios e Tribunal de Contas do Município.

Art. 2º Para os efeitos desta Lei Complementar, entende-se como:

I - ente da Federação: a União, cada Estado, o Distrito Federal e cada Município;

II - empresa controlada: sociedade cuja maioria do capital social com direito a voto pertença, direta ou indiretamente, a ente da Federação;[4]

---

swaps e outros derivativos dos mercados a termo e futuro, dentre outros papéis que possam pôr em risco os rendimentos e/ou as disponibilidades do conselho [...]." Processo nº 012.782/2004-0. Acórdão nº 980/2005 - 2. Câmara. Nota: aos conselhos de classe aplicam-se apenas os princípios gerais da LRF, conforme Processo TC nº 016.756/2003-0, Acórdão nº 341/2004 - Plenário do TCU.

[4] **Empresas controladas - LRF, art. 47, p.ú. – cumprimento:** "[...] As empresas controladas, assim definidas no inciso II do art. 2º da Lei Complementar nº 101/2000 - Lei de Responsabilidade Fiscal, como é o caso da Companhia de Desenvolvimento de Santa Catarina - CODESC - estão sujeitas à demonstração do cumprimento do disposto no parágrafo único do art. 47 da citada Lei. [...]." TCE/SC. Processo nº 00/03319105.

LRF   Art. 2º

III - empresa estatal dependente: empresa controlada que receba do ente controlador recursos financeiros para pagamento de despesas com pessoal ou de custeio em geral ou de capital, excluídos, no último caso, aqueles provenientes de aumento de participação acionária;[5]

IV - receita corrente[6] líquida: somatório das receitas tributárias,

---

Decisão nº 2982/2000.

[5] **a) O TCDF decidiu** firmar o entendimento de que somente são aplicados às empresas controladas não dependentes de recursos financeiros do Tesouro local, considerada a dependência definida na forma das Resoluções Senado Federal nᵒˢ 40/2001 e 43/2001, os princípios gerais da Lei Complementar nº 101/2000, como planejamento, transparência, controle responsabilização, bem assim os seguintes dispositivos da mencionada lei: art. 26; art. 32, "*caput*"; art. 35, "*caput*"; art. 36; art. 37; inciso II; art. 40, §§6º, 7º e 8º; art. 43 e art. 47. Processo nº 27.797/2005. Decisão nº 4.489/2006.

b) O TCU dispensa o contador da empresa de apresentar a declaração que atesta os demonstrativos constantes do SIAFI, tendo em vista que a ELETRONUCLEAR não se enquadra no rol das empresas estatais dependentes, e por ter a natureza jurídica de sociedade anônima: Processo TC nº 020.271/2008-6. Acórdão nº 1.913/2009 - 2. Câmara.

[6] **Lei nº 4.320/1964. Art. 11.** A receita classificar-se-á nas seguintes categorias econômicas: Receitas Correntes e Receitas de Capital. (Redação dada pelo Decreto Lei nº 1.939, de 20.5.1982) §1º São Receitas Correntes as receitas tributária, de contribuições, patrimonial, agropecuária, industrial, de serviços e outras e, ainda, as provenientes de recursos financeiros recebidos de outras pessoas de direito público ou privado, quando destinadas a atender despesas classificáveis em Despesas Correntes. (Redação dada pelo Decreto-lei nº 1.939, de 20.5.1982) [...] **Art. 35.** Pertencem ao exercício financeiro: **I** - as receitas nele arrecadadas;

de contribuições, patrimoniais, industriais, agropecuárias, de serviços, transferências correntes e outras receitas também correntes, deduzidos:

a) na União, os valores transferidos aos Estados e Municípios por determinação constitucional ou legal, e as contribuições mencionadas na alínea a do inciso I e no inciso II do art. 195, e no art. 239 da Constituição;[7]

Vide art. 53, inciso I, desta Lei.

[7] **CF/1988. Art. 195.** [...] **I.** [...] **a)** a folha de salários e demais rendimentos do trabalho pagos ou creditados, a qualquer título, à pessoa física que lhe preste serviço, mesmo sem vínculo empregatício; (Incluído pela Emenda Constitucional nº 20, de 1998) [...] **II** - do trabalhador e dos demais segurados da previdência social não incidindo contribuição sobre aposentadoria e pensão concedidas pelo regime geral de previdência social de que trata o art. 201; (Redação dada pela Emenda Constitucional nº 20, de 15/12/98) [...] **Art. 239.** A arrecadação decorrente das contribuições para o Programa de Integração Social, criado pela Lei Complementar nº 7, de 7 de setembro de 1970, e para o Programa de Formação do Patrimônio do Servidor Público, criado pela Lei Complementar nº 8, de 3 de dezembro de 1970, passa, a partir da promulgação desta Constituição, a financiar, nos termos que a lei dispuser, o programa do seguro-desemprego e o abono de que trata o **§3º** deste artigo.

TCU decidiu: "[...] 9.3. determinar à Secretaria do Tesouro Nacional-STN, que: 9.3.1. ao calcular a Receita Corrente Líquida da União - RCL deduza a contribuição contabilizada na conta "1210.30.04 - Contribuição Previdenciária da Empresa Optante pelo SIMPLES" e quaisquer receitas que estejam subordinadas à vedação constante do inciso XI do art. 167 da Constituição Federal, em cumprimento ao disposto na parte final da alínea "a" do inciso IV do art. 2º da Lei Complementar nº 101, de 2000. [...]." Processo TC nº 014.165/2008-8. Acórdão 2169/2008 - Plenário.

LRF   Art. 2°

b) nos Estados, as parcelas entregues aos Municípios por determinação constitucional;

c) na União, nos Estados e nos Municípios, a contribuição dos servidores para o custeio do seu sistema de previdência e assistência social e as receitas provenientes da compensação financeira citada no §9° do art. 201 da Constituição[8]

§1° Serão computados no cálculo da receita corrente líquida os valores pagos e recebidos em decorrência da Lei Complementar[9] n° 87, de 13 de e do fundo previsto pelo art. 60 do Ato das Disposições Constitucionais Transitórias.[10]

---

[8] **CF/1988. Art. 201.** A previdência social será organizada sob a forma de regime geral, de caráter contributivo e de filiação obrigatória, observados critérios que preservem o equilíbrio financeiro e atuarial, e atenderá, nos termos da lei, a: **I** - cobertura dos eventos de doença, invalidez, morte e idade avançada; **II** - proteção à maternidade, especialmente à gestante; **III** - proteção ao trabalhador em situação de desemprego involuntário; **IV** - salário-família e auxílio-reclusão para os dependentes dos segurados de baixa renda; **V** - pensão por morte do segurado, homem ou mulher, ao cônjuge ou companheiro e dependentes, observado o disposto no §2°. [...] §9° Para efeito de aposentadoria, é assegurada a contagem recíproca do tempo de contribuição na administração pública e na atividade privada, rural e urbana, hipótese em que os diversos regimes de previdência social se compensarão financeiramente, segundo critérios estabelecidos em lei.

[9] **Lei Complementar n° 87/1996** - Lei Kandir - Dispõe sobre o imposto dos Estados e do Distrito Federal sobre operações relativas à circulação de mercadorias e prestação de serviços de transporte interestadual e intermunicipal e de comunicação.

[10] **Ato das Disposições Constitucionais Transitórias. Art. 60.** Nos dez primeiros anos da promulgação desta Emenda, os Estados, o Distrito

§2º Não serão considerados na receita corrente líquida do Distrito Federal e dos Estados do Amapá e de Roraima os recursos recebidos da União para atendimento das despesas de que trata o inciso V do §1º do art. 19.

§3º A receita corrente líquida será apurada somando-se as receitas arrecadadas no mês em referência e nos onze anteriores, excluídas as duplicidades.[11]

CAPÍTULO II - DO PLANEJAMENTO
SEÇÃO I - DO PLANO PLURIANUAL

Art. 3º (VETADO)[12]

Federal e os Municípios destinarão não menos de sessenta por cento dos recursos a que se refere o *caput* do art. 212 da Constituição Federal, à manutenção e ao desenvolvimento do ensino fundamental, com o objetivo de assegurar a universalização de seu atendimento e a remuneração condigna do magistério.

[11] **Receita corrente líquida** é a soma de doze meses de arrecadação, a do mês de apuração e a dos onze meses anteriores, excluídas as duplicidades.

Duplicidade acontece quando se conta, duas vezes, os repasses, p. ex., da Prefeitura para uma autarquia municipal, uma vez como receita geral da Prefeitura, outra na autarquia, como receita transferida.

[12] Ver redação do artigo e razões do veto na p. 125.

Lei nº 12.593/2012. Institui o Plano Plurianual da União para o período de 2012 a 2015: **Art. 15.**O Poder Executivo encaminhará ao Congresso Nacional relatório anual de avaliação do Plano, que conterá: **I** - avaliação do comportamento das variáveis macroeconômicas que embasaram a elaboração do Plano, explicitando, se for o caso, as razões das discrepâncias verificadas entre os valores previstos e os realizados; **II** - situação, por

LRF   Art. 4º

Seção II - Da Lei de Diretrizes Orçamentárias

Art. 4º A lei de diretrizes orçamentárias[13] atenderá o disposto no §2º do art. 165 da Constituição[14] e:

I - disporá também sobre:

a) equilíbrio entre receitas e despesas;

b) critérios e forma de limitação de empenho, a ser efetivada nas hipóteses previstas na alínea b do inciso II deste artigo,[15] no art. 9º e no inciso II do §1º do art. 31;

c) (VETADO)[16]

d) (VETADO)[17]

e) normas relativas ao controle de custos[18] e à avaliação dos

---

Programa, dos Indicadores, Objetivos e Metas; III - execução financeira das Iniciativas.

[13] Consulte a Lei nº 12.919/2013.

[14] **CF/1988. Art. 165.** Leis de iniciativa do Poder Executivo estabelecerão: I - o plano plurianual; II - as diretrizes orçamentárias; III - os orçamentos anuais. [...] §2º A lei de diretrizes orçamentárias compreenderá as metas e prioridades da administração pública federal, incluindo as despesas de capital para o exercício financeiro subseqüente, orientará a elaboração da lei orçamentária anual, disporá sobre as alterações na legislação tributária e estabelecerá a política de aplicação das agências financeiras oficiais de fomento.

[15] Este dispositivo foi vetado; ver redação do artigo e razões do veto na p. 129.

[16] Ver redação do artigo e razões do veto na p. 127.

[17] Ver redação do artigo e razões do veto na p. 128.

[18] **Lei nº 4.320/1964. Art. 85.** Os serviços de contabilidade serão organizados de forma a permitirem o acompanhamento da execução

Art. 4º J. U. Jacoby Fernandes

resultados dos programas financiados com recursos dos orçamentos;[19]

f) demais condições e exigências para transferências de recursos a entidades públicas e privadas;[20]

II - (VETADO)[21]

III - (VETADO)[22]

§1º Integrará o projeto de lei de diretrizes orçamentárias Anexo de Metas Fiscais, em que serão estabelecidas metas anuais, em valores correntes e constantes, relativas a receitas, despesas, resultados nominal e primário[23] e montante da dívida pública, para

---

orçamentária, o conhecimento da composição patrimonial, a determinação dos custos dos serviços industriais, o levantamento dos balanços gerais, a análise e a interpretação dos resultados econômicos e financeiros. [...] **Art. 99.** Os serviços públicos industriais, ainda que não organizados como empresa pública ou autárquica, manterão contabilidade especial para determinação dos custos, ingressos e resultados, sem prejuízo da escrituração patrimonial e financeira comum.

[19] **Sistema de custos.** Nota: a Administração Federal, até 2005, não possuía sistema de custos: Processo nº TC-003.183/2005-3. Acórdão nº 612/2005 - Plenário.

[20] **Consulte a Lei nº 12.919/2013. Arts. 60 a 64.** p. 129

[21] Ver redação do artigo e razões do veto na p. 129.

Vide arts. 53, inciso IV; 55, inciso I, alínea "e" e 59, inciso I, todos desta Lei.

[22] Ver redação do artigo e razões do veto na p. 130.

[23] **Resultado primário** é a diferença entre receitas e despesas, delas excluídas tudo o que diga respeito a juros e a principal da dívida, tanto pagos como recebidos.

Resultado nominal é a diferença entre todas as receitas arrecadadas e todas as despesas empenhadas, o resultado primário delas retira o conteúdo

LRF

Art. 4º

o exercício a que se referirem e para os dois seguintes.[24]

Ver art. 5º, II, da Lei nº 10.028/2000, na p. 147.

§2º O Anexo conterá, ainda:

I - avaliação do cumprimento das metas relativas ao ano anterior;

II - demonstrativo das metas anuais, instruído com memória e metodologia de cálculo que justifiquem os resultados pretendidos, comparando-os com as fixadas nos três exercícios anteriores, e evidenciando a consistência delas com as premissas e os objetivos da política econômica nacional;

III - evolução do patrimônio líquido, também nos últimos três exercícios, destacando a origem e a aplicação dos recursos obtidos com a alienação de ativos;

IV - avaliação da situação financeira e atuarial:

a) dos regimes geral de previdência social e próprio dos servidores públicos e do Fundo de Amparo ao Trabalhador;

b) dos demais fundos públicos e programas estatais de natureza atuarial;

V - demonstrativo da estimativa e compensação da renúncia de receita e da margem de expansão das despesas obrigatórias de caráter continuado.

§3º A lei de diretrizes orçamentárias conterá Anexo de Riscos Fiscais, onde serão avaliados os passivos contingentes e outros riscos capazes de afetar as contas públicas, informando as providências a serem tomadas, caso se concretizem.

---

relativo à dívida, recebido ou pago pela entidade pública.

[24] Vide art. 5º, inciso I, desta Lei.

Arts. 4º e 5º

§4º A mensagem que encaminhar o projeto da União apresentará, em anexo específico, os objetivos das políticas monetária, creditícia e cambial, bem como os parâmetros e as projeções para seus principais agregados e variáveis, e ainda as metas de inflação, para o exercício subseqüente.

SEÇÃO III - DA LEI ORÇAMENTÁRIA ANUAL

Art. 5º O projeto de lei orçamentária anual, elaborado de forma compatível com o plano plurianual, com a lei de diretrizes orçamentárias e com as normas desta Lei Complementar:[25]

---

[25] Vide art. 30, §5º, desta Lei.

Contribuição de Intervenção no Domínio Econômico. TCU decidiu: "[...] 9.1. determinar à Secretaria de Orçamento Federal que, quando da elaboração dos projetos de leis orçamentárias anuais, enquanto não existir norma legal que estabeleça os critérios de distribuição dos gastos administrativos por ações de caráter finalístico, não aloque recursos da Contribuição de Intervenção no Domínio Econômico Cide-Combustíveis para ações que não apresentem relação direta com os programas finalísticos de transportes e meio ambiente, conforme disposto no inciso II do §4º do art. 177 da Constituição Federal, abstendo-se de destinar recursos a despesas de administração; 9.2. recomendar à Secretaria de Orçamento Federal que não programe a alocação de recursos da Cide-Combustíveis para a Reserva de Contingência, por ser incompatível com as finalidades dispostas no art. 5º da Lei Complementar nº 101/2000; 9.3. recomendar aos Ministérios dos Transportes, das Cidades e do Meio Ambiente, em conjunto com o Ministério do Planejamento, Orçamento e Gestão, que formulem política setorial que contemple a aplicação dos recursos arrecadados em programas e atividades finalísticas, de acordo com as destinações previstas no inciso II do §4º do art. 177 da Constituição Federal, materializadas no Plano Plurianual,

LRF   Art. 5º

I - conterá, em anexo, demonstrativo da compatibilidade da programação dos orçamentos com os objetivos e metas constantes do documento de que trata o **§1º** do art. 4º;[26]

II - será acompanhado do documento a que se refere o **§6º** do art. 165 da Constituição,[27] bem como das medidas de compensação a renúncias de receita e ao aumento de despesas obrigatórias de caráter continuado;

III - conterá reserva de contingência, cuja forma de utilização e montante, definido com base na receita corrente líquida, serão estabelecidos na lei de diretrizes orçamentárias, destinada ao:

a) (VETADO)[28]

b) atendimento de passivos contingentes e outros riscos e eventos fiscais imprevistos.

§1º Todas as despesas relativas à dívida pública, mobiliária ou

---

nas Leis de Diretrizes Orçamentárias e nas Leis Orçamentárias Anuais, com uma programação de gasto intertemporal que permita a utilização dos recursos em sua finalidade original; 9.4. recomendar ao Ministério do Planejamento, Orçamento e Gestão e ao Ministério da Fazenda que, de acordo com **§2º** do artigo 9º da Lei de Responsabilidade Fiscal, excluam da limitação de empenho e movimentação financeira, nas Leis de Diretrizes Orçamentárias dos próximos exercícios, os programas e ações financiados pela Cide-Combustíveis. [...]." Processo nº TC-013.023/2004-5. Acórdão nº 1857/2005 - Plenário.

[26] Vide art. 63, inciso III, desta Lei.

[27] **CF/1988. Art. 165.** [...] **§6º** O projeto de lei orçamentária será acompanhado de demonstrativo regionalizado do efeito, sobre as receitas e despesas, decorrente de isenções, anistias, remissões, subsídios e benefícios de natureza financeira, tributária e creditícia.

[28] Ver redação do artigo e razões do veto na p. 131.

Art. 5º — J. U. Jacoby Fernandes

contratual, e as receitas, que as atenderão, constarão da lei orçamentária anual.

§2º O refinanciamento da dívida pública constará separadamente na lei orçamentária e nas de crédito adicional.

§3º A atualização monetária do principal da dívida mobiliária refinanciada não poderá superar a variação do índice de preços previsto na lei de diretrizes orçamentárias, ou em legislação específica.

§4º É vedado consignar na lei orçamentária crédito com finalidade imprecisa ou com dotação ilimitada.

§5º A lei orçamentária não consignará dotação para investimento com duração superior a um exercício financeiro que não esteja previsto no plano plurianual ou em lei que autorize a sua inclusão, conforme disposto no §1º do art. 167 da Constituição.[29]

---

[29] Vide art. 45, desta Lei.

CF/1988. Art. 167. [...] §1º Nenhum investimento cuja execução ultrapasse um exercício financeiro poderá ser iniciado sem prévia inclusão no plano plurianual, ou sem lei que autorize a inclusão, sob pena de crime de responsabilidade.

Licitação - ausência de recursos orçamentários. TCU observou: "[...] restou patente a realização de licitação sem que houvesse recursos orçamentários suficientes para o pagamento das obrigações decorrentes de obras ou serviços a serem executados, nos termos dos incisos III e IV do §2º do art. 7º da Lei de Licitações. Também restou claro o descumprimento de disposições da Lei de Responsabilidade Fiscal, Lei Complementar 101/2000, em especial o §5º de seu art. 5º e, por consequência, também violou-se o disposto no §1º do art. 167 da Constituição [...]". Processo TC nº 013.827/2004-8. Acórdão nº 1.805/2005 - 2. Câmara.

TCU determinou: "[...] ao se utilizar de recursos federais, observe fielmente as disposições contidas nos incisos III e IV do §2º do art. 7º da Lei

LRF
Arts. 5º, 6º e 7º

§6º Integrarão as despesas da União, e serão incluídas na lei orçamentária, as do Banco Central do Brasil relativas a pessoal e encargos sociais, custeio administrativo, inclusive os destinados a benefícios e assistência aos servidores, e a investimentos.

§7º (VETADO)[30]

Art. 6º (VETADO)[31]

Art. 7º O resultado do Banco Central do Brasil, apurado após a constituição ou reversão de reservas, constitui receita do Tesouro Nacional, e será transferido até o décimo dia útil subseqüente à aprovação dos balanços semestrais.

§1º O resultado negativo constituirá obrigação do Tesouro para com o Banco Central do Brasil e será consignado em dotação específica no orçamento.

§2º O impacto e o custo fiscal das operações realizadas pelo Banco Central do Brasil serão demonstrados trimestralmente, nos termos em que dispuser a lei de diretrizes orçamentárias da União.

§3º Os balanços trimestrais do Banco Central do Brasil conterão notas explicativas sobre os custos da remuneração das disponibilidades do Tesouro Nacional e da manutenção das reservas cambiais e a rentabilidade de sua carteira de títulos, destacando os de emissão da União.

8.666/93, no **§5º** do art. 5º da Lei Complementar 101/2000, e no **§1º** do art. 167 da Constituição Federal." Processo TC nº 013.827/2004-8. Acórdão nº 1805/2005 - 2ª Câmara.

[30] Ver redação do artigo e razões do veto na p. 132.

[31] Ver redação do artigo e razões do veto na p. 133.

Art. 8º — J. U. Jacoby Fernandes

Seção IV - Da Execução Orçamentária e do Cumprimento das Metas

Art. 8º Até trinta dias após a publicação dos orçamentos, nos termos em que dispuser a lei de diretrizes orçamentárias e observado o disposto na alínea c[32] do inciso I do art. 4º, o Poder Executivo estabelecerá a programação financeira e o cronograma de execução mensal de desembolso.[33]

Parágrafo único. Os recursos legalmente vinculados a finalidade específica serão utilizados exclusivamente para atender

---

[32] Este dispositivo foi vetado, ver redação do artigo e razões do veto na p. 127.

[33] Vide art. 13 desta Lei.

Lei nº 12.919/2013. Arts. 48 e 49.

Limitação de empenho - contingenciamento de despesas obrigatórias. TCU recomendou: "[...] Aos Ministérios da Fazenda e do Planejamento, Orçamento e Gestão que adotem as providências cabíveis com vistas à não-inclusão, nos futuros decretos de contingenciamento, de despesas obrigatórias nos limites de movimentação e empenho fixados. [...]." Processo TC nº 012.781/2004-2. Acórdão nº 183/2005 - Plenário.

Despesa - aumento - contingenciamento. TCU recomendou: "[...] 9.1. à Comissão Mista de Planos, Orçamento e Fiscalização do Congresso Nacional que adote as providências a seu cargo no sentido de que o Congresso Nacional reveja os atuais critérios constantes da Lei de Diretrizes Orçamentárias, no intuito de regular a ação do Poder Executivo quanto ao contingenciamento baseado em previsão de aumento de despesas e fazer cumprir as determinações constantes da Lei de Responsabilidade Fiscal quanto às razões do contingenciamento. [...]." Processo TC nº 028.328-2007-9. Acórdão nº 27/2009 - Plenário.

LRF   Arts. 8º e 9º

ao objeto de sua vinculação, ainda que em exercício diverso daquele em que ocorrer o ingresso.[34]

Art. 9º Se verificado, ao final de um bimestre, que a realização da receita poderá não comportar o cumprimento das metas de resultado primário ou nominal estabelecidas no Anexo de Metas Fiscais, os Poderes e o Ministério Público promoverão, por ato próprio e nos montantes necessários, nos trinta dias subseqüentes, limitação de empenho e movimentação financeira, segundo os critérios fixados pela lei de diretrizes orçamentárias.[35]

Ver art. 5º, III, da Lei nº 10.028/2000, na p. 147.

§1º No caso de restabelecimento da receita prevista, ainda que parcial, a recomposição das dotações cujos empenhos foram limitados dar-se-á de forma proporcional às reduções efetivadas.

---

[34] **TCU determinou:** "[...] 9.4.6. atente para o emprego de recursos orçamentários nas finalidades assinaladas nas leis de orçamento, em atendimento às referidas leis e ao disposto no art. 8º, parágrafo único, da Lei Complementar n. 101/2000 (Lei de Responsabilidade Fiscal). [...]." Processo TC nº 007.091/2001-5. Acórdão nº 1873/2007 - 2. Câmara.

Nota: Aplicou multa de R$ 5.000,00 por essa infração entre outras.

[35] Vide arts. 4º, inciso I, alínea "b"; 31, §1º, inciso II; 59, inciso II e 65, inciso II, todos desta Lei.

Lei nº 12.919/2013. Art. 51.

Limitação de empenho e movimentação. TCU determinou: "[...] considerar que as limitações de empenho e de movimentação financeira, promovidas pelo Poder Executivo, até junho de 2005, atendem as metas de arrecadação das receitas não-financeiras e de resultado primário estabelecidas para o Governo Central no Anexo de Metas Fiscais da LDO para 2005, Lei n. 10.934, de 11/8/2004. [...]." Processo TC nº 007.465/2005-0. Acórdão nº 1574/2005 - Plenário.

§2º Não serão objeto de limitação as despesas que constituam obrigações constitucionais e legais do ente, inclusive aquelas destinadas ao pagamento do serviço da dívida, e as ressalvadas pela lei de diretrizes orçamentárias.

§3º No caso de os Poderes Legislativo e Judiciário e o Ministério Público não promoverem a limitação no prazo estabelecido no *caput*, é o Poder Executivo autorizado a limitar os valores financeiros segundo os critérios fixados pela lei de diretrizes orçamentárias.

Dispositivo com eficácia suspensa pelo STF: ADI 2238-5 - vide p. 292.

§4º Até o final dos meses de maio, setembro e fevereiro, o Poder Executivo demonstrará e avaliará o cumprimento das metas fiscais de cada quadrimestre, em audiência pública na comissão referida no §1º do art. 166 da Constituição36 ou equivalente nas Casas Legislativas estaduais e municipais.

§5º No prazo de noventa dias após o encerramento de cada

---

[36] **CF/1988. Art. 166.** Os projetos de lei relativos ao plano plurianual, às diretrizes orçamentárias, ao orçamento anual e aos créditos adicionais serão apreciados pelas duas Casas do Congresso Nacional, na forma do regimento comum. **§1º** Caberá a uma Comissão mista permanente de Senadores e Deputados: **I** - examinar e emitir parecer sobre os projetos referidos neste artigo e sobre as contas apresentadas anualmente pelo Presidente da República; **II** - examinar e emitir parecer sobre os planos e programas nacionais, regionais e setoriais previstos nesta Constituição e exercer o acompanhamento e a fiscalização orçamentária, sem prejuízo da atuação das demais comissões do Congresso Nacional e de suas Casas, criadas de acordo com o art. 58.

Lei nº 12.919/2013. Art. 2º

LRF

Arts. 9º, 10 e 11

semestre, o Banco Central do Brasil apresentará, em reunião conjunta das comissões temáticas pertinentes do Congresso Nacional, avaliação do cumprimento dos objetivos e metas das políticas monetária, creditícia e cambial, evidenciando o impacto e o custo fiscal de suas operações e os resultados demonstrados nos balanços.[37]

Art. 10. A execução orçamentária e financeira identificará os beneficiários de pagamento de sentenças judiciais, por meio de sistema de contabilidade e administração financeira, para fins de observância da ordem cronológica determinada no art. 100 da Constituição.[38]

CAPÍTULO III - DA RECEITA PÚBLICA
Seção I - Da Previsão e da Arrecadação

Art. 11. Constituem requisitos essenciais da responsabilidade na gestão fiscal a instituição, previsão e efetiva arrecadação de todos os tributos da competência constitucional do ente da Federação.

Parágrafo único. É vedada a realização de transferências

---

[37] Lei nº 12.919/2013. Art.122.

[38] CF/1988. Art. 100. À exceção dos créditos de natureza alimentícia, os pagamentos devidos pela Fazenda Federal, Estadual ou Municipal, em virtude de sentença judiciária, far-se-ão exclusivamente na ordem cronológica de apresentação dos precatórios e à conta dos créditos respectivos, proibida a designação de casos ou de pessoas nas dotações orçamentárias e nos créditos adicionais abertos para este fim.

Obs.: §§1º a 5º alterados pelas Emendas Constitucionais nº 30/2000 e nº 37/2002.

voluntárias[39] para o ente que não observe o disposto no *caput*, no que se refere aos impostos.[40]

Ver art. 10, inciso X, da Lei nº 8.429/1992 - Lei de Improbidade

Art. 12. As previsões de receita observarão as normas técnicas e legais, considerarão os efeitos das alterações na legislação, da variação do índice de preços, do crescimento econômico ou de qualquer outro fator relevante e serão acompanhadas de demonstrativo de sua evolução nos últimos três anos, da projeção para os dois seguintes àquele a que se referirem, e da metodologia de cálculo e premissas utilizadas.[41]

§1º Reestimativa de receita por parte do Poder Legislativo só será admitida se comprovado erro ou omissão de ordem técnica ou

---

[39] Lei nº 12.919/2013. Art. 5º

[40] **Tributos. TCU determinou:** "[...] à Secretaria Federal de Controle Interno que faça constar, nos termos do Anexo VI da Decisão Normativa-TCU 62/2004, dos Relatórios de Auditoria de Gestão das próximas contas da ECT informações referentes à situação das transferências e recebimentos de recursos mediante convênio, acordo, ajuste, termo de parceria ou outros instrumentos congêneres, bem como a título de subvenção, auxílio ou contribuição, destacando, dentre outros aspectos, a observância às normas legais e regulamentares pertinentes, em especial às exigências para a realização de transferência voluntária estabelecidas nos artigos 11 e 25 da Lei Complementar n.º 101, de 4 de maio de 2000, a correta aplicação dos recursos repassados e o atingimento dos objetivos e metas colimados, parciais e/ou totais, sendo que, nas hipóteses do art. 8º da Lei 8.443/92, deverão constar, ainda, informações sobre as providências adotadas para a devida regularização de cada caso, inclusive sobre a instauração da correspondente Tomada de Contas Especial; [...]." Processo TC nº 008.592/2000-6. Acórdão nº 558/2005 - 1. Câmara.

[41] Vide art. 14, inciso I, desta Lei.

LRF   Arts. 12, 13 e 14

legal.

§2º O montante previsto para as receitas de operações de crédito não poderá ser superior ao das despesas de capital constantes do projeto de lei orçamentária.

Dispositivo com eficácia suspensa pelo STF: ADI 2238-5 - vide p. 292.

§3º O Poder Executivo de cada ente colocará à disposição dos demais Poderes e do Ministério Público, no mínimo trinta dias antes do prazo final para encaminhamento de suas propostas orçamentárias, os estudos e as estimativas das receitas para o exercício subseqüente, inclusive da corrente líquida, e as respectivas memórias de cálculo.[42]

Art. 13. No prazo previsto no art. 8º, as receitas previstas serão desdobradas, pelo Poder Executivo, em metas bimestrais de arrecadação, com a especificação, em separado, quando cabível, das medidas de combate à evasão e à sonegação, da quantidade e valores de ações ajuizadas para cobrança da dívida ativa, bem como da evolução do montante dos créditos tributários passíveis de cobrança administrativa.

SEÇÃO II - DA RENÚNCIA DE RECEITA

Art. 14. A concessão ou ampliação de incentivo ou benefício de natureza tributária da qual decorra renúncia de receita deverá estar acompanhada de estimativa do impacto orçamentário-financeiro no exercício em que deva iniciar sua vigência e nos dois seguintes, atender ao disposto na lei de diretrizes orçamentárias e a

---

[42] Lei nº 12.919/2013. Arts. 50 e 110.

pelo menos uma das seguintes condições:[43]

---

[43] **Lei nº 12.919/2013. Art. 95.**

Cancelamento de crédito tributário - renúncia de receita: TCE/SC determinou: "[...] O cancelamento de crédito tributário, inscrito irregularmente em dívida ativa, não pode ser aferido sob a ótica de renúncia de receita, todavia, poderá o administrador, caso não adote as medidas tendentes a efetivamente arrecadar os tributos de sua competência, ser avaliado sob o aspecto da responsabilidade na gestão fiscal. [...]." Processo nº 03/04873152. Decisão nº 3266/03.

Ações para o cumprimento das prescrições da LRF. TCE/SC determinou: "[...] Observadas as respectivas competências, as ações dos Poderes Executivo e Legislativo tendentes a cumprir as prescrições da Lei Complementar nº 101/00 (Lei de Responsabilidade Fiscal - LRF) em relação à renúncia de receitas devem ser tempestivas aos instrumentos legais nela mencionados, ou seja, anteriores ou concomitantes à elaboração e aprovação da Lei de Diretrizes Orçamentárias e da Lei do Orçamento Anual, sendo incompatível com os preceitos da Lei de Responsabilidade Fiscal a edição de atos normativos posteriores para regular fatos pretéritos e viabilizar renúncias de receitas. Considerando que a Lei de Diretrizes Orçamentárias e a Lei do Orçamento são instrumentos legais de vigência temporal limitada ao exercício financeiro a que se referirem, a concessão de benefícios fiscais também fica adstrito ao respectivo exercício da lei orçamentária. O benefício de natureza tributária que implique renúncia de receita deve ser regulado por lei e concedido a cada exercício, observadas as exigências do art. 14 da Lei Complementar nº 101/00. O deferimento da concessão de isenção de tributo a um contribuinte (como IPTU, por exemplo) para o exercício de 2001 não significa que esteja automaticamente isento para o exercício de 2002. Havendo lei concessiva vigente para o exercício, o Município deverá editar novo ato de concessão, atendidos os requisitos da legislação autorizativa local e os pressupostos do art. 14 da Lei Complementar nº

LRF | Art. 14

I - demonstração pelo proponente de que a renúncia foi considerada na estimativa de receita da lei orçamentária, na forma do art. 12, e de que não afetará as metas de resultados fiscais previstas no anexo próprio da lei de diretrizes orçamentárias;[44]

II - estar acompanhada de medidas de compensação, no período mencionado no *caput*, por meio do aumento de receita, proveniente da elevação de alíquotas, ampliação da base de cálculo, majoração ou criação de tributo ou contribuição.

§1º A renúncia compreende anistia, remissão, subsídio, crédito presumido, concessão de isenção em caráter não geral, alteração de alíquota ou modificação de base de cálculo que implique redução discriminada de tributos ou contribuições, e outros benefícios que correspondam a tratamento diferenciado.[45]

101/00. [...]." Processo nº 02/06610459. Decisão nº 2267/2002.

[44] **Lei nº 12.919/2013. Art. 96.**

[45] **Benefícios financeiros e creditícios.** TCU decidiu: "[...] determinar à Secretaria de Política Econômica - SPE do Ministério da Fazenda a adoção de providências no sentido de proceder, a cada exercício, tendo em vista o disposto nos arts. 165, §6º, 84, inciso XXIV, e 74, incisos I, II e III, da Constituição Federal, bem como na Lei Complementar 101/2000, ao levantamento dos valores nele efetivamente renunciados por meio dos benefícios financeiros e creditícios, encaminhando ao Tribunal, até o final do mês de março do ano subseqüente, relatório anual para fins de subsídio ao Relatório das Contas de Governo, devendo o procedimento iniciar-se já em relação ao exercício financeiro de 2005; 9.2. recomendar à SPE/MF que analise a inclusão, no demonstrativo "Benefícios Financeiros e Creditícios Regionalizados", dos valores dos benefícios financeiros e creditícios referentes ao Fundo de Garantia para a Promoção da Competitividade - FGPC, ao Fundo de Garantia à Exportação - FGE, ao Fundo do PIS-Pasep,

ao Fundo de Participação Social - FPS e à Subvenção Econômica ao Prêmio do Seguro Rural, haja vista comportarem norma concessiva de renúncia de receita, vindo, por conseguinte, a enquadrar-se na hipótese prevista no §1º do art. 14 da Lei Complementar 101/2000 e no §6º do art. 165 da Constituição Federal, devendo os resultados de tal estudo ser encaminhados a este Tribunal no prazo de 180 (cento e oitenta) dias; 9.3. determinar ao Ministério da Fazenda em conjunto com os Ministérios responsáveis pela operacionalização de cada benefício a adoção de providências com vistas a: 9.3.1. proceder à regulamentação dos procedimentos de acompanhamento dos recursos aplicados por intermédio de benefícios financeiros e creditícios, com intuito de corroborar na fiscalização, avaliação e reexame desses regimes exonerativos; 9.3.2. elaborar, haja vista o disposto nos artigos 84, inciso XXIV, 74, incisos I e II, e 165, §6º, da Constituição Federal, metodologia de avaliação quanto à eficiência, eficácia e efetividade dos programas ou projetos que utilizam recursos renunciados em decorrência de benefícios financeiros e creditícios, incluindo o cronograma e a periodicidade das avaliações, discriminadas por tipo de benefícios, encaminhando no prazo de cento e oitenta dias ao Tribunal plano e cronograma contemplando solução para o caso; 9.4. determinar ao Ministério da Fazenda a adoção de providências no intuito de: 9.4.1. disciplinar em norma infralegal o conteúdo do demonstrativo de "Benefícios Financeiros e Creditícios Regionalizados" de que trata o art. 165, §6º, da Carta Magna, bem como o §1º do art. 14 da Lei Complementar 101/2000, devendo tal normativo conter, em especial, para cada instrumento: 9.4.1.1. conceituação do benefício ou subsídio; 9.4.1.2. fundamento legal; 9.4.1.3. descrição metodológica do cálculo; 9.4.2. avaliar a viabilidade da elaboração de normativo similar em relação ao demonstrativo de benefícios tributários também referido no art. 165, §6º, da Constituição Federal e no §1º do art. 14 da Lei Complementar 101/2000; 9.5. determinar o encaminhamento de cópia deste acórdão, bem como do relatório e voto que o fundamentam, aos Ministros da Fazenda e da Casa Civil, e aos titulares da Secretaria de Política

LRF

Arts. 14 e 15

§2° Se o ato de concessão ou ampliação do incentivo ou benefício de que trata o *caput* deste artigo decorrer da condição contida no inciso II, o benefício só entrará em vigor quando implementadas as medidas referidas no mencionado inciso.

§3° O disposto neste artigo não se aplica:

I - às alterações das alíquotas dos impostos previstos nos incisos I, II, IV e V do art. 153 da Constituição,[46] na forma do seu §1°;

II - ao cancelamento de débito cujo montante seja inferior ao dos respectivos custos de cobrança.

CAPÍTULO IV - DA DESPESA PÚBLICA
SEÇÃO I - DA GERAÇÃO DA DESPESA

Art. 15. Serão considerados não autorizadas, irregulares e lesivas ao patrimônio público a geração de despesa ou assunção de obrigação que não atendam o disposto nos arts. 16 e 17.[47]

Econômica/SPE, Secretaria do Tesouro Nacional/STN, Secretaria de Orçamento Federal/SOF e Secretaria da Receita Federal. [...]." Processo TC n° 015.409/2003-9. Acórdão n° 1718/2005 - Plenário.

[46] **CF/1988. Art. 153.** Compete à União instituir impostos sobre: **I -** importação de produtos estrangeiros; **II -** exportação, para o exterior, de produtos nacionais ou nacionalizados; [...] **IV -** produtos industrializados; **V -** operações de crédito , câmbio e seguro, ou relativas a títulos ou valores mobiliários; [...] **§1°** É facultado ao Poder Executivo, atendidas as condições e os limites estabelecidos em lei, alterar as alíquotas dos impostos enumerados nos incisos I, II, IV e V.

[47] Vide art. 29, §1°, desta Lei.

Contrato regido pela Lei n° 8.666/1993 - prorrogação - requisitos. TCE/SC determinou: "[...] Os contratos firmados com base na Lei Federal

Art. 16. A criação, expansão ou aperfeiçoamento de ação governamental que acarrete aumento da despesa será acompanhado de:[48]

---

nº 8.666/93 somente podem ser prorrogados quando se enquadrarem em uma das exceções previstas no art. 57 deste diploma legal. Em virtude da Lei de Responsabilidade Fiscal, cabe ainda ao Administrador atentar para os arts. 15 a 17 e 42 da Lei Complementar nº 101/2000." Processo nº 02/00980904. Decisão nº 3041/2002.

[48] a) Lei nº 12.919/2013. Arts. 79 e 120.

* Lei nº 8.666/1993. Art. 38. O procedimento da licitação será iniciado com a abertura de processo administrativo, devidamente autuado, protocolado e numerado, contendo a autorização respectiva, a indicação sucinta de seu objeto e do recurso próprio para a despesa, e ao qual serão juntados oportunamente:

** CF/1988. Art. 182. A política de desenvolvimento urbano, executada pelo poder público municipal, conforme diretrizes gerais fixadas em lei, tem por objetivo ordenar o pleno desenvolvimento das funções sociais da cidade e garantir o bem-estar de seus habitantes. [...] §3º As desapropriações de imóveis urbanos serão feitas com prévia e justa indenização em dinheiro.

*** Lei nº 8.666/1993. Art. 24. É dispensável a licitação: I - para obras e serviços de engenharia de valor até 10% (dez por cento) do limite previsto na alínea "a" do inciso I do artigo anterior, desde que não se refiram a parcelas de uma mesma obra ou serviço ou ainda para obras e serviços da mesma natureza e no mesmo local que possam ser realizadas conjunta e concomitantemente; (Redação dada pela Lei nº 9.648, de 27.5.98) II - para outros serviços e compras de valor até 10% (dez por cento) do limite previsto na alínea "a" do inciso II do artigo anterior e para alienações, nos casos previstos nesta Lei, desde que não se refiram a parcelas de um mesmo serviço, compra ou alienação de maior vulto que possa ser realizada de uma só vez; (Redação dada pela Lei nº 9.648, de 27.5.98)

LRF

Vide arts. 21, inciso I e 29, §1º, todos desta Lei.

b) Aplicabilidade. TCU decidiu: "[...] A aplicação do art. 16 da LRF é dispensada quando a despesa, ocasionada pela licitação, é ordinária e rotineira da Administração, já prevista no orçamento ou destinada à manutenção de ação governamental preexistente. [...]." Processo TC nº 009.451/2003-7. Acórdão nº 883/2005 - 1. Câmara.

c) Aplicação - momento. TCU decidiu: "[...] O cumprimento do art. 16 deverá ocorrer na fase do art. 38 da Lei nº 8.666/93, ou seja, na fase interna, com os documentos que deverão compor o procedimento administrativo que autoriza a licitação. [...]." Processo TC nº 009.451/2003-7. Acórdão nº 883/2005 - 1. Câmara.

d) Déficit fiscal - irregularidade - atenuantes. TCU decidiu: "[...] Nada obstante a existência de déficit fiscal, foi dado provimento a recurso, julgando regulares com ressalvas, as contas anteriormente irregulares porque: **a)** nos exercícios anteriores à gestão do responsável havia déficit de maior valor que o presente; e **b)** exercício posterior ao examinado apresentou superávit, tendo a 2ª Câmara determinado: "observar rigorosamente os arts. 43, 1º, da Lei nº 4.320, de 1964; 16, incisos I e II, da Lei Complementar nº 101, de 2000, e 61, parágrafo único, da Lei nº 8.666, de 1993' [...]." Processo TC nº 000.580/2002-5. Acórdão nº 616/2005 - Plenário.

e) Impacto orçamentário-financeiro - demonstrativo - elaboração. TCU verificou: "[...] que o demonstrativo do impacto financeiro previsto no inciso I do art. 16 deve ser elaborado tão-somente quando houver criação, expansão ou aperfeiçoamento de uma ação governamental que acarrete aumento de despesa. A manutenção das ações governamentais em seu estado rotineiro ou a não elevação dos gastos refogem da obrigação prevista no citado inciso. [...]." Processo TC nº 009.451/2003-7. Acórdão nº 883/2005 - 1. Câmara.

f) TCU decidiu: "[...] 9.1. determinar ao Dnit, com fulcro no art. 43, inciso I, da Lei nº 8.443/92 c/c o art. 250, inciso II, do Regimento Interno, que faça constar de todos os processos licitatórios referentes à criação, expansão ou aperfeiçoamento de ação governamental, em cumprimento ao art. 16 da Lei de Responsabilidade Fiscal:

9.1.1. estimativa do impacto orçamentário-financeiro do empreendimento no exercício em que deva entrar em vigor e nos dois subseqüentes, acompanhada das premissas e da metodologia de cálculo utilizadas; 9.1.2. declaração do ordenador de despesas de que o aumento tem adequação orçamentária e financeira com a lei orçamentária anual e compatibilidade com o plano plurianual e com a lei de diretrizes orçamentárias; 9.2. arquivar os autos; [...]" Processo TC nº 005.421/2007-2. Acórdão nº 1085/2007 - Plenário.

g) TCU determinou: "[...] obediência ao que dispõem os arts. 16 e 17 da Lei de Responsabilidade Fiscal (Lei Complementar nº 101/2000), procedendo à estimativa do impacto orçamentário-financeiro da ampliação dos serviços de saúde, antes de solicitar novo convênio federal com vistas ao pleno funcionamento da nova ala do Hospital Regional de Vilhena, e indicando a origem dos recursos para o aumento das despesas correntes nos exercícios subseqüentes" e "9.4.3. exija previamente dos conveniados o cumprimento do que estipulam os arts. 16 e 17 da Lei de Responsabilidade Fiscal (Lei Complementar nº 101/2000). [...]." Processo TC nº 019.854/2005-0. Acórdão nº 91/2008 - Plenário.

h) Orientação Jurídica Normativa PFE/ICMBIO nº 02/2011: "ATIVIDADES ROTINEIRAS E DESPESAS HABITUAIS NÃO SE CARACTERIZAM COMO AÇÃO GOVERNAMENTAL. ARTIGO 16 DA LEI DE RESPONSABILIDADE FISCAL. 1. Não se aplica o art. 16 da LRF quando a despesa não se referir a criação, expansão ou aperfeiçoamento de ação governamental que acarrete aumento de despesa. 2. Não se considera ação governamental a despesa destinada ao custeio de atividades rotineiras e habituais dos órgãos federais, ainda que haja aumento no custo de tais atividades, em virtude de sua expansão ou aperfeiçoamento."

LRF   Art. 16

I - estimativa do impacto orçamentário-financeiro no exercício em que deva entrar em vigor e nos dois subseqüentes;[49]

II - declaração do ordenador da despesa de que o aumento tem adequação orçamentária e financeira com a lei orçamentária anual e compatibilidade com o plano plurianual e com a lei de diretrizes orçamentárias.[50]

---

[49] Vide art. 17, §1º, desta Lei.

[50] **Lei nº 12.919/2013. Arts. 118 e 119**

a) **LRF - recursos - indicação.** TCU decidiu: "[...] não realize procedimento licitatório sem a existência de recursos orçamentários apropriados, disponíveis e suficientes para o pagamento das despesas, conforme decorre dos arts. 14 e 38 da Lei nº 8.666/93 e do art. 16, inciso II, da Lei Complementar nº 101/2000; [...]" Processo TC nº 005.854/2002-4. Acórdão nº 399/2003 - Plenário.

b) **Manutenção - inaplicabilidade.** "[...] LEVANTAMENTO DE AUDITORIA. OBRAS EMERGENCIAIS. BR-230/PB. TRECHO RODOVIÁRIO INCLUÍDO NO ANEXO 2 DO PETSE. INAPLICABILIDADE DO ART. 16 DA LEI DE RESPONSABILIDADE FISCAL. CIÊNCIA AO CONGRESSO NACIONAL. ARQUIVAMENTO. O PETSE, por se tratar de um programa de manutenção e conservação da malha rodoviária, de natureza contínua, não gera criação, expansão ou aperfeiçoamento da ação governamental, de que trata o *caput* do artigo 16 da Lei de Responsabilidade Fiscal, e, dessa forma, não está sujeito às regras impostas no referido normativo. [...]." Processo TC nº 005.179/2006-8. Acórdão nº 104/2008 - Plenário.

c) **Atividade - inaplicabilidade.** "[...] 8. No que se refere à aplicabilidade do disposto no art. 16 da Lei Complementar nº 101/2000 (Lei de Responsabilidade Fiscal) - mormente quanto à existência de estimativa de impacto orçamentário-financeiro no exercício em que a despesa entrar em vigor e nos dois subsequentes, bem como de declaração do Ordenador de

Art. 16

J. U. Jacoby Fernandes

Ver art. 359-D - do Código Penal na p. 143.

1º Para os fins desta Lei Complementar, considera-se:

I - adequada com a lei orçamentária anual, a despesa objeto de dotação específica e suficiente, ou que esteja abrangida por crédito genérico, de forma que somadas todas as despesas da mesma espécie, realizadas e a realizar, previstas no programa de trabalho, não sejam ultrapassados os limites estabelecidos para o exercício;

II - compatível com o plano plurianual e a lei de diretrizes orçamentárias, a despesa que se conforme com as diretrizes, objetivos, prioridades e metas previstos nesses instrumentos e não infrinja qualquer de suas disposições.

Despesa sobre sua adequabilidade e compatibilidade orçamentária -, trata-se de questão superada no âmbito desta Corte de Contas, após a edição do Acórdão nº 1.973/2006-Plenário. Ressalto que a instrução do Analista acompanhou os fundamentos anotados no Voto condutor do referido decisum, tendo contado com a anuência do Titular da Unidade Técnica acerca desse ponto. 9. Naquela oportunidade, o Tribunal acolheu as razões expostas no parecer da Secob, por entender que as ações do PETSE estariam mais adequadas sob a denominação de "atividade", cuja definição engloba as operações com característica de continuidade, necessárias à manutenção da ação de governo. Dessa forma, tudo indica que a inclusão do programa na espécie 'projeto' deu-se pelo caráter especial do programa, ao sabor do art. 20 da Lei nº 4.320/1964. Sendo assim, restou configurado que um programa de manutenção e conservação da malha rodoviária, de natureza contínua, não gera criação, expansão ou aperfeiçoamento da ação governamental, na linha do que preceitua o *caput* do art. 16 da Lei Complementar nº 101/2000, e, dessa forma, não está sujeito às regras impostas no referido normativo. [...]." Processo TC nº 003.105/2006-5. Acórdão nº 525/2007 - Plenário.

LRF   Art. 16

§2º A estimativa de que trata o inciso I do *caput* será acompanhada das premissas e metodologia de cálculo utilizadas.

§3º Ressalva-se do disposto neste artigo a despesa considerada irrelevante, nos termos em que dispuser a lei de diretrizes orçamentárias.[51]

§4º As normas do *caput* constituem condição prévia para:

I - empenho[52] e licitação de serviços, fornecimento de bens ou

---

[51] **Lei nº 12.919/2013. Art. 120.**

Lei nº 8.666/1993. Art. 24. É dispensável a licitação: **I** - para obras e serviços de engenharia de valor até 10% (dez por cento) do limite previsto na alínea "a" do inciso I do artigo anterior, desde que não se refiram a parcelas de uma mesma obra ou serviço ou ainda para obras e serviços da mesma natureza e no mesmo local que possam ser realizadas conjunta e concomitantemente; (Redação dada pela Lei nº 9.648, de 27.5.98) **II** - para outros serviços e compras de valor até 10% (dez por cento) do limite previsto na alínea "a" do inciso II do artigo anterior e para alienações, nos casos previstos nesta Lei, desde que não se refiram a parcelas de um mesmo serviço, compra ou alienação de maior vulto que possa ser realizada de uma só vez; (Redação dada pela Lei nº 9.648, de 27.5.98)

Art. 23. As modalidades de licitação a que se referem os incisos I a III do artigo anterior serão determinadas em função dos seguintes limites, tendo em vista o valor estimado da contratação: **I** - para obras e serviços de engenharia: **a)** convite: até R$ 150.000,00 (cento e cinqüenta mil reais); (Redação dada pela Lei nº 9.648, de 27.5.98) [...] **II** - para compras e serviços não referidos no inciso anterior: **a)** convite: até R$ 80.000,00 (oitenta mil reais); (Redação dada pela Lei nº 9.648, de 27.5.98) [...]

[52] **Decreto nº 93.872/1986. Art. 25.** O empenho importa deduzir seu valor de dotação adequada à despesa a realizar, por força do compromisso assumido. [...] **Art. 26.** O empenho não poderá exceder o saldo disponível de dotação orçamentária, nem o cronograma de pagamento o limite de

execução de obras;

II - desapropriação de imóveis urbanos a que se refere o §3º do art. 182 da Constituição.[53]

SUBSEÇÃO I - DA DESPESA OBRIGATÓRIA DE CARÁTER CONTINUADO

Art. 17. Considera-se obrigatória de caráter continuado a despesa corrente derivada de lei, medida provisória ou ato administrativo normativo que fixem para o ente a obrigação legal de sua execução por um período superior a dois exercícios.[54]

§1º Os atos que criarem ou aumentarem despesa de que trata o caput deverão ser instruídos com a estimativa prevista no inciso I do art. 16 e demonstrar a origem dos recursos para seu custeio.[55]

---

saques fixado, evidenciados pela contabilidade, cujos registros serão acessíveis às respectivas unidades gestoras em tempo oportuno.

[53] **CF/1988. Art. 182.** A política de desenvolvimento urbano, executada pelo poder público municipal, conforme diretrizes gerais fixadas em lei, tem por objetivo ordenar o pleno desenvolvimento das funções sociais da cidade e garantir o bem-estar de seus habitantes. [...] §3º As desapropriações de imóveis urbanos serão feitas com prévia e justa indenização em dinheiro.

[54] **Lei nº 12.919/2013. Art. 23.**

Vide arts. 21, inciso I e 24, *caput* e §1º, todos desta Lei.

[55] **Parecer MP/CONJUR/MLL nº 2897/2000.** "10. Feitas essas considerações, é de se concluir que a Lei Complementar nº 101, de 2000, Lei de Responsabilidade Fiscal, tem aplicação na criação de cargos e funções comissionadas (uma vez que caracteriza uma das hipóteses de expansão de ação governamental de que trata o seu art. 16) e não no ato de remanejamento de DAS's unitários e FG's administrados pela Secretaria de

LRF   Art. 17

§2º Para efeito do atendimento do **§1º**, o ato será acompanhado de comprovação de que a despesa criada ou aumentada não afetará as metas de resultados fiscais previstas no anexo referido no **§1º** do art. 4º, devendo seus efeitos financeiros, nos períodos seguintes, ser compensados pelo aumento permanente de receita ou pela redução permanente de despesa.

§3º Para efeito do **§2º**, considera-se aumento permanente de receita o proveniente da elevação de alíquotas, ampliação da base de cálculo, majoração ou criação de tributo ou contribuição.

§4º A comprovação referida no **§2º**, apresentada pelo proponente, conterá as premissas e metodologia de cálculo utilizadas, sem prejuízo do exame de compatibilidade da despesa com as demais normas do plano plurianual e da lei de diretrizes orçamentárias.[56]

§5º A despesa de que trata este artigo não será executada antes da implementação das medidas referidas no **§2º**, as quais integrarão o instrumento que a criar ou aumentar.

§6º O disposto no **§1º** não se aplica às despesas destinadas ao serviço da dívida nem ao reajustamento de remuneração de pessoal

---

Gestão deste Ministério e nos projetos de decreto de alteração de estrutura regimental realizada com aproveitamento desses cargos e funções. [...] 12. Posto isso, sugiro que os pleitos de estrutura regimental ou de remanejamento de DAS's unitários sejam instruídos com declaração do ordenador de despesa da instituição interessada de que há na lei orçamentária recursos compatíveis, bem como o compromisso de inclusão dessas despesas nos respectivos limites das propostas de leis orçamentárias seguintes."

[56] **Lei nº 12.919/2013. Art. 79.**

Arts. 17 e 18 J. U. JACOBY FERNANDES

de que trata o inciso X do art. 37 da Constituição.[57]

§7º Considera-se aumento de despesa a prorrogação daquela criada por prazo determinado.

SEÇÃO II - DAS DESPESAS COM PESSOAL
SUBSEÇÃO I - DEFINIÇÕES E LIMITES

Art. 18. Para os efeitos desta Lei Complementar, entende-se como despesa total com pessoal: o somatório dos gastos do ente da Federação com os ativos, os inativos e os pensionistas, relativos a mandatos eletivos, cargos, funções ou empregos, civis, militares e de membros de Poder, com quaisquer espécies remuneratórias, tais como vencimentos e vantagens, fixas e variáveis, subsídios, proventos da aposentadoria, reformas e pensões, inclusive adicionais, gratificações, horas extras e vantagens pessoais de qualquer natureza, bem como encargos sociais e contribuições recolhidas pelo ente às entidades de previdência.[58]

---

[57] **CF/1988. Art. 37.** A administração pública direta e indireta de qualquer dos Poderes da União, dos Estados, do Distrito Federal e dos Municípios obedecerá aos princípios de legalidade, impessoalidade, moralidade, publicidade e eficiência e, também, ao seguinte: (Redação dada pela Emenda Constitucional nº 19, de 04/06/98) [...]X - a remuneração dos servidores públicos e o subsídio de que trata o §4º do art. 39 somente poderão ser fixados ou alterados por lei específica, observada a iniciativa privativa em cada caso, assegurada revisão geral anual, sempre na mesma data e sem distinção de índices; (Redação dada pela Emenda nº 19, de 98.)

[58] **Diárias - previsão - pagamento.** TCE/SC decidiu: "[...] 1. As diárias incluem-se no conceito de despesa corrente de custeio, constituindo espécie do gênero despesa de pessoal. Têm como fim precípuo o ressarcimento dos

LRF

gastos com alimentação e hospedagem aos servidores públicos que se deslocam temporariamente do município a serviço. O art. 18 da Lei de Responsabilidade Fiscal caracteriza como despesa de pessoal aquelas que constituam "espécie remuneratória"; deve-se, pois, excluir deste rol as despesas com o pagamento de diárias, de cunho meramente indenizatório. 2. As despesas com diárias já estão previstas na lei orçamentária, razão pela qual não se enquadram na previsão do art. 17 da LRF, que cuida de despesa obrigatória de caráter continuado por norma legal específica diferente da lei do orçamento. A seu turno, o reajuste do valor unitário das diárias não constitui aumento de despesa, muito menos decorre de criação, expansão ou aperfeiçoamento da ação governamental (art. 16 da LRF); representa simples recomposição monetária do caráter indenizatório da referida despesa pública, cujo valor global orçado permanece inalterado. [...]." Processo nº 01/00823440. Decisão nº 1160/2001.

Imposto de renda retido na fonte. TCE/PR decidiu: "[...] Consulta. Consideração do Imposto de Renda Retido na Fonte, como gasto com pessoal, para efeito do cumprimento do limite estabelecido no art. 18 da LRF. Possibilidade de dedução dos gastos com pessoal nos relatórios fiscais derivados da LRF, da parcela do IRRF mencionado no art. 157, I, da CF/88, que integra a receita tributária do ente, com seus efeitos financeiros daí decorrentes. [...]." Protocolo TC nº 304607/02. Resolução nº 7598/02. Relator: Conselheiro Nestor Baptista, 17 de setembro de 2002. Revista do Tribunal de Contas do Estado do Paraná. nº 144, out/nov/dez. 2002. p. 65.

Nota: contra entendimento idêntico do TCE/RN foi iniciada ADI no STF; dispositivo legal questionado: "[...] Decisão - Consulta nº 1049, de 11 de maio de 2004, do Tribunal de Contas do Estado do Rio Grande do Norte. EMENTA: Consulta-admissibilidade. Despesa com pessoal - art. 18 da Lei Complementar nº 101, de 2000. Não inclusão do Imposto de Renda Retido na Fonte. Inteligência dos arts. 157, 00I e 158, 00I, da Constituição Federal; Não se enquadra no conceito de "despesa total com pessoal" - nem de "receita corrente líquida" - os valores referentes ao Imposto sobre a Renda

Retido na Fonte, concernentes aos servidores públicos estaduais e municipais, dado o caráter financeiro da LC nº 101, de 2000. Decidem os Conselheiros do Tribunal de Contas do Estado do Rio Grande do Norte [...], julgar: 1) que a presente consulta seja respondida no sentido de que os valores despendidos por órgão público, a título de Imposto de Renda Retido na Fonte, não se incluem no somatório dos gastos com pessoal de que trata o art. 18 da Lei de Responsabilidade Fiscal; 2) que esta decisão seja encaminhada a todos os Administradores Públicos, submetidos à jurisdição desta Corte, para fins de conhecimento, inclusive com a devida publicação no Diário Oficial do Estado. [...]." STF. ADI (Med. Liminar) nº 3484-7.

Resultado da liminar: <u>Decisão do STF</u>: Diante das manifestações do Tribunal de Contas do Estado do Rio Grande do Norte e do Ministério Público do Rio Grande do Sul, forçoso concluir que, estando revogadas a Decisão-Consulta nº 1.0490/2004 e a Resolução nº 011/2004, resta prejudicada a presente ação direta de inconstitucionalidade, por perda superveniente de objeto, conforme o entendimento firmado por esta Corte no julgamento da ADI nº 709/PR, Rel. Min. Paulo Brossard (DJ 7.10.1992), e já consolidado na jurisprudência do Tribunal (ADI nº 1.889/AM, Rel. Min. Eros Grau, DJ 3.10.2005; ADI nº 387/RO, Rel. Min. Sepúlveda Pertence, DJ 9.9.2005; ADI nº 3.513/PA, Rel. Min. Ellen Gracie, DJ 22.8.2005; ADI nº 2.436/PE, Rel. Min. Joaquim Barbosa, DJ 26.8.2005; ADI nº 380/RO, Rel. Min. Celso de Mello, DJ 4.3.2005).

Orientação do Organizador: Os estados que excluíam o valor retido do IRPF da despesa com pessoal podem continuar mantendo o procedimento vez que, a rigor, não houve decisão do STF a respeito.

Pessoal - despesas - pessoal temporário – Lei nº 12.919/2013 (LDO para 2014). Art. 86.

Instrução Normativa MPOG nº 04/2010. Art. 7º É vedado: **I** - estabelecer vínculo de subordinação com funcionários da contratada; **II** - prever em edital a remuneração dos funcionários da contratada; **III** - indicar pessoas para compor o quadro funcional da contratada; **IV** - demandar ao

LRF   Art. 18

§1° Os valores dos contratos de terceirização de mão-de-obra que se referem à substituição de servidores e empregados públicos serão contabilizados como "Outras Despesas de Pessoal".[59]

---

preposto que os funcionários da contratada executem tarefas fora do escopo do objeto da contratação; **V** - reembolsar despesas com transporte, hospedagem e outros custos operacionais, que devem ser de exclusiva responsabilidade da contratada; **VI** - prever em edital exigências que constituam intervenção indevida da Administração na gestão interna dos fornecedores; e **VII** - prever em edital exigência que os fornecedores apresentem, em seus quadros, funcionários capacitados ou certificados para o fornecimento da Solução, antes da contratação.

Consultar, também, o Processo TC- 019.167/2006-9, Acórdão n° 1210/2008 - 2. Câmara, do TCU.

Lei n° 11.788/2008 - Dispõe sobre o estágio de estudantes. Diário Oficial da União, 26 set. 2008, Seção 1, p. 3.

[59] Sobre terceirização, consultar a obra, de nossa autoria *Responsabilidade Fiscal:* questões práticas na função do ordenador de despesa; na terceirização da mão-de-obra; na função do controle administrativo. 2. ed., rev., atual. e ampl. Brasília: Brasília Jurídica, 2002.

a) Lei n° 12.919/2013. Art. 86.

b) Terceirização. O TCU determinou à Eletronuclear que adotasse medidas, relativamente, "[...] a serviços abrangidos pelo Plano de Cargos da empresa, com vistas à gradual suspensão dos serviços avençados, na medida em que forem sendo contratados empregados pela via do concurso público. [...]." Processo TC n° 10.124/2003-6. Acórdão n° 1.112/2005 - 2. Câmara.

c) Terceirização de mão-de-obra - características. TCE/SC decidiu: "[...] Consideram-se contratos de terceirização de mão-de-obra para os fins de entendimento do disposto no art. 18, **§1°**, da Lei Complementar n° 101/2000, aqueles decorrentes da contratação de pessoas físicas ou jurídicas para o exercício de atividades ou funções finalísticas do Poder ou Órgão para as quais haja correspondência com cargos e empregos do seu quadro de cargos, ou para execução de serviços de que resulte edição de atos administrativos, caracterizando exercício de parcela do poder público, correspondendo ao exercício de atividades que deveriam ser atribuídas a agentes públicos, tais como atividades de fiscalização ou de exercício do poder de polícia, contratação de escritórios de contabilidade para execução de serviços contábeis de órgãos, entidades ou fundos, contratação de advogados ou escritório de advocacia para execução de atividades rotineiras dos órgãos, inclusive assessoria e consultoria jurídica, salvo para defesa dos interesses do ente em causas específicas, complexas e que demandam a contratação de profissional de notória especialização, contratados por inexigibilidade de licitação, nos termos do art. 25 combinado com art. 13 da Lei 8.666/1993, ou por licitação nos demais casos, ainda que a contratação seja ilegal, situação em que cabe ao administrador tomar as medidas cabíveis para correção e apuração das responsabilidades pela irregularidade cometida. Para a contabilização de despesas com contrato de terceirização de mão-de-obra para substituição de servidores e empregados públicos (§1º do art. 18 da Lei Complementar 101/2000), o Poder ou Órgão deve respeitar às determinações da Lei nº 4.320/64 e, a partir de sua vigência, a Portaria Interministerial nº 163/2001 e suas alterações posteriores, contabilizando as despesas no elemento 34 - "Outras Despesas de Pessoal decorrentes de Contrato de Terceirização. Os entes públicos poderão desdobrar os elementos de despesa de maneira suplementar ao disposto nos Anexos da Portaria Interministerial nº 163/2001, de 04.05.2001, para o empenhamento e transparência do montante dos gastos em atendimento às necessidades de escrituração contábil e controle da execução orçamentária. A despesa de pessoal relativa aos servidores à disposição de outros Poderes e Órgãos deve ser incluída no gastos do Poder ou Órgão que arcar com o ônus da sua remuneração e encargos previdenciários, inclusive para fins de apuração dos limites de que trata o art. 169 da Constituição Federal e Lei Complementar nº 101/2000. O Poder ou Órgão cedente que promover o

LRF

pagamento da remuneração do servidor cedido e for ressarcido do respectivo valor pelo Poder ou Órgão cessionário deverá contabilizar a despesa debitando a conta Realizável do Ativo Financeiro, enquanto que o cessionário contabilizará a despesa com o ressarcimento no elemento 96 - "Ressarcimento de Despesas de Pessoal Requisitado", da Portaria Interministerial 163/2001, de 04.05.2001. O ingresso do ressarcimento nos cofres do cedente será creditado na conta Realizável. [...]." Processo nº 00/06394787. Decisão nº 2370/2002.

d) Terceirização de mão de obra - contabilização. TCU decidiu: "[...] conhecer da presente Consulta, respondendo à consulente que: 9.1.1. em vista do que determinam os arts. 18, §1º, da Lei Complementar nº 101/2000 e 90, *caput*, da Lei nº 10.934/2004, independentemente da legalidade ou validade dos contratos de terceirização de mão-de-obra, estes deverão ser contabilizados no grupo de despesa 'Pessoal e Encargos Sociais' sempre que se destinarem à substituição de servidores ou empregados públicos, não se enquadrando em tal hipótese apenas as terceirizações que, simultaneamente, atendam aos requisitos contidos no parágrafo único, incisos I, II e III, do mencionado art. 90, requisitos estes constantes de todas as Leis de Diretrizes Orçamentárias publicadas na vigência da Lei Complementar nº 101/2000, exceto em relação à primeira delas, que não traz o inciso III; 9.1.2. as despesas com empresas contratadas para vigilância, limpeza e portaria não estão obrigadas ao registro como despesas de "Pessoal e Encargos Sociais" e, sim, como "Outras Despesas Correntes", por se tratar de atividades consideradas materiais, acessórias, instrumentais ou complementares aos assuntos que constituem área de competência legal do órgão ou entidade; 9.1.3. os gastos efetuados com empresas consultoras, em princípio, também estão sujeitos ao mesmo trâmite contábil descrito no subitem anterior, exceto quando essas atividades estejam associadas à substituição de mão-de-obra, devendo, nesse caso, pelos motivos expostos no subitem 9.1.1 supra, serem elas contabilizadas no grupo de despesa 'Pessoal e Encargos Sociais', ressalvando que as políticas de recursos humanos

49

restritivas não podem ser invocadas como justificativa para a terceirização de serviços de consultoria, visto que os entraves criados pelos administradores públicos, ou mesmo a sua morosidade, que impedem a realização de concursos públicos, não caracterizam circunstâncias enquadráveis na regra de exceção do art. 29, **§2º**, da Lei nº 10.934/2004; 9.1.4. as providências adotadas por este Tribunal de Contas da União para verificar o atendimento, pelos gestores públicos, ao que preceitua a Lei de Responsabilidade Fiscal no que tange ao registro das despesas com pessoal, vão desde fiscalizações realizadas com vistas à elaboração de relatórios e pareceres prévios sobre as contas do Governo da República até fiscalizações específicas; 9.2. alertar à consulente que, segundo entendimento desta Corte de Contas, sustentado na Decisão nº 341/2004-Plenário, os conselhos de fiscalização profissional, embora considerados entes autárquicos sui generis, devendo, por conseguinte, obediência às normas gerais e aos princípios que regem a Administração Pública, não estão sujeitos aos limites de gastos fixados pela Lei de Responsabilidade Fiscal, incluindo dispêndios com terceirizações, visto que tais entidades não participam do Orçamento Geral da União e não geram receitas e despesas de que resultem impactos nos resultados de gestão fiscal a que alude a referida Lei. [...]." Processo TC nº 007.714/205-7. Acórdão nº 1565/2005 - Plenário. **Em sentido contrário**, o Supremo Tribunal Federal interpretou o art. 72 da LRF para que se entenda como serviços de terceiros apenas os serviços permanentes: ADI nº 2238-5, reproduzida nesta obra na pág. 292.

e) **Terceirização de mão de obra - contabilização**. "[...] 9.7.7. adote medidas prévias para que a despesa e a assunção de compromisso sejam registrados segundo o regime de competência, conforme estabelece a Lei de Responsabilidade Fiscal, observando rigorosamente a proibição de realizar despesas sem crédito orçamentário; 9.7.8. contabilize, como outras despesas de pessoal, os dispêndios efetuados com terceirização de mão-de-obra, referentes á substituição de servidores, conforme determina o art. 18, parágrafo 1º, da Lei de Responsabilidade Fiscal; [...]." Processo TC nº

LRF   Art. 18

§2º A despesa total com pessoal será apurada somando-se a realizada no mês em referência com as dos onze imediatamente anteriores, adotando-se o regime de competência.[60]

009.144/2004-4. Acórdão nº 201/2007 - 2. Câmara.

f) Terceirização de mão de obra - contabilização. TCU determinou: "[...] 9.5. alertar os órgãos setoriais de contabilidade dos Ministérios da Agricultura, Pecuária e Abastecimento, da Ciência e Tecnologia, da Cultura, da Defesa, da Educação, da Fazenda, da Integração Nacional, da Justiça, da Previdência Social, da Saúde, de Minas e Energia, do Desenvolvimento Agrário, do Desenvolvimento Social e Combate à Fome, do Desenvolvimento, Indústria e Comércio Exterior, do Meio Ambiente, do Planejamento, Orçamento e Gestão, do Trabalho e Emprego, do Turismo e dos Transportes quanto à necessidade de contabilização de despesas com contratos de terceirização de mão de obra referentes à substituição de servidores e empregados públicos, para fins de cumprimento do **§1º** do art. 18 da Lei Complementar 101/2000; [...]." Processo TC nº 028.002/2010-5. Acórdão nº 283/2011 - Plenário.

g) Terceirização de mão de obra - indicação do pessoal. TCU determinou: "[...] 9.8.3. em caso de contratação de mão-de-obra terceirizada, abstenha-se de indicar os prestadores de serviço e os salários a serem pagos, de modo a preservar a impessoalidade da contratação, em obediência aos ditames do Decreto n. 2.271/1997; [...]." Processo TC nº 024.801/2007-4. Acórdão nº 606/2008 - Plenário.

[60] a) vide art. 9º, inciso IV, desta Lei.

b) Despesas de pessoal - reconhecimento - via administrativa. "[...] não devem ser consideradas para efeito de apuração dos limites estabelecidos nos arts. 19, 20, 22, p.ú. e 71 da LRF as despesa de pessoal decorrentes de direito reconhecido pela via administrativa, cujo fato gerador seja anterior ao período de apuração da despesa total de pessoal estabelecido no **§2º** do art. 18 desse diploma legal. [...]." TCDF. Processo nº 267/2002. Resposta a

Art. 19. Para os fins do disposto no *caput* do art. 169 da Constituição,[61] a despesa total com pessoal, em cada período de apuração e em cada ente da Federação, não poderá exceder os percentuais da receita corrente líquida, a seguir discriminados:[62]

I - União: 50% (cinqüenta por cento);

II - Estados: 60% (sessenta por cento);

III - Municípios: 60% (sessenta por cento).

§1º Na verificação do atendimento dos limites definidos neste artigo, não serão computadas as despesas:[63]

Consulta. Decisões nºs 994/2002 e 3520/2002.

c) **Despesas de pessoal - reconhecimento - via judicial.** "[...] as despesas de pessoal originárias de decisão judicial não submetidas ao regime de precatório devem ser computadas para efeito de apuração da despesa total com pessoal, hipótese sobre a qual inside a sistemática de cálculo de que trata o §2º do art. 18 da LRF." TCDF. Processo nº 267/2002. Resposta a Consulta. Decisões nºs 994/2002 e 3520/2002.

d) **Despesa de pessoal - estagiário e monitores. Nota:** A prestação de serviços desempenhadas por estagiários e/ou monitores se enquadra no conceito "outros serviços de terceiros – pessoa física" nos termos do Art. 18, §1º desta Lei.

[61] **CF/1988. Art. 169.** A despesa com pessoal ativo e inativo da União, dos Estados, do Distrito Federal e dos Municípios não poderá exceder os limites estabelecidos em lei complementar.

[62] Vide arts. 20; 22, *caput* e 70, todos desta Lei.

[63] **Despesas não computadas.** TCU determinou: "[...] evidencie como 'Despesas não computadas' (art. 19, §1º da LRF) apenas os gastos com 'Indenizações por Demissão e Incentivos à Demissão Voluntária' (elemento de despesa 94), 'Sentenças Judiciais' (elemento de despesa 91), 'Despesa de Exercícios Anteriores' (elemento de despesa 92), 'Inativos e Pensionistas com

LRF   Art. 19

I - de indenização por demissão de servidores ou empregados;

II - relativas a incentivos à demissão voluntária;

III - derivadas da aplicação do disposto no inciso II do §6º do art. 57 da Constituição;[64]

IV - decorrentes de decisão judicial e da competência de período anterior ao da apuração a que se refere o §2º do art. 18.[65]

V - com pessoal, do Distrito Federal e dos Estados do Amapá e Roraima, custeadas com recursos transferidos pela União na forma

---

Recursos Vinculados' e 'Convocação Extraordinária (inciso II, §6º, art. 57 da CF). [...]." Processo TC nº 012.100/2004-1. Acórdão nº 404/2005 - Plenário.

Câmara dos Deputados - convocação extraordinária. TCU determinou: "[...] considere, para fins do disposto no inciso III do §1º do art. 19 da Lei Complementar n. 101/2000 apenas as despesas realizadas com pagamento de convocação extraordinária aos Deputados Federais. [...]." Processo TC nº 012.100/2004-1. Acórdão nº 404/2005 - Plenário.

[64] **Senado Federal. TCU determinou:** "[...] considere, para fins do disposto no inciso III do §1º do art. 19 da Lei Complementar nº 101/2000 apenas as despesas realizadas com pagamento de convocação extraordinária aos Senadores. [...]." Processo TC nº 012.100/2004-1. Acórdão nº 404/2005 - Plenário.

[65] Vide art. 18, §2º, desta Lei.

Despesas de pessoal - reconhecimento - via judicial. "[...] as despesas de pessoal originárias de decisão judicial, transitada em julgado e submetida ao regime de precatório, independente do tempo da ocorrência do fato gerador, constituem item de exclusão dos limites impostos pela Lei de Responsabilidade Fiscal, inteligência do art. 19, §1º, inc. IV, da LRF; [...]." TCDF. Processo nº 267/2002. Resposta a Consulta. Decisões nᵒˢ 994/2002 e 3520/2002.

Arts. 19 e 20   J. U. JACOBY FERNANDES

dos incisos XIII e XIV do art. 21 da Constituição e do art. 31 da Emenda Constitucional nº 19;[66]

VI - com inativos, ainda que por intermédio de fundo específico, custeadas por recursos provenientes:

a) da arrecadação de contribuições dos segurados;

b) da compensação financeira de que trata o §9º do art. 201 da Constituição;

c) das demais receitas diretamente arrecadadas por fundo vinculado a tal finalidade, inclusive o produto da alienação de bens, direitos e ativos, bem como seu superávit financeiro.

§2º Observado o disposto no inciso IV do §1º, as despesas com pessoal decorrentes de sentenças judiciais serão incluídas no limite do respectivo Poder ou órgão referido no art. 20.

Art. 20. A repartição dos limites globais do art. 19 não poderá exceder os seguintes percentuais:[67]

---

[66] Vide art. 2º, §2º, desta Lei.

[67] Vide art. 21, parágrafo único; 22, *caput* e parágrafo único; 23; 53, inciso V; 23, §4º; 42; 54 e parágrafo único; 56; 57, §2º; 59, §§1º e §2º; 70; 71 e 72, todos desta Lei.

Despesa com pessoal - Defensoria Pública do Distrito Federal. TCU firmou entendimento no sentido de que: "[...] o limite máximo de despesas com pessoal da Defensoria Pública do Distrito Federal e Territórios deve ser incluído em inciso específico do art. 20 da Lei de Responsabilidade Fiscal e em alínea própria do art. 2º do Decreto n. 3.917/2001. [...]." Processo TC nº 013.631/2001-5. Acórdão nº 1674/2005 - Plenário.

TCU decidiu: "[...] 9.2. acolher os esclarecimentos prestados pelo Conselho Nacional de Justiça para, em caráter excepcional, entender justificada a alteração dos percentuais internos relativos ao limite máximo

LRF   Art. 20

I - na esfera federal:

a) 2,5% (dois inteiros e cinco décimos por cento) para o Legislativo, incluído o Tribunal de Contas da União;

b) 6% (seis por cento) para o Judiciário;

c) 40,9% (quarenta inteiros e nove décimos por cento) para o Executivo, destacando-se 3% (três por cento) para as despesas com pessoal decorrentes do que dispõem os incisos XIII e XIV do art. 21 da Constituição[68] e o art. 31 da Emenda Constitucional[69] nº 19,

---

das despesas com pessoal nos órgãos integrantes do Poder Judiciário da União, a que alude a Lei Complementar nº. 101/2000; 9.3. recomendar ao Conselho Nacional de Justiça que adote as providências cabíveis no sentido de buscar a alteração da Lei de Responsabilidade Fiscal, de forma que se obtenha a plena compatibilidade entre a lei e a Resolução/CNJ nº. 26/2006. [...]." Processo TC nº 028.506/2006-4. Acórdão nº 289/2008 - Plenário.

TCU decidiu: "[...] 9.2. reiterar a recomendação contida no item 9.3 Acórdão n. 1573/2006-Plenário, no sentido de serem implementadas medidas com vistas à edição de ato normativo que institua diretrizes transparentes acerca da repartição dos recursos vinculados ao regime próprio de previdência da União, observadas as disposições do art. 40 da Constituição, assim como das Leis nº 9.717/1998 e 10.887/2004 e legislação concernente, em virtude da necessidade de assegurar razoável estabilidade na distribuição dos recursos das Fontes 56 e 69 (contribuições do servidor e patronal, respectivamente) no Projeto de Lei Orçamentária da União e evitar que alterações abruptas comprometam o cumprimento dos limites fixados para despesa com pessoal dos Poderes e órgãos federais previstos no art. 20 da LRF, devendo se informado ao Tribunal, no prazo de 90 (noventa) dias, as providências adotadas. [...]." Processo TC nº 027.237/2007-8. Acórdão nº 393/2008 - Plenário.

[68] **CF/1988. Art. 21.** Compete à União: [...] **XIII** - organizar e manter o

55

repartidos de forma proporcional à média das despesas relativas a cada um destes dispositivos, em percentual da receita corrente líquida, verificadas nos três exercícios financeiros imediatamente anteriores ao da publicação desta Lei Complementar;

d) 0,6% (seis décimos por cento) para o Ministério Público da União;[70]

II - na esfera estadual:

Poder Judiciário, o Ministério Público e a Defensoria Pública do Distrito Federal e dos Territórios; **XIV -** organizar e manter a polícia civil, a polícia militar e o corpo de bombeiros militar do Distrito Federal, bem como prestar assistência financeira ao Distrito Federal para a execução de serviços públicos, por meio de fundo próprio; (Redação dada pela Emenda Constitucional nº 19, de 04/06/98)

[69] **Emenda Constitucional nº 19. Art. 31.** Os servidores públicos federais da administração direta e indireta, os servidores municipais e os integrantes da carreira policial militar dos ex-Territórios Federais do Amapá e de Roraima, que comprovadamente encontravam-se no exercício regular de suas funções prestando serviços àqueles ex-Territórios na data em que foram transformados em Estados; os policiais militares que tenham sido admitidos por força de lei federal, custeados pela União; e, ainda, os servidores civis nesses Estados com vínculo funcional já reconhecido pela União, constituirão quadro em extinção da administração federal, assegurados os direitos e vantagens inerentes aos seus servidores, vedado o pagamento, a qualquer título, de diferenças remuneratórias.

[70] **Despesa com pessoal - Ministério Público do Distrito Federal.** TCU firmou entendimento no sentido de que: "[...] o limite máximo de despesas com pessoal do Ministério Público da União, nele incluído o Ministério Público do Distrito Federal e Territórios, está enquadrado na alínea d do inciso I do art. 20 da Lei de Responsabilidade Fiscal. [...]." Processo TC nº 013.631/2001-5. Acórdão nº 1674/2005 - Plenário.

LRF   Art. 20

a) 3% (três por cento) para o Legislativo, incluído o Tribunal de Contas do Estado;

b) 6% (seis por cento) para o Judiciário;

c) 49% (quarenta e nove por cento) para o Executivo;

d) 2% (dois por cento) para o Ministério Público dos Estados;

III - na esfera municipal:[71]

a) 6% (seis por cento) para o Legislativo, incluído o Tribunal de Contas do Município,[72] quando houver;

b) 54% (cinqüenta e quatro por cento) para o Executivo.

§1º Nos Poderes Legislativo e Judiciário de cada esfera, os limites serão repartidos entre seus órgãos de forma proporcional à média das despesas com pessoal, em percentual da receita corrente líquida, verificadas nos três exercícios financeiros imediatamente anteriores ao da publicação desta Lei Complementar.

§2º Para efeito deste artigo entende-se como órgão:

I - o Ministério Público;

II - no Poder Legislativo:

---

[71] **Despesa com pessoal - requisitos da LRF.** TCE/SC decidiu: "[...] Não há impedimentos na Lei de Responsabilidade Fiscal para que os Municípios promovam a revisão geral anual dos vencimentos de seus servidores, ainda que a despesa total com pessoal esteja acima do limite prudencial. Entretanto, se o Município aplicar o índice de correção da inflação e ocorrer extrapolação dos limites do art. 20 da Lei Complementar nº 101/2000, deverá no prazo de dois quadrimestres readequar-se aos mesmos, adotando as medidas previstas no art. 23 da Lei de Responsabilidade Fiscal. [...]." Processo nº 02/07892547. Decisão nº 1530/2003.

[72] No Brasil, só dois Tribunais de Contas são Municipais: Rio de Janeiro e São Paulo.

a) Federal, as respectivas Casas e o Tribunal de Contas da União;

b) Estadual, a Assembléia Legislativa e os Tribunais de Contas;

c) do Distrito Federal, a Câmara Legislativa e o Tribunal de Contas do Distrito Federal;

d) Municipal, a Câmara de Vereadores e o Tribunal de Contas do Município, quando houver;

III - no Poder Judiciário:

a) Federal, os tribunais referidos no art. 92 da Constituição;[73]

b) Estadual, o Tribunal de Justiça e outros, quando houver.

§3º Os limites para as despesas com pessoal do Poder Judiciário, a cargo da União por força do inciso XIII do art. 21 da Constituição[74] serão estabelecidos mediante aplicação da regra do **§1º**.

§4º Nos Estados em que houver Tribunal de Contas dos Municípios, os percentuais definidos nas alíneas a e c do inciso II do *caput* serão, respectivamente, acrescidos e reduzidos em 0,4% (quatro décimos por cento).[75]

---

[73] **CF/1988. Art. 92.** São órgãos do Poder Judiciário: **I** - o Supremo Tribunal Federal; **II** - o Superior Tribunal de Justiça; **III** - os Tribunais Regionais Federais e Juízes Federais; **IV** - os Tribunais e Juízes do Trabalho; **V** - os Tribunais e Juízes Eleitorais; **VI** - os Tribunais e Juízes Militares; **VII** - os Tribunais e Juízes dos Estados e do Distrito Federal e Territórios.

[74] **CF/1988. Art. 21.** Compete à União: [...] **XIII** - organizar e manter o Poder Judiciário, o Ministério Público e a Defensoria Pública do Distrito Federal e dos Territórios.

[75] Possuem Tribunal de Contas para fiscalizar as contas de todos os Municípios os Estados da Bahia, Ceará, Goiás e Pará.

LRF   Arts. 20 e 21

§5º Para os fins previstos no art. 168 da Constituição,[76] a entrega dos recursos financeiros correspondentes à despesa total com pessoal por Poder e órgão será a resultante da aplicação dos percentuais definidos neste artigo, ou aqueles fixados na lei de diretrizes orçamentárias.

§6º (VETADO)[77]

Subseção II - Do Controle da Despesa Total com Pessoal

Art. 21. É nulo de pleno direito o ato que provoque aumento da despesa com pessoal e não atenda:[78]

I - as exigências dos arts. 16 e 17 desta Lei Complementar, e o

---

[76] **CF/1988. Art. 168.** Os recursos correspondentes às dotações orçamentárias, compreendidos os créditos suplementares e especiais, destinados aos órgãos dos Poderes Legislativo e Judiciário e do Ministério Público, ser-lhes-ão entregues até o dia 20 de cada mês, na forma da lei complementar a que se refere o art. 165, §9º.

[77] Ver redação do artigo e razões do veto na p. 134

Ver final do § antecedente.

[78] **TCU decidiu:** "[...] 9.1. considerar inaplicável a vedação constante do parágrafo único do art. 21, da Lei de Responsabilidade Fiscal ao concurso para o provimento de cargo de analista de controle externo, regulado pelo Edital nº 2/2008, no caso de eventual nomeação e posse dos aprovados no segundo semestre de 2008, tendo em vista, a conformidade do certame ao disposto na Constituição Federal; nos arts. 15 e 16 da mencionada Lei Fiscal; na Lei de Diretrizes Orçamentárias; na Lei Orçamentária Anual, e o atendimento aos princípios da proporcionalidade e da continuidade administrativa. [...]." Processo TC nº 007.683/2008-3. Acórdão nº 393/2008 - Plenário.

Arts. 21 e 22 — J. U. Jacoby Fernandes

disposto no inciso XIII do art. 37 e no §1º do art. 169 da Constituição;

II - o limite legal de comprometimento aplicado às despesas com pessoal inativo.

Dispositivo com interpretação conferida pelo STF, conforme a Constituição Federal, para que se entenda como limite legal o previsto em lei complementar

ADI 2238-5, 12.2.2003 - vide p. 292.

Parágrafo único. Também é nulo de pleno direito o ato de que resulte aumento da despesa com pessoal expedido nos cento e oitenta dias anteriores ao final do mandato do titular do respectivo Poder ou órgão referido no art. 20.[79]

Ver art. 359-G do Código Penal na p. 143.

Art. 22. A verificação do cumprimento dos limites

---

[79] **Aumento de despesas de pessoal em final de mandato - efeitos.** TCE/SC decidiu: "[...] Nos termos do parágrafo único do art. 21 da Lei Complementar nº 101/00, são considerados nulos de pleno direito os atos de que resultem aumento de despesas de pessoal, expedidos nos 180 dias anteriores ao término do mandato do titular do respectivo Poder ou órgão, incluindo a nomeação de servidores, ainda que aprovados em concurso homologado antes do início da contagem desse prazo, notadamente por se constituir em despesa de caráter continuado. Os cargos em comissão que não atendem os requisitos do inciso V do art. 37 da Constituição Federal não podem ser providos e, mediante lei, devem ser extintos. A contratação temporária depende da demonstração de excepcional interesse público e lei autorizativa, recomendando-se a realização de processo seletivo simplificado, com a devida publicidade, em observância dos princípios da impessoalidade, da isonomia e da moralidade (art. 37 da Constituição Federal). Processo nº 00/03400301. Decisão nº 3696/00.

LRF   Art. 22

estabelecidos nos arts. 19 e 20 será realizada ao final de cada quadrimestre.[80]

Parágrafo único. Se a despesa total com pessoal exceder a 95% (noventa e cinco por cento) do limite, são vedados ao Poder ou órgão referido no art. 20 que houver incorrido no excesso:

I - concessão de vantagem, aumento, reajuste ou adequação de remuneração a qualquer título, salvo os derivados de sentença judicial ou de determinação legal ou contratual, ressalvada a revisão prevista no inciso X do art. 37 da Constituição;[81]

II - criação de cargo, emprego ou função;

III - alteração de estrutura de carreira que implique aumento de despesa;

IV - provimento de cargo público, admissão ou contratação de pessoal a qualquer título, ressalvada a reposição decorrente de aposentadoria ou falecimento de servidores das áreas de educação, saúde e segurança;

V - contratação de hora extra, salvo no caso do disposto no inciso II do **§6º** do art. 57 da Constituição[82] e as situações previstas

---

[80] Vide arts. 59, inciso III; 63, inciso I; 66, **§3º** e 70, todos desta Lei.

[81] **CF/1988. Art. 37.** A administração pública direta e indireta de qualquer dos Poderes da União, dos Estados, do Distrito Federal e dos Municípios obedecerá aos princípios de legalidade, impessoalidade, moralidade, publicidade e eficiência e, também, ao seguinte: [...] **X** - a remuneração dos servidores públicos e o subsídio de que trata o **§4º** do art. 39 somente poderão ser fixados ou alterados por lei específica, observada a iniciativa privativa em cada caso, assegurada revisão geral anual, sempre na mesma data e sem distinção de índices;

[82] **CF/1988. Art. 57.** O Congresso Nacional reunir-se-á, anualmente, na

Arts. 22 e 23 — J. U. JACOBY FERNANDES

na lei de diretrizes orçamentárias.

Art. 23. Se a despesa total com pessoal, do Poder ou órgão referido no art. 20, ultrapassar os limites definidos no mesmo artigo, sem prejuízo das medidas previstas no art. 22, o percentual excedente terá de ser eliminado nos dois quadrimestres seguintes, sendo pelo menos um terço no primeiro, adotando-se, entre outras, as providências previstas nos §§3º e 4º do art. 169 da Constituição.[83]

Capital Federal, de 15 de fevereiro a 30 de junho e de 1º de agosto a 15 de dezembro. [...] §6º A convocação extraordinária do Congresso Nacional far-se-á: [...] II - pelo Presidente da República, pelos Presidentes da Câmara dos Deputados e do Senado Federal, ou a requerimento da maioria dos membros de ambas as Casas, em caso de urgência ou interesse público relevante.

[83] Vide arts. 59, inciso III; 65, inciso I; 66 e 70, todos desta Lei.

CF/1988. Art. 169. A despesa com pessoal ativo e inativo da União, dos Estados, do Distrito Federal e dos Municípios não poderá exceder os limites estabelecidos em lei complementar. [...] §3º Para o cumprimento dos limites estabelecidos com base neste artigo, durante o prazo fixado na lei complementar referida no *caput*, a União, os Estados, o Distrito Federal e os Municípios adotarão as seguintes providências: I - redução em pelo menos vinte por cento das despesas com cargos em comissão e funções de confiança; II - exoneração dos servidores não estáveis. (Parágrafo incluído pela Emenda Constitucional nº 19, de 04/06/98) §4º Se as medidas adotadas com base no parágrafo anterior não forem suficientes para assegurar o cumprimento da determinação da lei complementar referida neste artigo, o servidor estável poderá perder o cargo, desde que ato normativo motivado de cada um dos Poderes especifique a atividade funcional, o órgão ou unidade administrativa objeto da redução de pessoal.

LRF

Art. 23

Ver art. 5º, IV, da Lei nº 10.028/2000, na p. 148.

§1º No caso do inciso I do **§3º** do art. 169 da Constituição, o objetivo poderá ser alcançado tanto pela extinção de cargos e funções <u>quanto pela redução dos valores a eles atribuídos*</u>.

* Essa parte do dispositivo está com eficácia suspensa pelo STF - ADI

(Parágrafo incluído pela Emenda Constitucional nº 19, de 04/06/98)

STF decidiu: "[...] EMENTA: CONSTITUCIONAL. AÇÃO DIRETA DE INCONSTITUCIONALIDADE. EMBARGOS DE DECLARAÇÃO. ILEGITIMIDADE RECURSAL DO GOVERNADOR DO DISTRITO FEDERAL. ACOLHIMENTO PARCIAL DOS EMBARGOS MANEJADOS PELA MESA DA CÂMARA DO DISTRITO FEDERAL. 1. Não havendo participado do processo de fiscalização abstrata, na condição de autor ou requerido, o Governador do Distrito Federal carece de legitimidade para fazer uso dos embargos de declaração. Precedentes. 2. No julgamento da ADI 3.756, o Supremo Tribunal Federal deu pela improcedência do pedido. Decisão que, no campo teórico, somente comporta eficácia ex tunc ou retroativa. No plano dos fatos, porém, não há como se exigir que o Poder Legislativo do Distrito Federal se amolde, de modo retroativo, ao julgado da ADI 3.756, porquanto as despesas com pessoal já foram efetivamente realizadas, tudo com base na Decisão nº 9.475/00, do TCDF, e em sucessivas leis de diretrizes orçamentárias. 3. Embargos de declaração parcialmente acolhidos para esclarecer que o fiel cumprimento da decisão plenária na ADI 3.756 se dará na forma do art. 23 da LC nº 101/2000, a partir da data de publicação da ata de julgamento de mérito da ADI 3.756, e com estrita observância das demais diretrizes da própria Lei de Responsabilidade Fiscal. Decisão: O Tribunal, por unanimidade, acolheu os embargos de declaração da Mesa Diretora da Câmara Legislativa do Distrito Federal e não conheceu dos opostos pelo Governador do Distrito Federal, tudo nos termos do voto do Relator. Votou o Presidente. [...]" ADI-ED nº 3756/DF - Plenário.

Arts. 23 e 24   J. U. Jacoby Fernandes

2238-5 - *vide p. 292.*

§2º É facultada a redução temporária da jornada de trabalho com adequação dos vencimentos à nova carga horária.

Dispositivo com eficácia suspensa pelo STF - ADIn 2238-5 - vide p. 292.

§3º Não alcançada a redução no prazo estabelecido, e enquanto perdurar o excesso, o ente não poderá:[84]

I - receber transferências voluntárias;

II - obter garantia direta ou indireta, de outro ente;

III - contratar operações de crédito , ressalvadas as destinadas ao refinanciamento da dívida mobiliária e as que visem à redução das despesas com pessoal.

§4º As restrições do **§3º** aplicam-se imediatamente se a despesa total com pessoal exceder o limite no primeiro quadrimestre do último ano do mandato dos titulares de Poder ou órgão referidos no art. 20.

Seção III - Das Despesas com a Seguridade Social

Art. 24. Nenhum benefício ou serviço relativo à seguridade social poderá ser criado, majorado ou estendido sem a indicação da fonte de custeio total, nos termos do **§5º** do art. 195 da Constituição,[85] atendidas ainda as exigências do art. 17.

---

[84] Vide art. 33, §3º e 70, parágrafo único, todos desta Lei.

[85] **CF/1988. Art. 195.** A seguridade social será financiada por toda a sociedade, de forma direta e indireta, nos termos da lei, mediante recursos provenientes dos orçamentos da União, dos Estados, do Distrito Federal e dos Municípios, e das seguintes contribuições sociais: [...] **§5º** Nenhum benefício ou serviço da seguridade social poderá ser criado, majorado ou

LRF

Arts. 24 e 25

§1º É dispensada da compensação referida no art. 17 o aumento de despesa decorrente de:

I - concessão de benefício a quem satisfaça as condições de habilitação prevista na legislação pertinente;

II - expansão quantitativa do atendimento e dos serviços prestados;

III - reajustamento de valor do benefício ou serviço, a fim de preservar o seu valor real.

§2º O disposto neste artigo aplica-se a benefício ou serviço de saúde, previdência e assistência social, inclusive os destinados aos servidores públicos e militares, ativos e inativos, e aos pensionistas.

CAPÍTULO V - DAS TRANSFERÊNCIAS VOLUNTÁRIAS

Art. 25. Para efeito desta Lei Complementar, entende-se por transferência voluntária a entrega de recursos correntes ou de capital a outro ente da Federação, a título de cooperação, auxílio ou assistência financeira, que não decorra de determinação constitucional, legal ou os destinados ao Sistema Único de Saúde.

§1º São exigências para a realização de transferência voluntária, além das estabelecidas na lei de diretrizes orçamentárias:[86]

---

estendido sem a correspondente fonte de custeio total.

[86] **Transferência voluntária - orientação do TCU.** TCU determinou: "[...] à Secretaria Federal de Controle Interno que faça constar, nos termos do Anexo VI da Decisão Normativa - TCU 62/2004, dos Relatórios de Auditoria de Gestão das próximas contas da ECT informações referentes à situação das transferências e recebimentos de recursos mediante convênio, acordo, ajuste, termo de parceria ou outros instrumentos congêneres, bem

Art. 25 J. U. Jacoby Fernandes

I - existência de dotação específica;

II - (VETADO)[87]

III - observância do disposto no inciso X do art. 167 da Constituição;[88]

IV - comprovação, por parte do beneficiário, de:

a) que se acha em dia quanto ao pagamento de tributos, empréstimos e financiamentos devidos ao ente transferidor, bem como quanto à prestação de contas de recursos anteriormente dele recebidos;

b) cumprimento dos limites constitucionais relativos à educação e à saúde;[89]

---

como a título de subvenção, auxílio ou contribuição, destacando, dentre outros aspectos, a observância às normas legais e regulamentares pertinentes, em especial às exigências para a realização de transferência voluntária estabelecidas nos artigos 11 e 25 da Lei Complementar n.º 101, de 4 de maio de 2000, a correta aplicação dos recursos repassados e o atingimento dos objetivos e metas colimados, parciais e/ou totais, sendo que, nas hipóteses do art. 8º da Lei 8.443/92, deverão constar, ainda, informações sobre as providências adotadas para a devida regularização de cada caso, inclusive sobre a instauração da correspondente Tomada de Contas Especial; [...]" Processo TC nº 008.592/2000-6. Acórdão nº 558/2005 - 1ª Câmara.

[87] Ver redação do artigo e razões do veto na p. 171.

[88] **CF/1988. Art. 167.** São vedados: [...] **X** - a transferência voluntária de recursos e a concessão de empréstimos, inclusive por antecipação de receita, pelos Governos Federal e Estaduais e suas instituições financeiras, para pagamento de despesas com pessoal ativo, inativo e pensionista, dos Estados, do Distrito Federal e dos Municípios. (Inciso incluído pela Emenda Constitucional nº 19, de 04/06/98)

[89] **Transferências voluntárias - continuidade - vedação.** TCU determinou:

LRF   Art. 25

c) observância dos limites das dívidas consolidada e mobiliária, de operações de crédito , inclusive por antecipação de receita, de inscrição em Restos a Pagar e de despesa total com pessoal;

d) previsão orçamentária de contrapartida.[90]

§2º É vedada a utilização de recursos transferidos em finalidade

---

"[...] 9.1.8 abstenha-se de liberar recursos, provenientes de transferências voluntárias da União, a município que: 9.1.8.1. não apresente a documentação hábil para comprovar a observância do disposto na Lei Complementar 101/00, art. 25, §1º, IV, b; 9.1.8.2. não publique, na forma devida, o Relatório de Gestão Fiscal, conforme determina a IN/STN 01/01, art. 3º, II, d, e LRF, arts. 54, 55 e 63, II, b, e §1º ; 9.1.8.3. não apresente, na forma devida, suas contas à Secretaria do Tesouro Nacional de acordo com a IN/STN 01/01, art. 3º, II, g, e LRF, arts. 50 e 51, §1º, I e II; 9.1.8.4. esteja inadimplente com a prestação de contas de recursos anteriormente recebidos, consoante a IN/STN 01/01, art. 3º, I, a; IN/STN 05/00, art. 1º, §1º, e LRF, art. 25, §1º, I; [...]." Processo TC nº 009.979/2003-5. Acórdão nº 1.550/2003 - 2. Câmara.

[90] **Convênio - recursos da contrapartida. TCU recomendou:** "[...] adote providências com vistas à inclusão de previsão orçamentária, no tocante à reserva de contrapartida relativa à obra com recursos federais a ser contratada, nos termos da alínea "d", do inciso IV do §1º, do art. 25 da Lei Complementar nº 101/2000 (LRF); [...]." Processo nº 005.590/2003-2. Acórdão nº 95/2004 - Plenário.

Recursos - do Fundo Nacional de Saúde. TCU determinou: "[...] exija dos convenentes comprovação formal de que os recursos transferidos, bem como a contrapartida, foram incluídos em suas peças orçamentárias, com vistas a comprovar a observância das disposições contidas no art. 35 da Lei nº 10.180/2001; arts. 2º e 3º da Lei 4.320/1964; art. 25, §1º, inciso IV, alínea "d", da LRF e art. 2º, §3º, da Instrução Normativa - STN nº 1/1997." Processo nº TC-006.517/2003-7. Acórdão nº 585/2005 - 2ª Câmara.

Arts. 25 e 26   J. U. JACOBY FERNANDES

diversa da pactuada.[91]

§3º Para fins da aplicação das sanções de suspensão de transferências voluntárias constantes desta Lei Complementar, excetuam-se aquelas relativas a ações de educação, saúde e assistência social.

CAPÍTULO VI - DA DESTINAÇÃO DE RECURSOS PÚBLICOS PARA O SETOR PRIVADO

Art. 26. A destinação de recursos[92] para, direta ou

---

[91] **TCU firmou entendimento** no sentido de que as ações de qualificação social e profissional do Plano Nacional de Qualificação - PNQ e ações de intermediação de mão de obra e seguro-desemprego do Plano Nacional do Sistema Nacional de Emprego - Plansine inserem-se nos objetivos constitucionais da assistência social, aproveitando, portanto, a exceção contida no art. 25, §3º, da Lei Complementar nº 101/2000; e esclarecer, ainda, que para efetivação das transferências voluntárias relativas às aludidas ações, deverão ser observadas a existência de dotação orçamentária específica e o disposto no art. 167, inciso X, da Constituição Federal. Processo TC nº 002.049/2006-0. Acórdão nº 1037/2006 - Plenário.

[92] **Lei nº 4.320/1964. Art. 12.** A despesa será classificada nas seguintes categorias econômicas: DESPESAS CORRENTES - Despesas de Custeio e Transferências Correntes. DESPESAS DE CAPITAL - Investimentos. Inversões Financeiras e Transferências de Capital. [...] §3º Consideram-se subvenções, para os efeitos desta lei, as transferências destinadas a cobrir despesas de custeio das entidades beneficiadas, distinguindo-se como: I - subvenções sociais, as que se destinem a instituições públicas ou privadas de caráter assistencial ou cultural, sem finalidade lucrativa; II - subvenções econômicas, as que se destinem a empresas públicas ou privadas de caráter industrial, comercial, agrícola ou pastoril. [...] §6º São Transferências de

LRF

Arts. 26 e 27

indiretamente, cobrir necessidades de pessoas físicas ou déficits de pessoas jurídicas deverá ser autorizada por lei específica, atender às condições estabelecidas na lei de diretrizes orçamentárias e estar prevista no orçamento ou em seus créditos adicionais.[93]

§1º O disposto no *caput* aplica-se a toda a administração indireta, inclusive fundações públicas e empresas estatais, exceto, no exercício de suas atribuições precípuas, as instituições financeiras e o Banco Central do Brasil.

§2º Compreende-se incluída a concessão de empréstimos, financiamentos e refinanciamentos, inclusive as respectivas prorrogações e a composição de dívidas, a concessão de subvenções e a participação em constituição ou aumento de capital.

Art. 27. Na concessão de crédito por ente da Federação a pessoa física, ou jurídica que não esteja sob seu controle direto ou

---

Capital as dotações para investimentos ou inversões financeiras que outras pessoas de direito público ou privado devam realizar, independentemente de contraprestação direta em bens ou serviços, constituindo essas transferências auxílios ou contribuições, segundo derivem diretamente da Lei de Orçamento ou de lei especial anterior, bem como as dotações para amortização da dívida pública.

[93] **Lei nº 12.919/2013. Arts. 54 a 57. O TCDF decidiu firmar o entendimento** de que somente são aplicados às empresas controladas não dependentes de recursos financeiros do Tesouro local, considerada a dependência definida na forma das Resoluções Senado Federal nºs 40/2001 e 43/2001, os princípios gerais da Lei Complementar nº. 101/2000, como planejamento, transparência, controle responsabilização, bem assim os seguintes dispositivos da mencionada lei: art. 26; art. 32, "*caput*"; art. 35, "*caput*"; art. 36; art. 37; inciso II; art. 40, §§6º, 7º e 8º; art. 43 e art. 47. Processo nº 27.797/2005. Decisão nº 4.489/2006.

indireto, os encargos financeiros, comissões e despesas congêneres não serão inferiores aos definidos em lei ou ao custo de captação.

Parágrafo único. Dependem de autorização em lei específica as prorrogações e composições de dívidas decorrentes de operações de crédito , bem como a concessão de empréstimos ou financiamentos em desacordo com o *caput*, sendo o subsídio correspondente consignado na lei orçamentária.

Art. 28. Salvo mediante lei específica, não poderão ser utilizados recursos públicos, inclusive de operações de crédito , para socorrer instituições do Sistema Financeiro Nacional, ainda que mediante a concessão de empréstimos de recuperação ou financiamentos para mudança de controle acionário.

§1º A prevenção de insolvência e outros riscos ficará a cargo de fundos, e outros mecanismos, constituídos pelas instituições do Sistema Financeiro Nacional, na forma da lei.

§2º O disposto no *caput* não proíbe o Banco Central do Brasil de conceder às instituições financeiras operações de redesconto e de empréstimos de prazo inferior a trezentos e sessenta dias.

CAPÍTULO VII - DA DÍVIDA E DO ENDIVIDAMENTO
SEÇÃO I - DEFINIÇÕES BÁSICAS

Art. 29. Para os efeitos desta Lei Complementar, são adotadas as seguintes definições:[94]

---

[94] **Lei nº 11.079/2004. Art 10.** A contratação de parceria público-privada será precedida de licitação na modalidade de concorrência, estando a abertura do processo licitatório condicionada a: [...] **I** - autorização da autoridade competente, fundamentada em estudo técnico que demonstre:

LRF   Art. 29

I - dívida pública consolidada ou fundada: montante total, apurado sem duplicidade, das obrigações financeiras do ente da Federação, assumidas em virtude de leis, contratos, convênios ou tratados e da realização de operações de crédito , para amortização em prazo superior a doze meses;

II - dívida pública mobiliária: dívida pública representada por títulos emitidos pela União, inclusive os do Banco Central do Brasil, Estados e Municípios;

III - operação de crédito : compromisso financeiro assumido em razão de mútuo, abertura de crédito , emissão e aceite de título, aquisição financiada de bens, recebimento antecipado de valores provenientes da venda a termo de bens e serviços, arrendamento mercantil e outras operações assemelhadas, inclusive com o uso de derivativos financeiros;

IV - concessão de garantia: compromisso de adimplência de obrigação financeira ou contratual assumida por ente da Federação ou entidade a ele vinculada;

V - refinanciamento da dívida mobiliária: emissão de títulos para pagamento do principal acrescido da atualização monetária.

§1º Equipara-se a operação de crédito a assunção, o reconhecimento ou a confissão de dívidas[95] pelo ente da Federação,

---

[...] c) quando for o caso, conforme as normas editadas na forma do art. 25 desta Lei, a observância dos limites e condições decorrentes da aplicação dos arts. 29, 30 e 32 da Lei Complementar nº 101, de 4 de maio de 2000, pelas obrigações contraídas pela Administração Pública relativas ao objeto do contrato;

[95] a) "termo de confissão de dívida" ou "reconhecimento de dívida": documento lavrado na repartição assinado por autoridade competente

Arts. 26 e 27 J. U. Jacoby Fernandes

sem prejuízo do cumprimento das exigências dos arts. 15 e 16.

§2º Será incluída na dívida pública consolidada da União a relativa à emissão de títulos de responsabilidade do Banco Central do Brasil.

§3º Também integram a dívida pública consolidada as operações de crédito de prazo inferior a doze meses cujas receitas tenham constado do orçamento.

§4º O refinanciamento do principal da dívida mobiliária não excederá, ao término de cada exercício financeiro, o montante do final do exercício anterior, somado ao das operações de crédito autorizadas no orçamento para este efeito e efetivamente realizadas, acrescido de atualização monetária.

SEÇÃO II - DOS LIMITES DA DÍVIDA PÚBLICA E DAS OPERAÇÕES DE CRÉDITO

Art. 30. No prazo de noventa dias após a publicação desta Lei Complementar, o Presidente da República submeterá ao:[96]

(ordenador de despesa), definindo valor e causa da dívida.

b) Ver art. 37, inc. III, sobre confissão de dívida.

Lei nº 4.320/1964. Art. 37. As despesas de exercícios encerrados, para as quais o orçamento respectivo consignava crédito próprio, com saldo suficiente para atendê-las, que não se tenham processado na época própria, bem como os Restos a Pagar com prescrição interrompida e os compromissos reconhecidos após o encerramento do exercício correspondente poderão ser pagos à conta de dotação específica consignada no orçamento, discriminada por elementos, obedecida, sempre que possível, a ordem cronológica.

[96] **Lei nº 11.079/2004. Art 10.** A contratação de parceria público-privada será

LRF   Art. 30

I - Senado Federal: proposta de limites globais para o montante da dívida consolidada da União, Estados e Municípios, cumprindo o que estabelece o inciso VI do art. 52 da Constituição, bem como de limites e condições relativos aos incisos VII, VIII e IX do mesmo artigo;[97]

II - Congresso Nacional: projeto de lei que estabeleça limites para o montante da dívida mobiliária federal a que se refere o inciso XIV do art. 48 da Constituição, acompanhado da demonstração de sua adequação aos limites fixados para a dívida consolidada da União, atendido o disposto no inciso I do §1º deste artigo.

§1º As propostas referidas nos incisos I e II do caput e suas alterações conterão:

I - demonstração de que os limites e condições guardam coerência com as normas estabelecidas nesta Lei Complementar e com os objetivos da política fiscal;

II - estimativas do impacto da aplicação dos limites a cada uma das três esferas de governo;

---

precedida de licitação na modalidade de concorrência, estando a abertura do processo licitatório condicionada a: [...] **I** - autorização da autoridade competente, fundamentada em estudo técnico que demonstre: [...] **c)** quando for o caso, conforme as normas editadas na forma do art. 25 desta Lei, a observância dos limites e condições decorrentes da aplicação dos arts. 29, 30 e 32 da Lei Complementar nº 101, de 4 de maio de 2000, pelas obrigações contraídas pela Administração Pública relativas ao objeto do contrato;

[97] Vide **Resolução nº 40/2011 do Senado Federal**, que dispõe sobre os limites globais para o montante da dívida pública consolidada e da dívida pública mobiliária dos Estados, do DF e dos Municípios, em atendimento ao disposto no art. 52, IV e IX, da Constituição Federal.

III - razões de eventual proposição de limites diferenciados por esfera de governo;

IV - metodologia de apuração dos resultados primário e nominal.

§2º As propostas mencionadas nos incisos I e II do *caput* também poderão ser apresentadas em termos de dívida líquida, evidenciando a forma e a metodologia de sua apuração.

§3º Os limites de que tratam os incisos I e II do *caput* serão fixados em percentual da receita corrente líquida para cada esfera de governo e aplicados igualmente a todos os entes da Federação que a integrem, constituindo, para cada um deles, limites máximos.

§4º Para fins de verificação do atendimento do limite, a apuração do montante da dívida consolidada será efetuada ao final de cada quadrimestre.[98]

§5º No prazo previsto no art. 5º, o Presidente da República enviará ao Senado Federal ou ao Congresso Nacional, conforme o caso, proposta de manutenção ou alteração dos limites e condições previstos nos incisos I e II do *caput*.

§6º Sempre que alterados os fundamentos das propostas de que trata este artigo, em razão de instabilidade econômica ou alterações nas políticas monetária ou cambial, o Presidente da República poderá encaminhar ao Senado Federal ou ao Congresso Nacional solicitação de revisão dos limites.

§7º Os precatórios judiciais não pagos durante a execução do orçamento em que houverem sido incluídos integram a

---

[98] Vide art. 63, inciso I, desta Lei.

| LRF | Arts. 30 e 31 |

dívida consolidada, para fins de aplicação dos limites.[99]

SEÇÃO III - DA RECONDUÇÃO DA DÍVIDA AOS LIMITES

Art. 31. Se a dívida consolidada de um ente da Federação ultrapassar o respectivo limite ao final de um quadrimestre, deverá ser a ele reconduzida até o término dos três subseqüentes, reduzindo o excedente em pelo menos 25% (vinte e cinco por cento) no primeiro.[100]

§1º Enquanto perdurar o excesso, o ente que nele houver incorrido:

I - estará proibido de realizar operação de crédito interna ou externa, inclusive por antecipação de receita, ressalvado o refinanciamento do principal atualizado da dívida mobiliária;

II - obterá resultado primário necessário à recondução da dívida ao limite, promovendo, entre outras medidas, limitação de empenho, na forma do art. 9º.[101]

§2º Vencido o prazo para retorno da dívida ao limite, e enquanto perdurar o excesso, o ente ficará também impedido de receber transferências voluntárias da União ou do Estado.

§3º As restrições do §1º aplicam-se imediatamente se o montante da dívida exceder o limite no primeiro quadrimestre do último ano do mandato do Chefe do Poder Executivo.

---

[99] **Precatórios judiciais:** débitos oriundos de sentenças transitadas em julgado devidos por Pessoa Jurídica de Direito Público (União, Estados, Distrito Federal, Municípios, autarquias e fundações).

[100] Vide art. 59, inciso IV; 65, inciso I; art. 66, *caput* e **§4º**, todos desta Lei.

[101] Vide art. 4º, inciso I, alínea "b", desta Lei.

Arts. 31 e 32   J. U. JACOBY FERNANDES

§4° O Ministério da Fazenda divulgará, mensalmente, a relação dos entes que tenham ultrapassado os limites das dívidas consolidada e mobiliária.

§5° As normas deste artigo serão observadas nos casos de descumprimento dos limites da dívida mobiliária e das operações de crédito internas e externas.

SEÇÃO IV - DAS OPERAÇÕES DE CRÉDITO
SUBSEÇÃO I - DA CONTRATAÇÃO

Art. 32. O Ministério da Fazenda verificará o cumprimento dos limites e condições relativos à realização de operações de crédito de cada ente da Federação, inclusive das empresas por eles controladas, direta ou indiretamente.[102]

---

[102] A Portaria n° 162, de 2000, delegou ao Banco Central essa atividade.

Vide arts. 38 e 40, todos desta Lei.

Operações de crédito - programa Reluz. TCU determinou: "[...] 9.2 cautelarmente, até o julgamento do mérito da questão suscitada pelo Congresso Nacional nestes autos, com fulcro no art. 45 da Lei 8.443/1992, c/c o art. 276 do Regimento Interno deste Tribunal, e associado à fumaça do bom direito que exsurge por ser irregular da prática de contratação, por parte dos entes das esferas distrital e municipal, de operações de crédito no âmbito do Programa Reluz sem a devida autorização prévia do Ministério da Fazenda e ao perigo da demora decorrente do risco de ser decretada a nulidade de tais operações, além de uma possível ineficácia quando da decisão desta Corte de Contas na análise do mérito: 9.2.1. às Centrais Elétricas Brasileiras S.A. - Eletrobrás que doravante adote as medidas necessárias com vistas a garantir que as concessionárias de energia elétrica, públicas e privadas, que operam o Programa Reluz, exijam dos entes da

LRF   Art. 32

§1º O ente interessado formalizará seu pleito fundamentando-

Federação autorização prévia e expressa do Ministério da Fazenda, comprovando que o ente está em conformidade com as normas que disciplinam a responsabilidade fiscal, com especial destaque para as disposições do art. 32 da Lei Complementar 101/2000 e das Resoluções do Senado Federal 43/2001 e 19/2003; 9.2.2. às empresas concessionárias de energia elétrica federais ou federalizadas, via ANEEL, que doravante exijam dos entes da Federação, contratantes do Programa Reluz, a autorização prévia e expressa do Ministério da Fazenda, comprovando que o ente está em conformidade com as normas que disciplinam a responsabilidade fiscal, com especial destaque para as disposições do art. 32 da Lei Complementar 101/2000 e das Resoluções do Senado Federal 43/2001 e 19/2003. [...]." Processo TC nº 005.762/2005-5. Acórdão nº 1563/2005 - Plenário.

O **TCDF decidiu** firmar o entendimento de que somente são aplicados às empresas controladas não dependentes de recursos financeiros do Tesouro local, considerada a dependência definida na forma das Resoluções Senado Federal nºs 40/2001 e 43/2001, os princípios gerais da Lei Complementar nº 101/2000, como planejamento, transparência, controle responsabilização, bem assim os seguintes dispositivos da mencionada lei: art.26; art. 32, "*caput*"; art. 35, "*caput*"; art. 36; art. 37; inciso II; art. 40, §§6º, 7º e 8º; art. 43 e art. 47. Processo nº 27.797/2005. Decisão nº 4.489/2006.

Lei nº 11.079/2004. Art 10. A contratação de parceria público-privada será precedida de licitação na modalidade de concorrência, estando a abertura do processo licitatório condicionada a: [...] **I** - autorização da autoridade competente, fundamentada em estudo técnico que demonstre: [...] **c)** quando for o caso, conforme as normas editadas na forma do art. 25 desta Lei, a observância dos limites e condições decorrentes da aplicação dos arts. 29, 30 e 32 da Lei Complementar no 101, de 4 de maio de 2000, pelas obrigações contraídas pela Administração Pública relativas ao objeto do contrato;

o em parecer de seus órgãos técnicos e jurídicos, demonstrando a relação custo-benefício, o interesse econômico e social da operação e o atendimento das seguintes condições:

I - existência de prévia e expressa autorização para a contratação, no texto da lei orçamentária, em créditos adicionais ou lei específica;

II - inclusão no orçamento ou em créditos adicionais dos recursos provenientes da operação, exceto no caso de operações por antecipação de receita;

III - observância dos limites e condições fixados pelo Senado Federal;

IV - autorização específica do Senado Federal, quando se tratar de operação de crédito externo;

V - atendimento do disposto no inciso III do art. 167 da Constituição;[103]

VI - observância das demais restrições estabelecidas nesta Lei Complementar.

§2º As operações relativas à dívida mobiliária federal autorizadas, no texto da lei orçamentária ou de créditos adicionais, serão objeto de processo simplificado que atenda às suas especificidades.

§3º Para fins do disposto no inciso V do §1º, considerar-se-á, em cada exercício financeiro, o total dos recursos de operações de crédito nele ingressados e o das despesas de capital executadas,

---

[103] **CF/1988. Art. 167.** São vedados: [...] III - a realização de operações de créditos que excedam o montante das despesas de capital, ressalvadas as autorizadas mediante créditos suplementares ou especiais com finalidade precisa, aprovados pelo Poder Legislativo por maioria absoluta;

LRF

Arts. 32 e 33

observado o seguinte:[104]

I - não serão computadas nas despesas de capital as realizadas sob a forma de empréstimo ou financiamento a contribuinte, com o intuito de promover incentivo fiscal, tendo por base tributo de competência do ente da Federação, se resultar a diminuição, direta ou indireta, do ônus deste;

II - se o empréstimo ou financiamento a que se refere o inciso I for concedido por instituição financeira controlada pelo ente da Federação, o valor da operação será deduzido das despesas de capital;

III - (VETADO)[105]

§4º Sem prejuízo das atribuições próprias do Senado Federal e do Banco Central do Brasil, o Ministério da Fazenda efetuará o registro eletrônico centralizado e atualizado das dívidas públicas interna e externa, garantido o acesso público às informações, que incluirão: [106]

Ver art. 359-H, do Código Penal, na p. 144.

I - encargos e condições de contratação;

II - saldos atualizados e limites relativos às dívidas consolidada e mobiliária, operações de crédito e concessão de garantias.

§5º Os contratos de operação de crédito externo não conterão cláusula que importe na compensação automática de débitos e créditos .

Art. 33. A instituição financeira que contratar operação de crédito com ente da Federação, exceto quando relativa à dívida

---

[104] Vide art. 33, §4º e 53, §1º, inciso I, todos desta Lei.

[105] Ver redação do artigo e razões do veto na p. 167.

[106] A informação está divulgada neste site da Secretaria do Tesouro Nacional - Ministério da Fazenda.

Arts. 33 e 34 · J. U. JACOBY FERNANDES

mobiliária ou à externa, deverá exigir comprovação de que a operação atende às condições e limites estabelecidos.

§1º A operação realizada com infração do disposto nesta Lei Complementar será considerada nula, procedendo-se ao seu cancelamento, mediante a devolução do principal, vedados o pagamento de juros e demais encargos financeiros.

§2º Se a devolução não for efetuada no exercício de ingresso dos recursos, será consignada reserva específica na lei orçamentária para o exercício seguinte.

§3º Enquanto não efetuado o cancelamento, a amortização, ou constituída a reserva, aplicam-se as sanções previstas nos incisos do §3º do art. 23.

§4º Também se constituirá reserva, no montante equivalente ao excesso, se não atendido o disposto no inciso III do art. 167 da Constituição,[107] consideradas as disposições do §3º do art. 32.

SUBSEÇÃO II - DAS VEDAÇÕES

Art. 34. O Banco Central do Brasil não emitirá títulos da dívida pública a partir de dois anos após a publicação desta Lei Complementar.[108]

---

[107] CF/1988. Art. 167. São vedados: [...] III - a realização de operações de créditos que excedam o montante das despesas de capital, ressalvadas as autorizadas mediante créditos suplementares ou especiais com finalidade precisa, aprovados pelo Poder Legislativo por maioria absoluta;

[108] **Possível infringência ao art. 34 – LRF:** "[...] O Banco Central do Brasil não emitirá títulos da dívida pública a partir de dois anos após a publicação desta Lei Complementar.'), entendemos que, a rigor, a swap não é um título

LRF   Art. 35

Art. 35. É vedada a realização de operação de crédito entre um ente da Federação, diretamente ou por intermédio de fundo, autarquia, fundação ou empresa estatal dependente, e outro, inclusive suas entidades da administração indireta, ainda que sob a forma de novação, refinanciamento ou postergação de dívida contraída anteriormente.[109]

---

propriamente dito, sendo mais adequado caracterizá-la como um contrato, que objetiva a uma troca futura de fluxos de caixa de forma a proteger as partes contra oscilação de taxas ou outros riscos derivados de fatores macroeconômicos, especialmente as variações das taxas de câmbio. Nesse enfoque, as operações de swap cambial realizadas pelo Bacen não envolvem a emissão de títulos, mas a permuta de posições atreladas à variação cambial por outras vinculadas às taxas de juros internas. Não vislumbramos, portanto, agressões ao disposto no art. 34 da LRF. Da mesma forma, observamos que, à luz da LRF, a vedação imposta ao Bacen diz respeito apenas à emissão de títulos da dívida pública após 04/05/2002. Cabe ressaltar, porém, que o objetivo maior da LRF foi justamente estabelecer o equilíbrio das contas públicas, sobressaindo, como um dos pilares, a redução do endividamento. Com esse desiderato, a LRF dispôs que os limites de endividamento seriam estabelecidos em lei (art. 30) e anualmente fixados pela Lei de Diretrizes Orçamentárias - LDO - (art. 4º, §1º). Assim visto, eventuais excessos de endividamento global, por parte do Bacen, devem ser examinados à luz da LDO e da Lei Orçamentária Anual ou aferidos por ocasião da apresentação dos demonstrativos de cumprimento de objetivos e metas das políticas monetária, creditícia e cambial (art. 9º, §5º); [...]." Processo TC nº 012.015/2003-0. Acórdão nº 1278/2007 - Plenário.

[109] Vide art. 39, desta Lei.

Sistema "S": o artigo 35 não é aplicável às entidades do Sistema S: TCU. Processo TC nº 000.580/2002-5. Acórdão nº 616/2005 - Plenário.

O TCDF decidiu firmar o entendimento de que somente são aplicados

Arts. 35 e 36

§1º Excetuam-se da vedação a que se refere o *caput* as operações entre instituição financeira estatal e outro ente da Federação, inclusive suas entidades da administração indireta, que não se destinem a:

I - financiar, direta ou indiretamente, despesas correntes;

II - refinanciar dívidas não contraídas junto à própria instituição concedente.

§2º O disposto no *caput* não impede Estados e Municípios de comprar títulos da dívida da União como aplicação de suas disponibilidades.

Art. 36. É proibida a operação de crédito entre uma instituição financeira estatal e o ente da Federação que a controle, na qualidade de beneficiário do empréstimo.[110]

às empresas controladas não dependentes de recursos financeiros do Tesouro local, considerada a dependência definida na forma das Resoluções Senado Federal nos 40/2001 e 43/2001, os princípios gerais da Lei Complementar nº 101/2000, como planejamento, transparência, controle responsabilização, bem assim os seguintes dispositivos da mencionada lei: art. 26; art. 32, "*caput*"; art. 35, "*caput*"; art. 36; art. 37; inciso II; art. 40, §§6º, 7º e 8º; art. 43 e art. 47. Processo nº 27.797/2005. Decisão nº 4.489/2006.

[110] **O TCDF decidiu** firmar o entendimento de que somente são aplicados às empresas controladas não dependentes de recursos financeiros do Tesouro local, considerada a dependência definida na forma das Resoluções Senado Federal nos 40/2001 e 43/2001, os princípios gerais da Lei Complementar nº 101/2000, como planejamento, transparência, controle responsabilização, bem assim os seguintes dispositivos da mencionada lei: art. 26; art. 32, "*caput*"; art. 35, "*caput*"; art. 36; art. 37; inciso II; art. 40, §§6º, 7º e 8º; art. 43 e art. 47. Processo nº 27.797/2005. Decisão nº

LRF

Arts. 36 e 37

Parágrafo único. O disposto no *caput* não proíbe instituição financeira controlada de adquirir, no mercado, títulos da dívida pública para atender investimento de seus clientes, ou títulos da dívida de emissão da União para aplicação de recursos próprios.

Art. 37. Equiparam-se a operações de crédito e estão vedados:
Ver art. 359-A do Código Penal, na p. 141.

I - captação de recursos a título de antecipação de receita de tributo ou contribuição cujo fato gerador ainda não tenha ocorrido, sem prejuízo do disposto no §7º do art. 150 da Constituição;[111]

II - recebimento antecipado de valores de empresa em que o Poder Público detenha, direta ou indiretamente, a maioria do capital social com direito a voto, salvo lucros e dividendos, na forma da legislação;[112]

4.489/2006.

[111] **CF/1988. Art. 150.** Sem prejuízo de outras garantias asseguradas ao contribuinte, é vedado à União, aos Estados, ao Distrito Federal e aos Municípios: [...] §7º A lei poderá atribuir a sujeito passivo de obrigação tributária a condição de responsável pelo pagamento de imposto ou contribuição, cujo fato gerador deva ocorrer posteriormente, assegurada a imediata e preferencial restituição da quantia paga, caso não se realize o fato gerador presumido. (Parágrafo incluído pela Emenda Constitucional nº 3, de 17/03/93)

[112] **O TCDF decidiu** firmar o entendimento de que somente são aplicados às empresas controladas não dependentes de recursos financeiros do Tesouro local, considerada a dependência definida na forma das Resoluções Senado Federal nºs 40/2001 e 43/2001, os princípios gerais da Lei Complementar nº. 101/2000, como planejamento, transparência, controle responsabilização, bem assim os seguintes dispositivos da mencionada lei:

Arts. 37 e 38   J. U. JACOBY FERNANDES

III - assunção direta de compromisso, confissão de dívida[113]:ou operação assemelhada, com fornecedor de bens, mercadorias ou serviços, mediante emissão, aceite ou aval de título de crédito , não se aplicando esta vedação a empresas estatais dependentes;[114]

IV - assunção de obrigação, sem autorização orçamentária, com fornecedores para pagamento a posteriori de bens e serviços.[115]

SUBSEÇÃO III - DAS OPERAÇÕES DE CRÉDITO POR ANTECIPAÇÃO DE RECEITA ORÇAMENTÁRIA

Art. 38. A operação de crédito por antecipação de receita

---

art.26; art. 32, "*caput*"; art. 35, "*caput*"; art. 36; art. 37; inciso II; art. 40, §§6º, 7º e 8º; art. 43 e art. 47. Processo nº 27.797/2005. Decisão nº 4.489/2006.

[113] **Decreto nº 93.872/1986. Art. 22.** As despesas de exercícios encerrados, para as quais o orçamento respectivo consignava crédito próprio com saldo suficiente para atendê-las, que não se tenham processado na época própria, bem como os Restos a Pagar com prescrição interrompida, e os compromissos reconhecidos após o encerramento do exercício correspondente, poderão ser pagos à conta de dotação destinada a atender despesas de exercícios anteriores, respeitada a categoria econômica própria (Lei nº 4.320/1964, art. 37).

[114] **Lei nº 4.320/64. Art. 60.** É vedada a realização de despesa sem prévio empenho. §1º Em casos especiais previstos na legislação específica será dispensada a emissão da nota de empenho. §2º Será feito por estimativa o empenho da despesa cujo montante não se possa determinar. §3º É permitido o empenho global de despesas contratuais e outras, sujeitas a parcelamento.

[115] O fato é capitulado como crime no art. 359-A do Código Penal. Se além da ausência de autorização orçamentária houver dispensa ou inexigibilidade sem amparo em Lei, ver art. 89 da Lei 8.666/1993.

LRF
Art. 38

destina-se a atender insuficiência de caixa durante o exercício financeiro e cumprirá as exigências mencionadas no art. 32 e mais as seguintes:[116]

Ver art. 359-A do Código Penal, na p. 141.

I - realizar-se-á somente a partir do décimo dia do início do exercício;

II - deverá ser liquidada, com juros e outros encargos incidentes, até o dia dez de dezembro de cada ano;

III - não será autorizada se forem cobrados outros encargos que não a taxa de juros da operação, obrigatoriamente prefixada ou indexada à taxa básica financeira, ou à que vier a esta substituir;

IV - estará proibida:

a) enquanto existir operação anterior da mesma natureza não integralmente resgatada;

b) no último ano de mandato do Presidente, Governador ou Prefeito Municipal.[117]

§1º As operações de que trata este artigo não serão computadas

---

[116] **Lei nº 4.320/1964. Art. 7º.** A Lei de Orçamento poderá conter autorização ao Executivo para: (...) II - Realizar em qualquer mês do exercício financeiro, operações de crédito por antecipação da receita, para atender a insuficiências de caixa. §1º Em casos de déficit, a Lei de Orçamento indicará as fontes de recursos que o Poder Executivo fica autorizado a utilizar para atender a sua cobertura.

Decreto nº 93.872/1986. Art. 90. As operações de crédito por antecipação de receita autorizada na Lei de Orçamento não excederão a quarta parte da receita total estimada para o exercício financeiro, e até 30 dias depois do encerramento deste, serão obrigatoriamente liquidadas.

[117] Vide art. 55, inciso III, alínea "c", desta Lei.

para efeito do que dispõe o inciso III do art. 167 da Constituição,[118] desde que liquidadas no prazo definido no inciso II do *caput*.

§2º As operações de crédito por antecipação de receita realizadas por Estados ou Municípios serão efetuadas mediante abertura de crédito junto à instituição financeira vencedora em processo competitivo eletrônico promovido pelo Banco Central do Brasil.

§3º O Banco Central do Brasil manterá sistema de acompanhamento e controle do saldo do crédito aberto e, no caso de inobservância dos limites, aplicará as sanções cabíveis à instituição credora.

SUBSEÇÃO IV - DAS OPERAÇÕES COM O BANCO CENTRAL DO BRASIL

Art. 39. Nas suas relações com ente da Federação, o Banco Central do Brasil está sujeito às vedações constantes do art. 35 e mais às seguintes:

I - compra de título da dívida, na data de sua colocação no mercado, ressalvado o disposto no §2º deste artigo;

II - permuta, ainda que temporária, por intermédio de instituição financeira ou não, de título da dívida de ente da Federação por título da dívida pública federal, bem como a

---

[118] **CF/1988. Art. 167.** São vedados: [...] **III** - a realização de operações de créditos que excedam o montante das despesas de capital, ressalvadas as autorizadas mediante créditos suplementares ou especiais com finalidade precisa, aprovados pelo Poder Legislativo por maioria absoluta;

LRF   Arts. 38 e 39

operação de compra e venda, a termo, daquele título, cujo efeito final seja semelhante à permuta;

III - concessão de garantia.

§1º O disposto no inciso II, in fine, não se aplica ao estoque de Letras do Banco Central do Brasil, Série Especial, existente na carteira das instituições financeiras, que pode ser refinanciado mediante novas operações de venda a termo.

§2º O Banco Central do Brasil só poderá comprar diretamente títulos emitidos pela União para refinanciar a dívida mobiliária federal que estiver vencendo na sua carteira.[119]

§3º A operação mencionada no §2º deverá ser realizada à taxa média e condições alcançadas no dia, em leilão público.

§4º É vedado ao Tesouro Nacional adquirir títulos da dívida pública federal existentes na carteira do Banco Central do Brasil, ainda que com cláusula de reversão, salvo para reduzir a dívida mobiliária.

SEÇÃO V - DA GARANTIA E DA CONTRAGARANTIA

Art. 40. Os entes poderão conceder garantia em operações de crédito internas ou externas, observados o disposto neste artigo, as normas do art. 32 e, no caso da União, também os limites e as condições estabelecidos pelo Senado Federal.

§1º A garantia estará condicionada ao oferecimento de contragarantia,[120] em valor igual ou superior ao da garantia a ser concedida, e à adimplência da entidade que a pleitear relativamente

---

[119] Vide art. 59, §3º, desta Lei.
[120] Vide art. 359-E do Código Penal, na p. 143.

87

Art. 40

a suas obrigações junto ao garantidor e às entidades por este controladas, observado o seguinte:

I - não será exigida contragarantia de órgãos e entidades do próprio ente;

II - a contragarantia exigida pela União a Estado ou Município, ou pelos Estados aos Municípios, poderá consistir na vinculação de receitas tributárias diretamente arrecadadas e provenientes de transferências constitucionais, com outorga de poderes ao garantidor para retê-las e empregar o respectivo valor na liquidação da dívida vencida.

§2º No caso de operação de crédito junto a organismo financeiro internacional, ou a instituição federal de crédito e fomento para o repasse de recursos externos, a União só prestará garantia a ente que atenda, além do disposto no §1º, as exigências legais para o recebimento de transferências voluntárias.

§3º (VETADO)[121]

§4º (VETADO)[122]

§5º É nula a garantia concedida acima dos limites fixados pelo Senado Federal.

§6º É vedado às entidades da administração indireta, inclusive suas empresas controladas e subsidiárias, conceder garantia, ainda que com recursos de fundos.[123]

---

[121] Ver redação do artigo e razões do veto na p. 135.

[122] Ver redação do artigo e razões do veto na p. 136.

[123] **O TCDF decidiu firmar** o entendimento de que somente são aplicados às empresas controladas não dependentes de recursos financeiros do Tesouro local, considerada a dependência definida na forma das Resoluções Senado Federal nºs 40/2001 e 43/2001, os princípios gerais da Lei

LRF — Arts. 40 e 41

§7º O disposto no §6º não se aplica à concessão de garantia por:

I - empresa controlada a subsidiária ou controlada sua, nem à prestação de contragarantia nas mesmas condições;

II - instituição financeira a empresa nacional, nos termos da lei.

§8º Excetua-se do disposto neste artigo a garantia prestada:

I - por instituições financeiras estatais, que se submeterão às normas aplicáveis às instituições financeiras privadas, de acordo com a legislação pertinente;

II - pela União, na forma de lei federal, a empresas de natureza financeira por ela controladas, direta e indiretamente, quanto às operações de seguro de crédito à exportação.

§9º Quando honrarem dívida de outro ente, em razão de garantia prestada, a União e os Estados poderão condicionar as transferências constitucionais ao ressarcimento daquele pagamento.

§10. O ente da Federação cuja dívida tiver sido honrada pela União ou por Estado, em decorrência de garantia prestada em operação de crédito , terá suspenso o acesso a novos créditos ou financiamentos até a total liquidação da mencionada dívida.

SEÇÃO VI - DOS RESTOS A PAGAR

Art. 41. (VETADO)[124]

Complementar nº. 101/2000, como planejamento, transparência, controle responsabilização, bem assim os seguintes dispositivos da mencionada lei: art.26; art. 32, "*caput*"; art. 35, "*caput*"; art. 36; art. 37; inciso II; art. 40, §§6º, 7º e 8º; art. 43 e art. 47. Processo nº 27.797/2005. Decisão nº 4.489/2006.
[124] Ver redação do artigo e razões do veto na p. 137.

Art. 42. É vedado ao titular de Poder ou órgão referido no art. 20, nos últimos dois quadrimestres do seu mandato, contrair obrigação de despesa que não possa ser cumprida integralmente dentro dele, ou que tenha parcelas a serem pagas no exercício seguinte sem que haja suficiente disponibilidade de caixa para este efeito.[125]

---

[125] a) Obs.: A lei de diretrizes orçamentárias da União – LDO – tem repetido em todos os anos, artigo destinado a ressalvas à aplicação deste artigo aos contratos de serviços contínuos. Para excepcionar esses tipos de contratos distinguiu o compromisso jurídico do financeiro.

b) **Lei nº 4.320/1964. Art. 36.** Consideram-se Restos a Pagar as despesas empenhadas mas não pagas até o dia 31 de dezembro distinguindo-se as processadas das não processadas.

c) **Decreto nº 93.872/1986. Art. 30.** Quando os recursos financeiros indicados em cláusula de contrato, convênio, acordo ou ajuste, para execução de seu objeto, forem de natureza orçamentária, deverá constar, da própria cláusula, a classificação programática e econômica da despesa, com a declaração de haver sido esta empenhada à conta do mesmo crédito , mencionando-se o número e data da Nota de Empenho (Lei nº 4.320/64, art. 60 e Decreto-lei nº 2.300/86, art. 45, V). **Art. 31.** É vedada a celebração de contrato, convênio, acordo ou ajuste, para investimento cuja execução ultrapasse um exercício financeiro, sem a comprovação, que integrará o respectivo termo, de que os recursos para atender as despesas em exercícios seguintes estejam assegurados por sua inclusão no orçamento plurianual de investimentos, ou por prévia lei que o autorize e fixe o montante das dotações que anualmente constarão do orçamento, durante o prazo de sua execução. [...] **Art. 35.** O empenho de despesa não liquidada será considerado anulado em 31 de dezembro, para todos os fins, salvo quando: **I** - vigente o prazo para cumprimento da obrigação assumida pelo credor, nele estabelecida; **II** - vencido o prazo de que trata o item anterior, mas esteja

LRF

em cursos a liquidação da despesa, ou seja de interesse da Administração exigir o cumprimento da obrigação assumida pelo credor; **III** - se destinar a atender transferências a instituições públicas ou privadas; **IV** - corresponder a compromissos assumido no exterior.

Restos a pagar - serviços contínuos. TCU determinou: "[...] em contratos com duração de mais de um exercício financeiro, evite a utilização de empenhos inscritos em restos a pagar do exercício anterior para realizar despesas cuja competência é o exercício corrente, limitando-se a inscrever em restos a pagar os valores estritamente necessários, observando a legislação pertinente. [...]." Processo TC nº 011.423/2005-6. Acórdão nº 1440/2005 - Plenário.

Restos a pagar - insuficiência de disponibilidade de caixa. TCU verificou: "[...] a insuficiência de caixa no Tribunal Regional Eleitoral do Amazonas e no Tribunal Regional Eleitoral do Tocantins para contemplar inscrições de restos a pagar. [...] observem fielmente o disposto no artigo 42 c/c 55, III, "b", da Lei Complementar nº 101/2000, de modo a atentar para a inscrição em restos a pagar não processados das despesas empenhadas e não liquidadas, que devem ser inscritas até o limite do saldo da disponibilidade de caixa, bem como para a eventual necessidade de cancelar empenhos diante da insuficiência de disponibilidade de caixa. [...]." Processo TC nº 001.842/2004-1. Acórdão nº 138/2005 - Plenário.

Nota: os valores das insuficiências eram irrisórios: R$ 188,74 e R$ 183,23.

Restos a pagar - não processados - critérios para emissão de empenho. TCU recomendou: "[...] envide esforços para que seja regulamentado o empenho de despesas ao longo do exercício orçamentário para estabelecer critérios mínimos a serem observados quando da emissão de notas de empenho, de modo a reduzir os elevados montantes inscritos em restos a pagar não-processados, que comprometem a programação financeira dos exercícios seguintes. [...]." Processo TC nº 012.781/2004-2. Acórdão nº 183/2005 - Plenário.

Segregação. TCU determinou: "[...] evidencie, em notas explicativas, a

Art. 42

Ver arts. 359-B, 359-C e 359-F do Código Penal, na pág. 142;

Parágrafo único. Na determinação da disponibilidade de caixa serão considerados os encargos e despesas compromissadas a pagar até o final do exercício.[126]

---

correta segregação dos Restos a Pagar de Despesas de Exercícios Anteriores entre ativo.[...]." Processo TC nº 012.100/2004-1. Acórdão nº 404/2005 - Plenário.

Contrato regido pela Lei nº 8.666/1993 - prorrogação - requisitos. "[...] Os contratos firmados com base na Lei Federal nº 8.666/93 somente podem ser prorrogados quando se enquadrarem em uma das exceções previstas no art. 57 deste diploma legal. Em virtude da Lei de Responsabilidade Fiscal, cabe ainda ao Administrador atentar para os arts. 15 a 17 e 42 da Lei Complementar nº 101/2000." TCE/SC. Processo nº 02/00980904. Decisão nº 3041/2002.

[126] **Decreto nº 93.872/1986. Art. 67.** Considerem-se Restos a Pagar as despesas empenhadas e não pagas até 31 de dezembro, distinguindo-se as despesas processadas das não processadas (Lei nº 4.320/64, art. 36). §1º Entendem-se por processadas e não processadas, respectivamente, as despesas liquidadas e as não liquidadas, na forma prevista neste Decreto. §2º O registro dos Restos a Pagar far-se-á por exercício e por credor. **Art. 68.** A inscrição de despesas como Restos a Pagar será automática, no encerramento do exercício financeiro de emissão da Nota de Empenho, desde que satisfaça às condições estabelecidas neste Decreto, e terá validade até 31 de dezembro do ano subseqüente. **Art. 69.** Após o cancelamento da inscrição da despesa como Restos a Pagar, o pagamento que vier a ser reclamado poderá ser atendido à conta de dotação destinada a despesas de exercícios anteriores. Art. 70. Prescreve em cinco anos a dívida passiva relativa aos Restos a Pagar (CCB art. 178, §10º, VI).

LRF
Art. 43

CAPÍTULO VIII - DA GESTÃO PATRIMONIAL
Seção I - Das Disponibilidades de Caixa

Art. 43. As disponibilidades de caixa dos entes da Federação serão depositadas conforme estabelece o §3º do art. 164 da Constituição.[127]

---

[127] **CF/1988. Art. 164.** A competência da União para emitir moeda será exercida exclusivamente pelo Banco Central. [...] §3º As disponibilidades de caixa da União serão depositadas no Banco Central; as dos Estados, do Distrito Federal, dos Municípios e dos órgãos ou entidades do poder público e das empresas por ele controladas, em instituições financeiras oficiais, ressalvados os casos previstos em lei.

Banco oficial. TCU decidiu: "[...] evitar a aplicação financeira dos recursos, em instituições financeiras, não oficiais. [...]." Processo TC nº 020.555/2003-8. Acórdão 868/2005 - 2. Câmara.

Disponibilidade de caixa - tesouro estadual - banco oficial. "Ação Direta de Inconstitucionalidade - Lei estadual que autoriza a inclusão, no edital de venda do Banco do Estado do Maranhão S/A, da oferta do depósito das disponibilidades de caixa do Tesouro Estadual - impossibilidade - contrariedade ao art. 164, §3º da Constituição da República - ausência de competência normativa do Estado-membro - alegação de ofensa ao princípio da moralidade administrativa - plausibilidade jurídica - existência de precedente específico firmado pelo plenário do Supremo Tribunal Federal - deferimento da medida cautelar, com eficácia ex tunc. As disponibilidades de caixa dos Estados-membros serão depositadas em instituições financeiras oficiais, ressalvadas as hipóteses previstas em Lei nacional. [...]." STF. ADI nº 2661/MA. Relator: Ministro Celso de Mello. DJ 23 ago. 2002.

Disponibilidade de caixa - tesouro estadual - banco oficial. "[...] Ação Direta de Inconstitucionalidade. Medida cautelar. Artigo 3º da Emenda Constitucional nº 37, do Estado do Espírito Santo. Nova redação conferida ao art. 148 da Constituição Estadual, determinando que as disponibilidades de caixa do Estado, bem como as dos órgãos ou entidades do Poder Público Estadual e das empresas por ele controladas, sejam depositadas na instituição financeira que vier a possuir a maioria do capital social do BANESTES, decorrente de sua privatização, na forma definida em lei. Aparente ofensa ao disposto no art. 164, §3º da Constituição, segundo o qual as disponibilidades financeiras de Estados, Distrito Federal e Municípios, bem como as dos órgãos ou entidades do Poder Público e das empresas por ele controladas, devem ser depositadas em instituições financeiras oficiais, ressalvados os casos previstos em lei. Tal lei exceptiva há que ser a lei ordinária federal, de caráter nacional. Existência, na Lei Complementar federal nº 101/2000 (Lei de Responsabilidade Fiscal), de previsão segundo a qual as disponibilidades de caixa dos entes da Federação serão depositadas conforme estabelece o §3º do art. 164 da Constituição (art. 43, *caput*). Ofensa, ademais, ao princípio da moralidade previsto no artigo 37, *caput* da Carta Política. Medida cautelar deferida. [...]." STF. ADI nº 2600/ES. Relatora: Ministra Ellen Gracie. DJ 25 out. 2002.

Conselhos de classe - aplicação do art. 164, §3º, da CF/88. TCU determinou: "[...] movimente contas correntes e efetue aplicações financeiras preferencialmente em papéis de renda fixa lastreados em títulos do Tesouro Nacional, depósitos a prazo fixo ou caderneta de poupança, por intermédio das instituições financeiras oficiais Banco do Brasil ou Caixa Econômica Federal, na forma do §3º do art. 164 da Constituição Federal, evitando aplicações em papéis de renda variável, a exemplo de ações, fundos, opções , swaps e outros derivativos dos mercados a termo e futuro, dentre outros papéis que possam pôr em risco os rendimentos e/ou as disponibilidades do conselho [...]." Processo TC nº 012.782/2004-0. Acórdão nº 980/2005 - 2. Câmara.

Nota: aos conselhos de classe aplicam-se apenas os princípios gerais da LRF, conforme Processo TC nº 016.756/2003-0, Acórdão nº 341/2004 - Plenário do TCU.

LRF

O **TCDF decidiu firmar** o entendimento de que somente são aplicados às empresas controladas não dependentes de recursos financeiros do Tesouro local, considerada a dependência definida na forma das Resoluções Senado Federal n°s 40/2001 e 43/2001, os princípios gerais da Lei Complementar n° 101/2000, como planejamento, transparência, controle responsabilização, bem assim os seguintes dispositivos da mencionada lei: art.26; art. 32, "*caput*"; art. 35, "*caput*"; art. 36; art. 37; inciso II; art. 40, §§6°, 7° e 8°; art. 43 e art. 47. Processo n° 27.797/2005. Decisão n° 4.489/2006.

STF decidiu: "[...] EMENTA: Ação direta de inconstitucionalidade. Medida cautelar. Artigo 3° da Emenda Constitucional n° 37, do Estado do Espírito Santo. Nova redação conferida ao art. 148 da Constituição Estadual, determinando que as disponibilidades de caixa do Estado, bem como as dos órgãos ou entidades do Poder Público Estadual e das empresas por ele controladas, sejam depositadas na instituição financeira que vier a possuir a maioria do capital social do BANESTES, decorrente de sua privatização, na forma definida em lei. Aparente ofensa ao disposto no art. 164, §3° da Constituição, segundo o qual as disponibilidades financeiras de Estados, Distrito Federal e Municípios, bem como as dos órgãos ou entidades do Poder Público e das empresas por ele controladas, devem ser depositadas em instituições financeiras oficiais, ressalvados os casos previstos em lei. Tal lei exceptiva há que ser a lei ordinária federal, de caráter nacional. Existência, na Lei Complementar federal n° 101/2000 (Lei de Responsabilidade Fiscal), de previsão segundo a qual as disponibilidades de caixa dos entes da Federação serão depositadas conforme estabelece o §3° do art. 164 da Constituição (art. 43, *caput*). Ofensa, ademais, ao princípio da moralidade previsto no artigo 37, *caput* da Carta Política. Medida cautelar deferida. Decisão: O Tribunal, por unanimidade, deferiu a liminar para suspender a eficácia do artigo 148 da Constituição do Estado do Espírito Santo, considerada a redação imprimida pela Emenda Constitucional n° 37, de 24 de janeiro de 2002, publicada no Diário Oficial do Estado de 25 de janeiro do corrente. [...]" ADIN-MC n° 2600/ES - Plenário, 24.04.2002.

§1º As disponibilidades de caixa dos regimes de previdência social, geral e próprio dos servidores públicos, ainda que vinculadas a fundos específicos a que se referem os arts. 249 e 250 da Constituição, ficarão depositadas em conta separada das demais disponibilidades de cada ente e aplicadas nas condições de mercado, com observância dos limites e condições de proteção e prudência financeira.

§2º É vedada a aplicação das disponibilidades de que trata o **§1º** em:

I - títulos da dívida pública estadual e municipal, bem como em ações e outros papéis relativos às empresas controladas pelo respectivo ente da Federação;

II - empréstimos, de qualquer natureza, aos segurados e ao Poder Público, inclusive a suas empresas controladas.

SEÇÃO II - DA PRESERVAÇÃO DO PATRIMÔNIO PÚBLICO

Art. 44. É vedada a aplicação da receita de capital derivada da alienação de bens e direitos que integram o patrimônio público para o financiamento de despesa corrente, salvo se destinada por lei aos regimes de previdência social, geral e próprio dos servidores públicos.[128]

---

[128] **Alienação de bens e direitos - aplicação.** "[...] O art. 44 da Lei de Responsabilidade Fiscal (LRF) permite que a receita de capital decorrente de alienação de bens e direitos seja destinada a despesas com os regimes de previdência social, geral e próprio, incluindo o pagamento de dívidas, desde que haja autorização prevendo tal vinculação, assim como seja observado o disposto no art. 17 da Lei Federal nº 8.666/93. [...]." TCE/SC. Processo nº

LRF

Art. 45

Art. 45. Observado o disposto no §5º do art. 5º, a lei orçamentária e as de créditos adicionais só incluirão novos projetos[129] após adequadamente atendidos os em andamento e contempladas as despesas de conservação[130] do patrimônio público, nos termos em que dispuser a lei de diretrizes orçamentárias.[131]

03/06384450. Decisão nº 3792/2003.

[129] **Projeto é ação governamental que tem três características: a)** é uma operação limitada no tempo, tem começo e fim; **b)** resulta num produto final; **c)** concorre para a expansão ou o aperfeiçoamento da atuação do setor público. O projeto difere da atividade, pois esta se desenvolve de modo contínuo e permanente, no intuito de manter os serviços públicos que já existem. Exemplo típico de projeto é a obra pública. Fonte: **LEI DE RESPONSABILIDADE FISCAL,** Manual Básico. Lei Complementar nº 101, de 4 de maio de 2000. Instrução nº 01/2000. Junho/2000, p. 43.

[130] **Lei nº 4.320/1964. Art. 12.** A despesa será classificada nas seguintes categorias econômicas: DESPESAS CORRENTES - Despesas de Custeio e Transferências Correntes. DESPESAS DE CAPITAL - Investimentos. Inversões Financeiras e Transferências de Capital. **§1º** Classificam-se como Despesas de Custeio as dotações para manutenção de serviços anteriormente criados, inclusive as destinadas a atender a obras de conservação e adaptação de bens imóveis.

[131] **TCU decidiu:** "[...] Por fim, como bem destacado por aquela unidade especializada, de nada adianta haver previsão orçamentária, ainda que insuficiente, se persiste o distanciamento entre o montante destacado e os valores efetivamente liquidados. Assim, julgo oportuno que a determinação proposta seja convertida em recomendação e direcionada aos Ministérios dos Transportes, do Planejamento, Orçamento e Gestão, e à Casa Civil, a fim de que seja dada prioridade às despesas voltadas à conservação do patrimônio público e à execução de projetos em andamento, a exemplo da implementação do Plano Diretor Nacional Estratégico de Pesagem no

Parágrafo único. O Poder Executivo de cada ente encaminhará ao Legislativo, até a data do envio do projeto de lei de diretrizes orçamentárias, relatório com as informações necessárias ao cumprimento do disposto neste artigo, ao qual será dada ampla divulgação.

Art. 46. É nulo de pleno direito ato de desapropriação de imóvel urbano expedido sem o atendimento do disposto no §3º do art. 182 da Constituição,[132] ou prévio depósito judicial do valor da

---

âmbito do setor de Infra-Estrutura de Transportes, evitando ainda, o indevido contingenciamento de verbas orçamentárias voltadas ao fim proposto, em observância ao art. 45 da Lei nº. 101/2000 (Lei de Responsabilidade Fiscal) e aos princípios constitucionais da eficiência e economicidade. [...]." Processo TC nº 003.965/2006-7. Acórdão nº 1146/2007 - Plenário.

No mesmo sentido: "[...] recomendar aos Ministérios dos Transportes, do Planejamento, Orçamento e Gestão, e à Casa Civil que, quando da elaboração de projetos de lei orçamentária, seja dada prioridade às despesas voltadas à conservação do patrimônio público e à execução de projetos em andamento, a exemplo da implementação do Plano Diretor Nacional Estratégico de Pesagem no âmbito do setor de Infra-Estrutura de Transportes, evitando ainda, o indevido contingenciamento de verbas orçamentárias voltadas ao fim proposto, em observância ao art. 45 da Lei nº 101/2000 (Lei de Responsabilidade Fiscal) e aos princípios constitucionais da eficiência e economicidade. [...]." Processo TC nº 014.670/2007-7. Acórdão nº 1754/2007 - Plenário.

[132] **CF/1988. Art. 182.** A política de desenvolvimento urbano, executada pelo poder público municipal, conforme diretrizes gerais fixadas em lei, tem por objetivo ordenar o pleno desenvolvimento das funções sociais da cidade e garantir o bem- estar de seus habitantes. [...] **§3º** As desapropriações de

LRF   Arts. 46 e 47

indenização.

Seção III - Das Empresas Controladas pelo Setor Público

Art. 47. A empresa controlada[133] que firmar contrato de gestão[134] em que se estabeleçam objetivos e metas de desempenho, na forma da lei, disporá de autonomia gerencial, orçamentária e financeira, sem prejuízo do disposto no inciso II do §5º do art. 165 da Constituição.[135]

Parágrafo único. A empresa controlada incluirá em seus balanços trimestrais nota explicativa em que informará:

I - fornecimento de bens e serviços ao controlador, com respectivos preços e condições, comparando-os com os praticados

---

imóveis urbanos serão feitas com prévia e justa indenização em dinheiro.

[133] Vide art. 2º, inciso II, desta Lei.

[134] Lei nº 9.637/2008.

[135] **CF/1988. Art. 165.** Leis de iniciativa do Poder Executivo estabelecerão: [...] **§5º** A lei orçamentária anual compreenderá: [...] **II** - o orçamento de investimento das empresas em que a União, direta ou indiretamente, detenha a maioria do capital social com direito a voto;

O TCDF decidiu firmar o entendimento de que somente são aplicados às empresas controladas não dependentes de recursos financeiros do Tesouro local, considerada a dependência definida na forma das Resoluções Senado Federal nos 40/2001 e 43/2001, os princípios gerais da Lei Complementar nº. 101/2000, como planejamento, transparência, controle responsabilização, bem assim os seguintes dispositivos da mencionada lei: art. 26; art. 32, "*caput*"; art. 35, "*caput*"; art. 36; art. 37; inciso II; art. 40, §§6º, 7º e 8º; art. 43 e art. 47. Processo nº 27.797/2005. Decisão nº 4.489/2006.

Arts. 47 e 48

no mercado;

II - recursos recebidos do controlador, a qualquer título, especificando valor, fonte e destinação;

III - venda de bens, prestação de serviços ou concessão de empréstimos e financiamentos com preços, taxas, prazos ou condições diferentes dos vigentes no mercado.

CAPÍTULO IX - DA TRANSPARÊNCIA, CONTROLE E FISCALIZAÇÃO
Seção I - Da Transparência da Gestão Fiscal

Art. 48. São instrumentos de transparência da gestão fiscal, aos quais será dada ampla divulgação, inclusive em meios eletrônicos de acesso público: os planos, orçamentos e leis de diretrizes orçamentárias; as prestações de contas e o respectivo parecer prévio; o Relatório Resumido da Execução Orçamentária e o Relatório de Gestão Fiscal; e as versões simplificadas desses documentos.[136]

Parágrafo único. A transparência será assegurada também mediante: (Redação dada pela Lei Complementar nº 131, de 2009).

I - incentivo à participação popular e realização de audiências públicas, durante os processos de elaboração e de discussão dos planos, lei de diretrizes orçamentárias e orçamentos.[137] (Incluído pela Lei Complementar nº 131, de 2009).

II – liberação ao pleno conhecimento e acompanhamento da sociedade, em tempo real, de informações pormenorizadas sobre a

---

[136] Vide art. 64, §1º, desta Lei.
[137] Lei nº 12.919/2013. Art. 110.

| LRF | Arts. 48, 48-A e 49 |

execução orçamentária e financeira, em meios eletrônicos de acesso público; (Incluído pela Lei Complementar nº 131, de 2009).

III – adoção de sistema integrado de administração financeira e controle, que atenda a padrão mínimo de qualidade estabelecido pelo Poder Executivo da União e ao disposto no art. 48-A. (Incluído pela Lei Complementar nº 131, de 2009).

Art. 48-A. Para os fins a que se refere o inciso II do parágrafo único do art. 48, os entes da Federação disponibilizarão a qualquer pessoa física ou jurídica o acesso a informações referentes a: (Incluído pela Lei Complementar nº 131, de 2009).

I – quanto à despesa: todos os atos praticados pelas unidades gestoras no decorrer da execução da despesa, no momento de sua realização, com a disponibilização mínima dos dados referentes ao número do correspondente processo, ao bem fornecido ou ao serviço prestado, à pessoa física ou jurídica beneficiária do pagamento e, quando for o caso, ao procedimento licitatório realizado; (Incluído pela Lei Complementar nº 131, de 2009).

II – quanto à receita: o lançamento e o recebimento de toda a receita das unidades gestoras, inclusive referente a recursos extraordinários. (Incluído pela Lei Complementar nº 131, de 2009).

Art. 49. As contas apresentadas pelo Chefe do Poder Executivo ficarão disponíveis, durante todo o exercício, no respectivo Poder Legislativo e no órgão técnico responsável pela sua elaboração, para consulta e apreciação pelos cidadãos e instituições da sociedade.[138]

---

[138] **Ministério da Fazenda - Secretaria do Tesouro Nacional.** "Aprova a 1ª

Parágrafo único. A prestação de contas da União conterá demonstrativos do Tesouro Nacional e das agências financeiras oficiais de fomento, incluído o Banco Nacional de Desenvolvimento Econômico e Social, especificando os empréstimos e financiamentos concedidos com recursos oriundos dos orçamentos fiscal e da seguridade social e, no caso das agências financeiras, avaliação circunstanciada do impacto fiscal de suas atividades no exercício.[139]

SEÇÃO II - DA ESCRITURAÇÃO E CONSOLIDAÇÃO DAS CONTAS

Art. 50. Além de obedecer às demais normas de contabilidade pública, a escrituração das contas públicas observará as seguintes:

I - a disponibilidade de caixa constará de registro próprio, de modo que os recursos vinculados a órgão, fundo ou despesa obrigatória fiquem identificados e escriturados de forma individualizada;

II - a despesa e a assunção de compromisso serão registradas

---

edição do Manual Técnico de Demonstrativos Fiscais". Fonte: Portaria nº 577, de 15 de outubro de 2008.

[139] **a) Sobre prestação de contas anuais da União** consulte artigos 70 e 71, incisos I e II da CF/1988; Lei nº 8.443/1992, art. 1º, incisos I e III e art. 7º; IN/TCU nº 57/2008 e DNs do TCU nºs 93/2008 e 94/2008.

b) TCU decidiu: "[...] 9.2.2. a avaliação circunstanciada do impacto fiscal das atividades executadas no exercício pelas agências financeiras oficiais de fomento, em especial o risco para o Tesouro Nacional de tais operações, conforme determina o próprio art. 49, parágrafo único, da Lei Complementar nº. 101/2000. [...]." TCU. Processo TC nº 025.819/2006-5. Acórdão nº 287/2007 - Plenário.

LRF   Art. 50

segundo o regime de competência,[140] apurando-se, em caráter complementar, o resultado dos fluxos financeiros pelo regime de caixa;[141]

III - as demonstrações contábeis compreenderão, isolada e conjuntamente, as transações e operações de cada órgão, fundo ou entidade da administração direta, autárquica e fundacional, inclusive empresa estatal dependente;

IV - as receitas e despesas previdenciárias serão apresentadas em demonstrativos financeiros e orçamentários específicos;[142]

V - as operações de crédito , as inscrições em Restos a Pagar e as demais formas de financiamento ou assunção de compromissos junto a terceiros, deverão ser escrituradas de modo a evidenciar o montante e a variação da dívida pública no período, detalhando, pelo menos, a natureza e o tipo de credor;

VI - a demonstração das variações patrimoniais dará destaque à origem e ao destino dos recursos provenientes da alienação de ativos.

§1º No caso das demonstrações conjuntas, excluir-se-ão as operações intragovernamentais.

---

[140] **Regime de competência:** norma contábil pela qual os ingressos e os custos são atribuídos ao exercício a que pertencem, embora recebidos e pagos em outros exercícios. O mesmo que Regime de Exercício. Fonte: SÁ, A. Lopes de; SÁ, A. M. Lopes de. **Dicionário de Contabilidade.** 9. ed. rev. ampl. São Paulo: Atlas, 1995, p. 421.

[141] **Regime de caixa** - Norma contábil pela qual os ingressos são atribuídos ao exercício em que são recebidos e os custos ao exercício em que são pagos. O mesmo que Regime de gestão. *Ibidem.*

[142] Vide art. 53, inciso II, desta Lei.

103

Arts. 50 e 51 — J. U. JACOBY FERNANDES

§2º A edição de normas gerais para consolidação das contas públicas caberá ao órgão central de contabilidade da União, enquanto não implantado o conselho de que trata o art. 67.[143]

§3º A Administração Pública manterá sistema de custos que permita a avaliação e o acompanhamento da gestão orçamentária, financeira e patrimonial.[144]

Art. 51. O Poder Executivo da União promoverá, até o dia trinta de junho, a consolidação, nacional e por esfera de governo, das contas dos entes da Federação relativas ao exercício anterior, e a sua divulgação, inclusive por meio eletrônico de acesso público.

§1º Os Estados e os Municípios encaminharão suas contas ao Poder Executivo da União nos seguintes prazos:

I - Municípios, com cópia para o Poder Executivo do respectivo Estado, até trinta de abril;

II - Estados, até trinta e um de maio.

§2º O descumprimento dos prazos previstos neste artigo impedirá, até que a situação seja regularizada, que o ente da Federação receba transferências voluntárias e contrate operações de

---

[143] **Competências da Secretaria do Tesouro Nacional:** possui, dentre suas competências, as atribuições de normatizar o processo de registro contábil dos atos e fatos da gestão orçamentária, financeira e patrimonial dos órgãos e das entidades da Administração Pública Federal, consolidar os Balanços da União, dos Estados, do Distrito Federal e dos Municípios e, ainda, promover a integração com as demais esferas de governo em assuntos de administração financeira e contábil, assumindo com isso as funções de Órgão Central de Contabilidade da União, conforme o §2º do artigo 50 da LRF e inciso I, artigo 17 da Lei nº 10.180/2001.

[144] Lei nº 12.919/2013. Art. 16.

LRF	Arts. 51 e 52

crédito , exceto as destinadas ao refinanciamento do principal atualizado da dívida mobiliária.

SEÇÃO III - DO RELATÓRIO RESUMIDO DA EXECUÇÃO ORÇAMENTÁRIA

Art. 52. O relatório a que se refere o §3º do art. 165 da Constituição[145] abrangerá todos os Poderes e o Ministério Público, será publicado até trinta dias após o encerramento de cada bimestre e composto de:[146]

I - balanço orçamentário, que especificará, por categoria econômica, as:

a) receitas por fonte, informando as realizadas e a realizar, bem como a previsão atualizada;

b) despesas por grupo de natureza, discriminando a dotação para o exercício, a despesa liquidada e o saldo;

II - demonstrativos da execução das:

a) receitas, por categoria econômica e fonte, especificando a previsão inicial, a previsão atualizada para o exercício, a receita

---

[145] **CF/1988. Art. 165.** Leis de iniciativa do Poder Executivo estabelecerão: **I** - o plano plurianual; **II** - as diretrizes orçamentárias; **III** - os orçamentos anuais. [...] **§3º** O Poder Executivo publicará, até trinta dias após o encerramento de cada bimestre, relatório resumido da execução orçamentária.

[146] Aplica-se a Portaria nº 462, de 5 de agosto de 2009, emitida pela Secretaria do Tesouro Nacional, que aprova o Manual de Demonstrativos Fiscais.

Vide art. 55, §4º, desta Lei.

realizada no bimestre, a realizada no exercício e a previsão a realizar;

b) despesas, por categoria econômica e grupo de natureza da despesa, discriminando dotação inicial, dotação para o exercício, despesas empenhada e liquidada, no bimestre e no exercício;

c) despesas, por função e subfunção.

§1º Os valores referentes ao refinanciamento da dívida mobiliária constarão destacadamente nas receitas de operações de crédito e nas despesas com amortização da dívida.

§2º O descumprimento do prazo previsto neste artigo sujeita o ente às sanções previstas no §2º do art. 51.

Art. 53. Acompanharão o Relatório Resumido demonstrativos relativos a:[147]

I - apuração da receita corrente líquida, na forma definida no inciso IV do art. 2º, sua evolução, assim como a previsão de seu desempenho até o final do exercício;

II - receitas e despesas previdenciárias a que se refere o inciso IV do art. 50;

III - resultados nominal e primário;

IV - despesas com juros, na forma do inciso II do art. 4º;

V - Restos a Pagar, detalhando, por Poder e órgão referido no art. 20, os valores inscritos, os pagamentos realizados e o montante a pagar.

§1º O relatório referente ao último bimestre do exercício será acompanhado também de demonstrativos:

I - do atendimento do disposto no inciso III do art. 167 da

---

[147] Vide art. 63, inciso II, alínea "c", desta Lei.

LRF

Arts. 53 e 54

Constituição,[148] conforme o §3° do art. 32;

II - das projeções atuariais dos regimes de previdência social, geral e próprio dos servidores públicos;

III - da variação patrimonial, evidenciando a alienação de ativos e a aplicação dos recursos dela decorrentes.

§2° Quando for o caso, serão apresentadas justificativas:

I - da limitação de empenho;[149]

II - da frustração de receitas, especificando as medidas de combate à sonegação e à evasão fiscal, adotadas e a adotar, e as ações de fiscalização e cobrança.

SEÇÃO IV - DO RELATÓRIO DE GESTÃO FISCAL

Art. 54. Ao final de cada quadrimestre será emitido pelos titulares dos Poderes e órgãos referidos no art. 20 Relatório de Gestão Fiscal, assinado pelo:[150]

---

[148] **CF/1988. Art. 167.** São vedados: [...] **III** - a realização de operações de créditos que excedam o montante das despesas de capital, ressalvadas as autorizadas mediante créditos suplementares ou especiais com finalidade precisa, aprovados pelo Poder Legislativo por maioria absoluta;

[149] Vide art. 9° desta Lei.

[150] **a)** Aplica-se a Portaria n° 462, de 5 de agosto de 2009, emitida pela Secretaria do Tesouro Nacional, que aprova o Manual de Demonstrativos Fiscais.

Relatório da gestão fiscal - segregação ativos/inativos. TCU determinou: "[...] a todos os jurisdicionados que evidenciem nos Relatórios de Gestão Fiscal, em notas explicativas, a correta segregação dos Restos a Pagar de Despesas de Exercícios Anteriores entre "ativo" e "inativo", como também evidencie os estornos realizados; [...] a todos os Poderes e Órgãos federais

Ver art. 5º, I, da Lei nº 10.028/2000, na p. 147.

I - Chefe do Poder Executivo;

II - Presidente e demais membros da Mesa Diretora ou órgão decisório equivalente, conforme regimentos internos dos órgãos do Poder Legislativo;

III - Presidente de Tribunal e demais membros de Conselho de Administração ou órgão decisório equivalente, conforme regimentos internos dos órgãos do Poder Judiciário;

IV - Chefe do Ministério Público, da União e dos Estados.

Parágrafo único. O relatório também será assinado pelas autoridades responsáveis pela administração financeira e pelo controle interno, bem como por outras definidas por ato próprio

---

relacionados no art. 20 da Lei Complementar 101/2000, que evidenciem, nos Relatórios de Gestão Fiscal, a correta segregação dos elementos 08, 09, 91 e 92 entre "ativo" e "inativo", utilizando para isso a natureza da despesa detalhada, conforme estabelece a Portaria 470 - STN, de 31/8/2004. [...]." Processo TC nº 008.546/2005-4. Acórdão nº 1143/2005 - Plenário.

b) **Ministério da Defesa – Comando da Aeronáutica.** Portaria nº 314 /GC5, de 23 de abril de 2009. **Sistema de Controle do Espaço Aéreo – Controle de custos:** Dispõe sobre a elaboração da sistemática para levantamento e apropriação de custo no Sistema de Controle de Espaço Aéreo Brasileiro. Fonte: DOU, nº 77, de 24 de abril de 2009, p. 10.

O **TCU decidiu:** "[...] 9.2. determinar à Secretaria do Tesouro Nacional que, na qualidade de órgão central do sistema de contabilidade federal, realize, no prazo de cento e oitenta dias, estudos com vistas a dotar o Sistema Integrado de Administração Financeira das informações necessárias para a elaboração do Relatório de Gestão Fiscal do Poder Executivo, notadamente em relação à dívida pública federal. [...]." Processo TC nº 016.685/2007-9. Acórdão nº 287/2007 - Plenário.

LRF

Arts. 54 e 55

de cada Poder ou órgão referido no art. 20.

Art. 55. O relatório conterá:

I - comparativo com os limites de que trata esta Lei Complementar, dos seguintes montantes:

a) despesa total com pessoal, distinguindo a com inativos e pensionistas;[151]

b) dívidas consolidada e mobiliária;[152]

c) concessão de garantias;[153]

d) operações de crédito , inclusive por antecipação de receita;[154]

e) despesas de que trata o inciso II do art. 4º;

II - indicação das medidas corretivas adotadas ou a adotar, se ultrapassado qualquer dos limites;

III - demonstrativos, no último quadrimestre:

a) do montante das disponibilidades de caixa em trinta e um de dezembro;

---

[151] **Relatório da gestão fiscal - segregação ativos/inativos.** TCU determinou: "[...] a todos os jurisdicionados que evidenciem nos Relatórios de Gestão Fiscal, em notas explicativas, a correta segregação dos Restos a Pagar de Despesas de Exercícios Anteriores entre "ativo" e "inativo", como também evidencie os estornos realizados; [...] a todos os Poderes e Órgãos federais relacionados no art. 20 da Lei Complementar 101/2000, que evidenciem, nos Relatórios de Gestão Fiscal, a correta segregação dos elementos 08, 09, 91 e 92 entre "ativo" e "inativo", utilizando para isso a natureza da despesa detalhada, conforme estabelece a Portaria 470 - STN, de 31/8/2004. [...]." Processo TC nº 008.546/2005-4. Acórdão nº 1143/2005 - Plenário.

[152] Vide art. 29 e seguintes desta Lei.

[153] Vide art. 40 e seguintes desta Lei.

[154] Vide art. 32 e seguintes desta Lei.

Arts. 55 e 56 J. U. Jacoby Fernandes

b) da inscrição em Restos a Pagar, das despesas:

1) liquidadas;

2) empenhadas e não liquidadas, inscritas por atenderem a uma das condições do inciso II do art. 41;[155]

3) empenhadas e não liquidadas, inscritas até o limite do saldo da disponibilidade de caixa;

4) não inscritas por falta de disponibilidade de caixa e cujos empenhos foram cancelados;

c) do cumprimento do disposto no inciso II e na alínea b do inciso IV do art. 38.

§1º O relatório dos titulares dos órgãos mencionados nos incisos II, III e IV do art. 54 conterá apenas as informações relativas à alínea a do inciso I, e os documentos referidos nos incisos II e III.

§2º O relatório será publicado até trinta dias após o encerramento do período a que corresponder, com amplo acesso ao público, inclusive por meio eletrônico.

§3º O descumprimento do prazo a que se refere o §2º sujeita o ente à sanção prevista no §2º do art. 51.

§4º Os relatórios referidos nos arts. 52 e 54 deverão ser elaborados de forma padronizada, segundo modelos que poderão ser atualizados pelo conselho de que trata o art. 67.

Seção V - Das Prestações de Contas

Art. 56. As contas prestadas pelos Chefes do Poder Executivo incluirão, além das suas próprias, as dos Presidentes dos órgãos dos

---

[155] Este dispositivo foi vetado, ver redação do artigo e razões do veto na p. 137.

LRF   Arts. 56 e 57

Poderes Legislativo e Judiciário e do Chefe do Ministério Público, referidos no art. 20, as quais receberão parecer prévio, separadamente, do respectivo Tribunal de Contas.[156]

§1º As contas do Poder Judiciário serão apresentadas no âmbito:

I - da União, pelos Presidentes do Supremo Tribunal Federal e dos Tribunais Superiores, consolidando as dos respectivos tribunais;

II - dos Estados, pelos Presidentes dos Tribunais de Justiça, consolidando as dos demais tribunais.

§2º O parecer sobre as contas dos Tribunais de Contas será proferido no prazo previsto no art. 57 pela comissão mista permanente referida no §1º do art. 166 da Constituição ou equivalente das Casas Legislativas estaduais e municipais.

§3º Será dada ampla divulgação dos resultados da apreciação das contas, julgadas ou tomadas.

Art. 57. Os Tribunais de Contas emitirão parecer prévio conclusivo sobre as contas no prazo de sessenta dias do recebimento, se outro não estiver estabelecido nas constituições estaduais ou nas leis orgânicas municipais.[157]

§1º No caso de Municípios que não sejam capitais e que tenham menos de duzentos mil habitantes o prazo será de cento e oitenta dias.

---

[156] Sobre prestação de contas anuais da União, consulte artigo 70 e artigo 71, incisos I e II da CF/1988; Lei nº 8.443/1992 art. 1º, incisos I e III e art. 7º; IN/TCU 57/2008 e DNs do TCU 93/08 e 94/08.

[157] Vide art. 56, §2º, desta Lei.

Arts. 57, 58 e 59 — J. U. JACOBY FERNANDES

§2º Os Tribunais de Contas não entrarão em recesso enquanto existirem contas de Poder, ou órgão referido no art. 20, pendentes de parecer prévio.

Art. 58. A prestação de contas evidenciará o desempenho da arrecadação em relação à previsão, destacando as providências adotadas no âmbito da fiscalização das receitas e combate à sonegação, as ações de recuperação de créditos nas instâncias administrativa e judicial, bem como as demais medidas para incremento das receitas tributárias e de contribuições.[158]

SEÇÃO VI - DA FISCALIZAÇÃO DA GESTÃO FISCAL

Art. 59. O Poder Legislativo, diretamente ou com o auxílio dos Tribunais de Contas, e o sistema de controle interno de cada Poder e do Ministério Público, fiscalizarão o cumprimento das normas desta Lei Complementar, com ênfase no que se refere a:

---

[158] **a) Lei nº 8.443/1992. Art. 8º.** Diante da omissão no dever de prestar contas, da não comprovação da aplicação dos recursos repassados pela União, na forma prevista no inciso VII do art. 5º desta lei, da ocorrência de desfalque ou desvio de dinheiros, bens ou valores públicos, ou, ainda, da prática de qualquer ato ilegal, ilegítimo ou antieconômico de que resulte dano ao erário, a autoridade administrativa competente, sob pena de responsabilidade solidária, deverá imediatamente adotar providências com vistas à instauração da tomada de contas especial para apuração dos fatos, identificação dos responsáveis e quantificação do dano.

b) **Sobre Tomada de Contas Especial,** consulte a obra de nossa autoria: JACOBY FERNANDES, Jorge Ulisses. **Tomada de Contas Especial:** processo e procedimento nos tribunais e na administração pública. 4. ed., rev, atual. e ampl. Belo Horizonte: Fórum, 2009.

LRF

Art. 59

I - atingimento das metas estabelecidas na lei de diretrizes orçamentárias;

II - limites e condições para realização de operações de crédito e inscrição em Restos a Pagar;

III - medidas adotadas para o retorno da despesa total com pessoal ao respectivo limite, nos termos dos arts. 22 e 23;

IV - providências tomadas, conforme o disposto no art. 31, para recondução dos montantes das dívidas consolidada e mobiliária aos respectivos limites;

V - destinação de recursos obtidos com a alienação de ativos, tendo em vista as restrições constitucionais e as desta Lei Complementar;

VI - cumprimento do limite de gastos totais dos legislativos municipais, quando houver.

§1º Os Tribunais de Contas alertarão os Poderes ou órgãos referidos no art. 20 quando constatarem:[159]

---

[159] **Alerta dos Tribunais de Contas - ações prioritárias da LDO.** TCU alertou: "[...] com fulcro no §1º do art. 59 da Lei de Responsabilidade Fiscal, ao Ministério do Planejamento, Orçamento e Gestão, quanto à inexistência de 108 ações consideradas prioritárias pela Lei nº 10.934, de 11 de agosto de 2004 (LDO/2005), na relação de programas de governo listados no Volume II da Lei Orçamentária Anual, exercício de 2005, que contém a programação do Orçamento Fiscal e da Seguridade Social; 9.2. encaminhar cópia deste Acórdão, bem como do Relatório e Voto que o fundamentam: 9.2.1. à Comissão Mista de Planos, Orçamentos Públicos e Fiscalização do Congresso Nacional, ressaltando que, com relação ao total da dotação autorizada, os dispêndios com: "Encargos Especiais", que incluem o pagamento de dívidas, transferências de recursos e refinanciamento da dívida pública federal, representaram cerca de 77%; "Previdência Social" atingiram

Art. 59   J. U. JACOBY FERNANDES

I - a possibilidade de ocorrência das situações previstas no inciso II do art. 4º e no art. 9º;[160]

II - que o montante da despesa total com pessoal ultrapassou 90% (noventa por cento) do limite;[161]

III - que os montantes das dívidas consolidada e mobiliária, das operações de crédito e da concessão de garantia se encontram acima de 90% (noventa por cento) dos respectivos limites;

IV - que os gastos com inativos e pensionistas se encontram acima do limite definido em lei;[162]

V - fatos que comprometam os custos ou os resultados dos

10%; os restantes 13% foram associados principalmente com as Funções de "Saúde", "Educação", "Assistência Social" e "Defesa Nacional"; e com a função "Segurança Pública" os dispêndios alcançaram apenas 0,21% [...]." Processo TC nº 010.994/2005-0. Acórdão nº 1510/2005 - Plenário.

[160] **Nota:** O TCU tem procedido a regulares alertas, como por exemplo: "[...] 2. Por meio do Acórdão n.º 1.788/2006-Plenário: 9.2. alertar o Chefe do Poder Executivo, com fulcro no art. 59, inciso I e §1º, da Lei Complementar nº 101, de 04 de maio de 2000 - Lei de Responsabilidade Fiscal - de que a meta de resultado nominal estabelecida no Anexo de Metas Fiscais da Lei n.º 11.178, de 20 de setembro de 2005 (LDO para o exercício de 2006) pode não ser cumprida [...]." Processo TC nº 012.583/2006-2. Acórdão nº 296/2007 - Plenário.

[161] **TCU alertou** presidente de Tribunal Regional do Trabalho sobre despesa líquida com pessoal ter atingido 92,38% do limite máximo fixado para o 2º quadrimestre de 2009: Processo TC nº 023.157/2009-3. Acórdão nº 2.971/2009 - Plenário.

[162] Vide Lei n.º 9.717, de 27 de novembro de 1998, que dispõe sobre Sistema de Previdência.

LRF   Art. 59

programas ou indícios de irregularidades na gestão orçamentária.[163]

§2º Compete ainda aos Tribunais de Contas verificar os cálculos dos limites da despesa total com pessoal de cada Poder e órgão referido no art. 20.[164]

§3º O Tribunal de Contas da União acompanhará o cumprimento do disposto nos §§2º, 3º e 4º do art. 39.

---

[163] **Programas de governo - avaliação dos resultados.** O TCU aprovou metodologia de análise de programas de governo, para fins de cumprimento do disposto no art. 20 da Lei nº 10.707/2003 e no inciso V do §1º do art. 59 da Lei complementar nº 101/2000: Processo TC nº 003.183/2005-3. Acórdão nº 612/2005 - Plenário.

[164] **TCU decidiu:** "[...] 9.5. diligenciar o Conselho Nacional de Justiça para que, em até 30 (trinta) dias, encaminhe a esta Corte de Contas, com fulcro no §2º do art. 59 da Lei Complementar nº 101/2000, inclusive em meio magnético e de forma padronizada, para cada órgão autônomo do Poder Judiciário da União mencionado no art. 92 da Constituição Federal, as seguintes informações detalhadas até o nível de item de despesa previsto no Plano de Contas fixado para a Administração Federal, relativamente ao triênio 1997-1999: 9.5.1. despesa total com pessoal, observada a definição prevista no art. 18 da Lei Complementar n.º 101/2000; 9.5.2. despesas não-computadas para fins de apuração do limite, conforme §1º do art. 19 da Lei Complementar nº 101/2000; 9.5.3. montante da despesa líquida com pessoal de cada órgão autônomo, resultante da diferença entre a despesa total e as não-computadas na forma da Lei; 9.5.4. repartição do limite global de 6% (seis por cento) fixado para o Poder Judiciário da esfera federal entre seus órgãos autônomos, de forma proporcional à média das despesas líquidas com pessoal, calculadas conforme os itens precedentes, em percentual da receita corrente líquida da União apurada nos exercícios correspondentes, [...]." Processo TC nº 028.506/2006-4. Acórdão nº 289/2008 - Plenário.

CAPÍTULO X - DISPOSIÇÕES FINAIS E TRANSITÓRIAS

Art. 60. Lei estadual ou municipal poderá fixar limites inferiores àqueles previstos nesta Lei Complementar para as dívidas consolidada e mobiliária, operações de crédito e concessão de garantias.

Art. 61. Os títulos da dívida pública, desde que devidamente escriturados em sistema centralizado de liquidação e custódia, poderão ser oferecidos em caução para garantia de empréstimos, ou em outras transações previstas em lei, pelo seu valor econômico, conforme definido pelo Ministério da Fazenda.

Art. 62. Os Municípios só contribuirão para o custeio de despesas de competência de outros entes da Federação se houver:

I - autorização na lei de diretrizes orçamentárias e na lei orçamentária anual; [165]

---

[165] **Cessão de servidores - apuração da despesa.** TCE/SC decidiu: "[...] disposição ou cessão de servidores a órgãos ou entidades públicas de outras esferas pode se dar desde que respaldada em autorização legislativa vigente, amparada em norma legal, formalizada por instrumento adequado (Portaria, Resolução, etc.), e constando do ato as condições da cessão. A disposição de servidores efetivos à Justiça Eleitoral, por requisição desta, encontra amparo legal, sendo obrigação do Município, apenas, a cessão para os períodos eleitorais. Em face do preceituado no art. 62 da Lei Complementar nº 101/00 (Lei de Responsabilidade Fiscal), o custeio pelo Município, de despesas de competência de outros entes, somente será admitido se estiver contemplado na lei de diretrizes orçamentárias e na lei orçamentária anual, e pactuado entre os entes, através de convênio, acordo, ajuste ou congênere, conforme dispuser legislação específica. A cessão de servidores públicos

LRF   Arts. 62 e 63

II - convênio, acordo, ajuste ou congênere, conforme sua legislação.

Art. 63. É facultado aos Municípios com população inferior a cinqüenta mil habitantes optar por:

I - aplicar o disposto no art. 22 e no §4º do art. 30 ao final do semestre;

II - divulgar semestralmente:

a) (VETADO)[166]

b) o Relatório de Gestão Fiscal;

c) os demonstrativos de que trata o art. 53;

III - elaborar o Anexo de Política Fiscal do plano plurianual, o Anexo de Metas Fiscais e o Anexo de Riscos Fiscais da lei de diretrizes orçamentárias e o anexo de que trata o inciso I do art. 5º a partir do quinto exercício seguinte ao da publicação desta Lei Complementar.

§1º A divulgação dos relatórios e demonstrativos deverá ser

---

municipais (colocados à disposição) a outros entes da Federação, com ônus para o Município, equipara-se à contribuição para o custeio de despesas de competência de outros entes de que trata o art. 62 da Lei Complementar nº 101/00. A Câmara de Vereadores somente poderá suportar o ônus do pagamento da remuneração e encargos dos servidores cedidos para órgãos e entidades de outros entes da Federação, se atendidos os requisitos do art. 62 da Lei Complementar nº 101/00 (Lei de Responsabilidade Fiscal). Na apuração das despesas totais com pessoal (arts. 18, 19, 20 e 22 da LRF) as despesas com servidores cedidos serão consideradas no Poder ou Órgão que efetuar o pagamento da remuneração e encargos correspondentes. [...]." Processo nº 01/00120016. Decisão nº 1282/2001.

[166] Ver redação do artigo e razões do veto na p. 138.

Arts. 63, 64 e 65   J. U. JACOBY FERNANDES

realizada em até trinta dias após o encerramento do semestre.

§2º Se ultrapassados os limites relativos à despesa total com pessoal ou à dívida consolidada, enquanto perdurar esta situação, o Município ficará sujeito aos mesmos prazos de verificação e de retorno ao limite definidos para os demais entes.

Art. 64. A União prestará assistência técnica e cooperação financeira aos Municípios para a modernização das respectivas administrações tributária, financeira, patrimonial e previdenciária, com vistas ao cumprimento das normas desta Lei Complementar.[167]

§1º A assistência técnica consistirá no treinamento e desenvolvimento de recursos humanos e na transferência de tecnologia, bem como no apoio à divulgação dos instrumentos de que trata o art. 48 em meio eletrônico de amplo acesso público.

§2º A cooperação financeira compreenderá a doação de bens e valores, o financiamento por intermédio das instituições financeiras federais e o repasse de recursos oriundos de operações externas.

Art. 65. Na ocorrência de calamidade pública reconhecida pelo Congresso Nacional, no caso da União, ou pelas Assembléias Legislativas, na hipótese dos Estados e Municípios, enquanto perdurar a situação:

I - serão suspensas a contagem dos prazos e as disposições estabelecidas nos arts. 23, 31 e 70;

II - serão dispensados o atingimento dos resultados fiscais e a limitação de empenho prevista no art. 9º.

Parágrafo único. Aplica-se o disposto no *caput* no caso de estado de defesa ou de sítio, decretado na forma da Constituição.

---

[167] Lei nº 12.919/2013. Art. 18.

LRF   Arts. 66 e 67

Art. 66. Os prazos estabelecidos nos arts. 23, 31 e 70 serão duplicados no caso de crescimento real baixo ou negativo do Produto Interno Bruto (PIB) nacional, regional ou estadual por período igual ou superior a quatro trimestres.

§1º Entende-se por baixo crescimento a taxa de variação real acumulada do Produto Interno Bruto inferior a 1% (um por cento), no período correspondente aos quatro últimos trimestres.

§2º A taxa de variação será aquela apurada pela Fundação Instituto Brasileiro de Geografia e Estatística ou outro órgão que vier a substituí-la, adotada a mesma metodologia para apuração dos PIB nacional, estadual e regional.

§3º Na hipótese do *caput*, continuarão a ser adotadas as medidas previstas no art. 22.

§4º Na hipótese de se verificarem mudanças drásticas na condução das políticas monetária e cambial, reconhecidas pelo Senado Federal, o prazo referido no *caput* do art. 31 poderá ser ampliado em até quatro quadrimestres.

Art. 67. O acompanhamento e a avaliação, de forma permanente, da política e da operacionalidade da gestão fiscal serão realizados por conselho de gestão fiscal, constituído por representantes de todos os Poderes e esferas de Governo, do Ministério Público e de entidades técnicas representativas da sociedade, visando a:[168]

I - harmonização e coordenação entre os entes da Federação;

II - disseminação de práticas que resultem em maior eficiência na alocação e execução do gasto público, na arrecadação de receitas,

---

[168] Vide arts. 50, §2º e 55, §4º, todos desta Lei.

119

no controle do endividamento e na transparência da gestão fiscal;

III - adoção de normas de consolidação das contas públicas, padronização das prestações de contas e dos relatórios e demonstrativos de gestão fiscal de que trata esta Lei Complementar, normas e padrões mais simples para os pequenos Municípios, bem como outros, necessários ao controle social;

IV - divulgação de análises, estudos e diagnósticos.

§1º O conselho a que se refere o *caput* instituirá formas de premiação e reconhecimento público aos titulares de Poder que alcançarem resultados meritórios em suas políticas de desenvolvimento social, conjugados com a prática de uma gestão fiscal pautada pelas normas desta Lei Complementar.

§2º Lei disporá sobre a composição e a forma de funcionamento do conselho.

Art. 68. Na forma do art. 250 da Constituição,[169] é criado o Fundo do Regime Geral de Previdência Social, vinculado ao Ministério da Previdência e Assistência Social, com a finalidade de prover recursos para o pagamento dos benefícios do regime geral da previdência social.

§1º O Fundo será constituído de:

I - bens móveis e imóveis, valores e rendas do Instituto Nacional do Seguro Social não utilizados na operacionalização deste;

---

[169] **CF/1988. Art. 250.** Com o objetivo de assegurar recursos para o pagamento dos benefícios concedidos pelo regime geral de previdência social, em adição aos recursos de sua arrecadação, a União poderá constituir fundo integrado por bens, direitos e ativos de qualquer natureza, mediante lei que disporá sobre a natureza e administração desse fundo. (Artigo incluído pela Emenda Constitucional nº 20, de 15/12/98)

LRF   Arts. 68, 69, 70 e 71

II - bens e direitos que, a qualquer título, lhe sejam adjudicados ou que lhe vierem a ser vinculados por força de lei;

III - receita das contribuições sociais para a seguridade social, previstas na alínea a do inciso I e no inciso II do art. 195 da Constituição;

IV - produto da liquidação de bens e ativos de pessoa física ou jurídica em débito com a Previdência Social;

V - resultado da aplicação financeira de seus ativos;

VI - recursos provenientes do orçamento da União.

§2º O Fundo será gerido pelo Instituto Nacional do Seguro Social, na forma da lei.

Art. 69. O ente da Federação que mantiver ou vier a instituir regime próprio de previdência social para seus servidores conferir-lhe-á caráter contributivo e o organizará com base em normas de contabilidade e atuária que preservem seu equilíbrio financeiro e atuarial.

Art. 70. O Poder ou órgão referido no art. 20 cuja despesa total com pessoal no exercício anterior ao da publicação desta Lei Complementar estiver acima dos limites estabelecidos nos arts. 19 e 20 deverá enquadrar-se no respectivo limite em até dois exercícios, eliminando o excesso, gradualmente, à razão de, pelo menos, 50% a.a. (cinqüenta por cento ao ano), mediante a adoção, entre outras, das medidas previstas nos arts. 22 e 23.[170]

Ver art. 5º, IV, da Lei nº 10.028/2000, na p. 148.

Parágrafo único. A inobservância do disposto no *caput*, no prazo fixado, sujeita o ente às sanções previstas no §3º do art. 23.

Art. 71. Ressalvada a hipótese do inciso X do art. 37 da

---

[170] Vide arts. 65, inciso I e 66, todos desta Lei.

Constituição,[171] até o término do terceiro exercício financeiro seguinte à entrada em vigor desta Lei Complementar, a despesa total com pessoal dos Poderes e órgãos referidos no art. 20 não ultrapassará, em percentual da receita corrente líquida, a despesa verificada no exercício imediatamente anterior, acrescida de até 10% (dez por cento), se esta for inferior ao limite definido na forma do art. 20.[172]

Art. 72. A despesa com serviços de terceiros dos Poderes e órgãos referidos no art. 20 não poderá exceder, em percentual da receita corrente líquida, a do exercício anterior à entrada em vigor

---

[171] **CF/1988. Art. 37.** A administração pública direta e indireta de qualquer dos Poderes da União, dos Estados, do Distrito Federal e dos Municípios obedecerá aos princípios de legalidade, impessoalidade, moralidade, publicidade e eficiência e, também, ao seguinte: [...] **X -** a remuneração dos servidores públicos e o subsídio de que trata o **§4º** do art. 39 somente poderão ser fixados ou alterados por lei específica, observada a iniciativa privativa em cada caso, assegurada revisão geral anual, sempre na mesma data e sem distinção de índices;

[172] **Lei nº 12.919/2013. Art. 75. Art. 82 e 86.**

Pessoal - despesa total - Art. 71 da LRF - correta interpretação. TCE/SC decidiu: "[...] A correta interpretação do art. 71 da Lei de Responsabilidade Fiscal é no sentido de que mesmo que a despesa total com pessoal de cada Poder ou Órgão apurada em 1999 seja inferior ao limite máximo da LRF, o administrador não fica liberado para conceder aumentos até atingir o limite máximo previsto na lei. Conforme dispõe o art. 71 da LRF, até 2003 o acréscimo anual não poderá exceder a 10% do exercício anterior, nem exceder ao limite prudencial, situação em que o administrador ficará sujeito às penalidades previstas na lei. [...]." Processo nº 01/02038694. Decisão nº 2934/2001.

LRF

Arts. 73, 73-A, 73-B

desta Lei Complementar, até o término do terceiro exercício seguinte.

Dispositivo com interpretação conferida pelo STF (ADIn 2238-5 - vide p. 292), conforme a Constituição Federal, para que se entenda como serviços de terceiros os serviços permanentes.[173]

Art. 73. As infrações dos dispositivos desta Lei Complementar serão punidas segundo o Decreto-Lei nº 2.848, de 7 de dezembro de 1940 (Código Penal); a Lei nº 1.079, de 10 de abril de 1950; o Decreto-Lei nº 201, de 27 de fevereiro de 1967; a Lei nº 8.429, de 2 de junho de 1992; e demais normas da legislação pertinente.

Art. 73-A. Qualquer cidadão, partido político, associação ou sindicato é parte legítima para denunciar ao respectivo Tribunal de Contas e ao órgão competente do Ministério Público o descumprimento das prescrições estabelecidas nesta Lei Complementar. (Incluído pela Lei Complementar nº 131, de 2009).

Art. 73-B. Ficam estabelecidos os seguintes prazos para o

---

[173] Antes da decisão do STF indicada no art. 72 e diferentemente desse, o TCU decidiu: "[...] 8.1. a limitação imposta pelo art. 72 abrange a totalidade das despesas com serviços de terceiros, deduzidos apenas os gastos com pessoal caracterizados como de substituição de servidores e empregados públicos, referidos no art. 18, §1º, da LRF; 8.2. as novas contas criadas pela Secretaria do Tesouro Nacional em 2001, no Plano de Contas da Administração Pública Federal (33390.04.12, 33390.35.04, 33390.36.29, 33390.37.07, 33390.39.13), têm como única finalidade discriminar as despesas com contratos de terceirização de mão-de-obra que se referem à substituição de servidores e empregados públicos para permitir incluí-las no total gasto com pessoal; [...]." Processo TC nº 014.185/2001-3. Decisão nº 1.084/2001-Plenário.

cumprimento das determinações dispostas nos incisos II e III do parágrafo único do art. 48 e do art. 48-A: (Incluído pela Lei Complementar nº 131, de 2009).

I – 1 (um) ano para a União, os Estados, o Distrito Federal e os Municípios com mais de 100.000 (cem mil) habitantes; (Incluído pela Lei Complementar nº 131, de 2009).

II – 2 (dois) anos para os Municípios que tenham entre 50.000 (cinquenta mil) e 100.000 (cem mil) habitantes; (Incluído pela Lei Complementar nº 131, de 2009).

III – 4 (quatro) anos para os Municípios que tenham até 50.000 (cinquenta mil) habitantes. (Incluído pela Lei Complementar nº 131, de 2009).

Parágrafo único. Os prazos estabelecidos neste artigo serão contados a partir da data de publicação da lei complementar que introduziu os dispositivos referidos no *caput* deste artigo. (Incluído pela Lei Complementar nº 131, de 2009).

Art. 73-C. O não atendimento, até o encerramento dos prazos previstos no art. 73-B, das determinações contidas nos incisos II e III do parágrafo único do art. 48 e no art. 48-A sujeita o ente à sanção prevista no inciso I do §3º do art. 23. (Incluído pela Lei Complementar nº 131, de 2009).

Art. 74. Esta Lei Complementar entra em vigor na data da sua publicação.

Art. 75. Revoga-se a Lei Complementar nº 96, de 31 de maio de 1999.

Brasília, 4 de maio de 2000; 179º da Independência e 112º da República.

FERNANDO HENRIQUE CARDOSO

Mensagem de veto à Lei de Responsabilidade Fiscal

Mensagem n° 627, de 4 de maio de 2000

Senhor Presidente do Senado Federal,

Comunico a Vossa Excelência que, nos termos do parágrafo 1° do artigo 66 da Constituição Federal, decidi vetar parcialmente o Projeto de Lei n° 4, de 2000 - Complementar (n° 18/99 - Complementar na Câmara dos Deputados), que "Estabelece normas de finanças públicas voltadas para a responsabilidade na gestão fiscal e dá outras providências".

Ouvidos, os Ministérios do Planejamento, Orçamento e Gestão e da Fazenda manifestaram-se pelo veto aos dispositivos a seguir transcritos:

Art. 3°

"Art. 3° O projeto de lei do plano plurianual de cada ente abrangerá os respectivos Poderes e será devolvido para sanção até o encerramento do primeiro período da sessão legislativa.

§1° Integrará o projeto Anexo de Política Fiscal, em que serão estabelecidos os objetivos e metas plurianuais de política fiscal a serem alcançados durante o período de vigência do plano, demonstrando a compatibilidade deles com as premissas e objetivos das políticas econômica nacional e de desenvolvimento social.

§2° O projeto de que trata o *caput* será encaminhado ao Poder Legislativo até o dia trinta de abril do primeiro ano do mandato do Chefe do Poder Executivo."

RAZÕES DO VETO

"O *caput* deste artigo estabelece que o projeto de lei do plano plurianual deverá ser devolvido para sanção até o encerramento do primeiro período da sessão legislativa, enquanto o §2º obriga o seu envio, ao Poder Legislativo, até o dia 30 de abril do primeiro ano do mandato do Chefe do Poder Executivo. Isso representará não só um reduzido período para a elaboração dessa peça, por parte do Poder Executivo, como também para a sua apreciação pelo Poder Legislativo, inviabilizando o aperfeiçoamento metodológico e a seleção criteriosa de programas e ações prioritárias de governo.

Ressalte-se que a elaboração do plano plurianual é uma tarefa que se estende muito além dos limites do órgão de planejamento do governo, visto que mobiliza todos os órgãos e unidades do Executivo, do Legislativo e do Judiciário. Além disso, o novo modelo de planejamento e gestão das ações, pelo qual se busca a melhoria de qualidade dos serviços públicos, exige uma estreita integração do plano plurianual com o Orçamento da União e os planos das unidades da Federação.

Acrescente-se, ainda, que todo esse trabalho deve ser executado justamente no primeiro ano de mandato do Presidente da República, quando a Administração Pública sofre as naturais dificuldades decorrentes da mudança de governo e a necessidade de formação de equipes com pessoal nem sempre familiarizado com os serviços e sistemas que devem fornecer os elementos essenciais para a elaboração do plano.

Ademais, a fixação de mesma data para que a União, os Estados e os Municípios encaminhem, ao Poder Legislativo, o referido projeto de lei complementar não leva em consideração a complexidade, as peculiaridades e as necessidades de cada ente da Federação, inclusive os pequenos municípios.

Por outro lado, o veto dos prazos constantes do dispositivo traz consigo a supressão do Anexo de Política Fiscal, a qual não ocasiona prejuízo aos objetivos da Lei Complementar, considerando-se que a lei de diretrizes orçamentárias já prevê a apresentação de Anexo de Metas Fiscais, contendo, de forma mais precisa, metas para cinco variáveis - receitas, despesas, resultados nominal e primário e dívida pública -, para três anos, especificadas em valores correntes e constantes.

Diante do exposto, propõe-se veto ao art. 3°, e respectivos parágrafos, por contrariar o interesse público."

ALÍNEA "C" DO INCISO I DO ART. 4°

"Art. 4°...

I - ....

c) parâmetros para os Poderes e órgãos referidos no art. 20, com vistas à fixação, no projeto de lei orçamentária, dos montantes relativos a despesas com pessoal e a outras despesas correntes, inclusive serviços de terceiros, com base na receita corrente líquida;"

RAZÕES DO VETO

"A estrutura orçamentária está concebida de maneira a propiciar a integração entre o plano plurianual e a lei orçamentária anual, sendo o programa o elo de ligação entre os instrumentos de planejamento e de alocação de recursos públicos.

Nesse sentido, deve-se dar ênfase à realização das ações,

MENSAGEM DE VETO — J. U. JACOBY FERNANDES

representadas pelos projetos, atividades e operações especiais, com vistas ao alcance dos objetivos estabelecidos nos programas.

Dessa forma, estabelecer a priori parâmetros para a fixação de despesas, segundo a sua natureza de gasto, sem levar em consideração as prioridades da programação a ser atendida, contraria o interesse público, por inflexibilizar a alocação dos recursos, dificultando o atendimento das demandas da sociedade.

Por essa razão, propõe-se veto ao dispositivo em questão."

ALÍNEA "D" DO INCISO I DO ART. 4º

"Art. 4º...

I -..

d) destinação de recursos provenientes das operações de crédito , inclusive por antecipação de receita;"

RAZÕES DO VETO

"As operações de crédito por antecipação de receita têm como objetivo legal a recomposição momentânea do fluxo de caixa global do órgão ou da entidade. Assim, não existe a possibilidade de indicar, com antecedência, a destinação dos recursos provenientes dessas operações.

Nessa mesma linha de raciocínio, o dispositivo mostra-se dúbio, com relação às demais operações de crédito , uma vez que ao se referir à "destinação dos recursos" não especificou qual a classificação da despesa orçamentária que deveria ser considerada, se por funções ou por categorias econômicas, dentre outras.

Assim, por contrariar o interesse público, os Ministérios do Planejamento, Orçamento e Gestão e da Fazenda propõem veto à

LRF   MENSAGEM DE VETO

referida alínea."

INCISO II DO ART. 4º

"Art. 4º...

II - estabelecerá, para efeito de adoção das medidas especificadas nas alíneas deste inciso, limite referencial para o montante das despesas com juros, com base em percentual da receita corrente líquida, apurado na forma do **§3º** do art. 2º, que, se excedido, implicará:

a) vedação da realização de novas operações de crédito , ressalvadas as realizadas com a finalidade de pagamento de juros, as operações por antecipação de receita e as relativas ao refinanciamento da dívida;

b) obtenção de resultado primário necessário à redução do montante da dívida e das despesas com juros, dentre outras medidas;"

RAZÕES DO VETO

"O projeto de lei complementar prevê a fixação de limites para a dívida consolidada de cada esfera de governo bem como a definição no âmbito da lei de diretrizes orçamentárias de metas de superávit primário a cada exercício.

Saliente-se que há, ainda, disciplina dos limites da dívida pública e sanções decorrentes de sua inobservância, até com expressa determinação de se considerar na dívida consolidada os valores dos precatórios judiciais doravante incluídos nos orçamentos e não pagos.

Dessa forma, afigura-se redundante a fixação de limites

adicionais para a despesa com juros nominais.

Adicionalmente, o princípio que norteia o estabelecimento, no projeto de lei complementar, de limites para a dívida é a manutenção do nível de endividamento público em patamar razoável. As dívidas antigas e os juros devem continuar sendo pagos, pois, caso contrário, haveria quebra de contratos, atitude inadmissível em regime de direito democrático. Contudo, a introdução de limite para despesas com juros, ainda que com caráter referencial, suscitaria a interpretação de que o objetivo seria o não pagamento de juros, o que apresenta caráter bastante distinto, senão oposto, à tônica do projeto de lei complementar.

Por esses motivos, sugere-se oposição de veto ao referido inciso, e respectivas alíneas, por contrariar o interesse público."

Inciso III do art. 4º

"Art. 4º...

III - definirá limites e condições para a expansão das despesas obrigatórias de caráter continuado referidas no art. 17."

Razões do veto

O art. 17 do projeto de lei complementar já estabelece as regras para a expansão das despesas obrigatórias de caráter continuado. Por outro lado, se as despesas já foram legalmente definidas como sendo "obrigatórias", não há que se estabelecer limites e condições para a sua expansão. Portanto, em face da contradição que apresenta a redação do dispositivo em questão, sugere-se oposição de veto a ele, por contrariar o interesse público.

LRF

MENSAGEM DE VETO

ALÍNEA "A" DO INCISO III DO ART. 5º

"Art. 5º...
III - ....
a) pagamento de restos a pagar que excederem as disponibilidades de caixa ao final do exercício, nos termos do art. 41;"

RAZÕES DO VETO

"O dispositivo não respeita o princípio que deve nortear a introdução de reserva de contingência na proposta orçamentária: a prudência. A reserva de contingência deve representar proteção contra riscos e passivos contingentes capazes de ameaçar o equilíbrio orçamentário e, como tal, destinar-se a gastos novos, imprevistos.

Ao prever a cobertura de despesas que não foram contempladas no período anterior por insuficiência de disponibilidade financeira, o dispositivo fere o princípio em que se assenta a reserva de contingência, que nenhuma relação possui com o conceito de saldo financeiro. Além disso, o dispositivo apresenta-se flagrantemente contrário à responsabilidade fiscal, na medida em que pressupõe a execução de despesas acima das disponibilidades financeiras do exercício.

Ademais, sendo a proposta orçamentária encaminhada ao Poder Legislativo quatro meses antes de encerrado o exercício financeiro, tornar-se-ia impossível prever o montante das despesas que seriam executadas sem a correspondente cobertura financeira.

Além das razões acima, o aludido dispositivo contraria outras disposições do presente projeto de lei complementar, que

131

determinam a obtenção de superávits primário e nominal e dispõem sobre a compatibilização entre receita e despesa.

Por esses motivos, sugere-se oposição de veto à referida alínea por ser contrária ao interesse público."

§7º DO ART. 5º

"Art. 5º..

§7º O projeto de lei orçamentária anual será encaminhado ao Poder Legislativo até o dia quinze de agosto de cada ano."

RAZÕES DO VETO

"A Constituição Federal, no §2º do art. 35 do Ato das Disposições Constitucionais Transitórias, determina que, até a entrada em vigor da lei complementar a que se refere o art. 165, §9º, I e II, o projeto de lei orçamentária da União seja encaminhado até quatro meses antes do encerramento do exercício financeiro. Estados e Municípios possuem prazos de encaminhamento que são determinados, respectivamente, pelas Constituições Estaduais e pelas Leis Orgânicas Municipais.

A fixação de uma mesma data para que a União, os Estados e os Municípios encaminhem, ao Poder Legislativo, o projeto de lei orçamentária anual contraria o interesse público, na medida em que não leva em consideração a complexidade, as particularidades e as necessidades de cada ente da Federação, inclusive os pequenos municípios.

Além disso, a fixação de uma mesma data não considera a dependência de informações entre esses entes, principalmente quanto à estimativa de receita, que historicamente tem sido

LRF
MENSAGEM DE VETO

responsável pela precedência da União na elaboração do projeto de lei orçamentária.

Por esse motivo, sugere-se oposição de veto ao referido parágrafo."

ART. 6º

"Art. 6º Se o orçamento não for sancionado até o final do exercício de seu encaminhamento ao Poder Legislativo, sua programação poderá ser executada, até o limite de dois doze avos do total de cada dotação, observadas as condições constantes da lei de diretrizes orçamentárias."

RAZÕES DO VETO

"Parcela significativa da despesa orçamentária não tem sua execução sob a forma de duodécimos ao longo do exercício financeiro. Assim, a autorização para a execução, sem exceção, de apenas dois doze avos do total de cada dotação, constante do projeto de lei orçamentária, caso não seja ele sancionado até o final do exercício de seu encaminhamento ao Poder Legislativo, poderá trazer sérios transtornos à Administração Pública, principalmente no que tange ao pagamento de salários, aposentadorias, ao serviço da dívida e as transferências constitucionais a Estados e Municípios.

Por outro lado, tal comando tem sido regulamentado pela lei de diretrizes orçamentárias, que proporciona maior dinamismo e flexibilidade em suas disposições.

Na ausência de excepcionalidade, o dispositivo é contrário ao interesse público, razão pela qual sugere-se oposição de veto, no propósito de que o assunto possa ser tratado de forma adequada na lei de diretrizes orçamentárias."

§6º DO ART. 20

"Art. 20..

§6º Somente será aplicada a repartição dos limites estabelecidos no *caput*, caso a lei de diretrizes orçamentárias não disponha de forma diferente."

RAZÕES DO VETO

"A possibilidade de que os limites de despesas de pessoal dos Poderes e órgãos possam ser alterados na lei de diretrizes orçamentárias poderá resultar em demandas ou incentivo, especialmente no âmbito dos Estados e Municípios, para que os gastos com pessoal e encargos sociais de determinado Poder ou órgão sejam ampliados em detrimento de outros, visto que o limite global do ente da Federação é fixado na Lei Complementar.

Desse modo, afigura-se prejudicado o objetivo da lei complementar em estabelecer limites efetivos de gastos de pessoal aos três Poderes.

Na linha desse entendimento, o dispositivo contraria o interesse público, motivo pelo qual sugere-se a oposição de veto."

INCISO III DO §3º DO ART. 32

"Art. 32...

§3º..

III - equiparam-se a despesa de capital as de custeio dela decorrentes, bem como as destinadas à capacitação de servidores

LRF MENSAGEM DE VETO

nas atividades-fim das áreas de educação, saúde, assistência social e segurança."

RAZÕES DO VETO

"Não é possível precisar o que seja "despesas de custeio decorrentes de despesas de capital." Dependendo da interpretação, poder-se-ia chegar ao extremo de considerar que todas as despesas de manutenção e funcionamento são decorrentes da existência anterior de despesas de capital, como, por exemplo, a construção de uma escola, de uma estrada ou de um hospital.

Por outro lado, ao caracterizar como despesas de capital as de custeio delas decorrentes, entende-se que o projeto de lei complementar extrapola as disposições do art. 167, inciso III, da Constituição Federal, que não dá margem a interpretação extensiva.

Por essas razões, sugere-se oposição de veto a este dispositivo, por inconstitucionalidade."

§3º DO ART. 40

"Art. 40...

§3º Será cobrada comissão pela garantia prestada, na forma de percentual sobre o valor garantido, e exigido o ressarcimento das despesas efetuadas pelo garantidor à conta da operação."

RAZÕES DO VETO

"Tradicionalmente, por força de norma estatutária as agências multilaterais de crédito exigem aval da União em operações com

MENSAGEM DE VETO   J. U. JACOBY FERNANDES

Estados e Municípios destinadas a financiamento de projetos sociais e de infra-estrutura.

Portanto, a exigência de cobrança de comissão pela garantia prestada elevaria o custo das operações para os Estados e Municípios que as contratassem. Assim, ainda que seja procedimento usual no mercado financeiro, entende-se que o dispositivo contraria o interesse público da Federação, cujo princípio é a solidariedade e o equilíbrio federativo, uma vez que o interesse da União está resguardado pela exigência de contragarantia.

Por esta razão, sugere-se oposição de veto ao dispositivo."

§4º DO ART. 40

"Art. 40..

§4º A falta de ressarcimento dos valores honrados, por mais de sessenta dias a partir da data de pagamento, importará na execução da contragarantia, com os valores atualizados."

RAZÕES DO VETO

"O Tesouro Nacional tem garantido, por contrato, a imediata liberdade de ação para promover o bloqueio das transferências e a liquidação de pendências em caso de falta de pagamento à União, agindo com a tempestividade necessária.

A alteração do prazo para execução da contragarantia para sessenta dias, além de modificar os contratos a serem firmados, cria dificuldades para manter os entes avalizados em posição corrente, o que contraria o interesse público.

Por esse motivo, sugere-se oposição de veto ao referido

LRF — MENSAGEM DE VETO

parágrafo."

ART. 41

"Art. 41. Observados os limites globais de empenho e movimentação financeira, serão inscritas em Restos a Pagar:

I - as despesas legalmente empenhadas e liquidadas, mas não pagas no exercício;

II - as despesas empenhadas e não liquidadas que correspondam a compromissos efetivamente assumidos em virtude de:

a) normas legais e contratos administrativos;

b) convênio, ajuste, acordo ou congênere, com outro ente da Federação, já assinado, publicado e em andamento.

§1º Considera-se em andamento o convênio, ajuste, acordo ou congênere cujo objeto esteja sendo alcançado no todo ou em parte.

§2º Após deduzido de suas disponibilidades de caixa o montante das inscrições realizadas na forma dos incisos I e II do *caput*, o Poder ou órgão referidos no art. 20 poderá inscrever as demais despesas empenhadas, até o limite do saldo remanescente.

§3º Os empenhos não liquidados e não inscritos serão cancelados."

RAZÕES DO VETO

"A exemplo de vários outros limites e restrições contidos no projeto de lei complementar, o sentido original da introdução de uma regra para Restos a Pagar era promover o equilíbrio entre as aspirações da sociedade e os recursos que esta coloca à disposição do governo, evitando déficits imoderados e reiterados. Neste intuito, os Restos a Pagar deveriam ficar limitados às disponibilidades de caixa como forma de não transferir despesa de um exercício para outro sem a correspondente fonte de despesa.

A redação final do dispositivo, no entanto, não manteve esse sentido original que se assentava na restrição básica de contrapartida entre a disponibilidade financeira e a autorização orçamentária. O dispositivo permite, primeiro, inscrever em Restos a Pagar várias despesas para, apenas depois, condicionar a inscrição das demais à existência de recursos em caixa. Tal prática fere o princípio do equilíbrio fiscal, pois faz com que sejam assumidos compromissos sem a disponibilidade financeira necessária para saldá-los, cria transtornos para a execução do orçamento e, finalmente, ocasiona o crescimento de Restos a Pagar que equivale, em termos financeiros, a crescimento de dívida pública.

Assim, sugere-se oposição de veto a este dispositivo por ser contrário ao interesse público."

ALÍNEA "A" DO INCISO II DO ART. 63

"Art. 63...

II - ....

a) o Relatório Resumido da Execução Orçamentária;"

RAZÕES DO VETO

"O **§3º** do art. 165 da Constituição Federal estabelece que o "relatório resumido da execução orçamentária" será publicado "até trinta dias após o encerramento de cada bimestre".

Assim, não obstante o mérito da proposta, no sentido de criar condições mais flexíveis para pequenos municípios, a faculdade

LRF MENSAGEM DE VETO

concedida aos municípios com população inferior a cinqüenta mil habitantes, para a publicação semestral do referido relatório, vai de encontro à norma constitucional, razão pela qual propõe-se veto ao dispositivo."

Ademais, o Ministério da Educação manifestou-se pelo veto ao dispositivo a seguir transcrito:

INCISO II DO §1° DO ART. 25

"Art. 25...
§1°...
II - formalização por meio de convênio;"

RAZÕES DO VETO

"O estabelecimento desta exigência em lei complementar compromete importantes programas de responsabilidade deste Ministério, onde a eliminação da figura do convênio proporcionou notável avanço quantitativo e qualitativo.

O Programa Nacional de Alimentação Escolar e o Programa Dinheiro Direto na Escola atingiram grau de descentralização sem precedentes na história, a partir da edição da Medida Provisória hoje vigente sob o n° 1.979-17, de 6 de abril de 2000.

Com base naquela medida provisória, os recursos destinados aos dois programas constituem assistência financeira de caráter suplementar, calculada com base nos parâmetros fixados pelo Fundo Nacional de Desenvolvimento da Educação - FNDE, e são transferidos automaticamente pela Secretaria Executiva desse órgão aos Estados, Municípios e unidades executoras de escolas públicas, sem a necessidade de convênio, ajuste ou contrato.

Tal sistemática é fundamental para que o primeiro programa atinja mais de cinco mil municípios e o segundo mais de sessenta mil unidades executoras, ambos com excelentes indicadores de retorno social dos recursos aplicados.

Da mesma forma, a complementação da União aos Fundos de Manutenção e Desenvolvimento do Ensino Fundamental e Valorização do Magistério é transferida automaticamente para as unidades da Federação, onde o valor por aluno é inferior ao mínimo nacional fixado em ato do Presidente da República.

Além dos casos concretos acima relatados, a exigência de convênio em lei complementar inviabiliza futuras experiências de simplificação de procedimentos no âmbito da Administração Pública, em programas onde aquele instrumento mostra-se progressivamente dispensável ou substituível por outros mais modernos e eficazes.

Considerando a possibilidade de restabelecimento da exigência de convênio para as transferências voluntárias anualmente e com as devidas exceções, na lei de diretrizes orçamentárias, é de todo recomendável a supressão do dispositivo em tela, por tratar-se de norma que contraria o interesse público."

Estas, Senhor Presidente, as razões que me levaram a vetar em parte o projeto em causa, as quais ora submeto à elevada apreciação dos Senhores Membros do Congresso Nacional.

Brasília, 4 de maio de 2000.

LEI Nº 10.028, DE 19 DE OUTUBRO DE 2000

Altera o Decreto-Lei nº 2.848, de 7 de dezembro de 1940 - Código Penal, a Lei nº 1.079, de 10 de abril de 1950, e o Decreto-Lei nº 201, de 27 de fevereiro de 1967.

O PRESIDENTE DA REPÚBLICA

Faço saber que o Congresso Nacional decreta e eu sanciono a seguinte Lei:

Art. 1º O art. 339 do Decreto-Lei nº 2.848, de 7 de dezembro de 1940, passa a vigorar com a seguinte redação:

"Art. 339. Dar causa à instauração de investigação policial, de processo judicial, instauração de investigação administrativa, inquérito civil ou ação de improbidade administrativa contra alguém, imputando-lhe crime de que o sabe inocente:" (NR)

"Pena ...."

"§1º ...."

"§2º ...."

Art. 2º O Título XI do Decreto-Lei nº 2.848, de 1940, passa a vigorar acrescido do seguinte capítulo e artigos:

"CAPÍTULO IV

DOS CRIMES CONTRA AS FINANÇAS PÚBLICAS" (AC)[174]

"Contratação de operação de crédito " (AC)

"Art. 359-A. Ordenar, autorizar ou realizar operação de crédito

---

[174] AC = acréscimo.

141

LEI Nº 10.028/2000   J. U. JACOBY FERNANDES

, interno ou externo, sem prévia autorização legislativa:" (AC)[175]

"Pena - reclusão, de 1 (um) a 2 (dois) anos." (AC)

"**Parágrafo único.** Incide na mesma pena quem ordena, autoriza ou realiza operação de crédito , interno ou externo:" (AC)

"**I** - com inobservância de limite, condição ou montante estabelecido em lei ou em resolução do Senado Federal;" (AC)

"**II** - quando o montante da dívida consolidada ultrapassa o limite máximo autorizado por lei." (AC)

"Inscrição de despesas não empenhadas em restos a pagar" (AC)

"Art. 359-B. Ordenar ou autorizar a inscrição em restos a pagar,

---

[175] EMENTA Penal. Processo penal. Crime contra as finanças públicas. Crime de responsabilidade de prefeito. Programa RELUZ. Atipicidade da conduta. Precedentes da Corte. 1. O pedido de arquivamento formulado pelo Ministério Público, quando tem por fundamento a prescrição ou a atipicidade da conduta, não vincula o Magistrado. 2. A Lei nº 11.131/05 alterou a Medida Provisória nº 2.185-31 para admitir que as operações de crédito relativas ao Programa RELUZ não se submetam aos limites ordinários de refinanciamento das dívidas dos municípios. 3. A disposição legal está a indicar que referidas operações são autorizadas por lei, afastando-se, assim, o elemento normativo do tipo "sem autorização legislativa" mencionado no *caput* do artigo 359 do Código Penal. 4. A previsão contida na Lei nº 11.131/05 autoriza descaracterizar qualquer violação em torno dos incisos VIII, XVII e XX do artigo 1º da Lei de Responsabilidade Fiscal. 5. Inquérito arquivado.

Decisão: O Tribunal, por unanimidade e nos termos do voto do relator, determinou o arquivamento do inquérito. Ausentes, justificadamente, os Senhores Ministros Celso de Mello, Joaquim Barbosa e Eros Grau. Presidiu o julgamento o Senhor Ministro Gilmar Mendes. Plenário, 08.05.2008.

LEI DE RESPONSABILIDADE FISCAL LEI Nº 10.028/2000

de despesa que não tenha sido previamente empenhada ou que exceda limite estabelecido em lei:" (AC)

"Pena - detenção, de 6 (seis) meses a 2 (dois) anos." (AC)

"Assunção de obrigação no último ano do mandato ou legislatura" (AC)

"Art. 359-C. Ordenar ou autorizar a assunção de obrigação, nos dois últimos quadrimestres do último ano do mandato ou legislatura, cuja despesa não possa ser paga no mesmo exercício financeiro ou, caso reste parcela a ser paga no exercício seguinte, que não tenha contrapartida suficiente de disponibilidade de caixa:" (AC)

"Pena - reclusão, de 1 (um) a 4 (quatro) anos." (AC)

"Ordenação de despesa não autorizada" (AC)

"Art. 359-D. Ordenar despesa não autorizada por lei:" (AC)

"Pena - reclusão, de 1 (um) a 4 (quatro) anos." (AC)

"Prestação de garantia graciosa" (AC)

"Art. 359-E. Prestar garantia em operação de crédito sem que tenha sido constituída contragarantia em valor igual ou superior ao valor da garantia prestada, na forma da lei:" (AC)

"Pena - detenção, de 3 (três) meses a 1 (um) ano." (AC)

"Não cancelamento de restos a pagar" (AC)

"Art. 359-F. Deixar de ordenar, de autorizar ou de promover o cancelamento do montante de restos a pagar inscrito em valor superior ao permitido em lei:" (AC)

"Pena - detenção, de 6 (seis) meses a 2 (dois) anos." (AC)

"Aumento de despesa total com pessoal no último ano do mandato ou legislatura" (AC)

"Art. 359-G. Ordenar, autorizar ou executar ato que acarrete aumento de despesa total com pessoal, nos cento e oitenta dias

LEI Nº 10.028/2000 — J. U. JACOBY FERNANDES

anteriores ao final do mandato ou da legislatura:" (AC)

"Pena - reclusão, de 1 (um) a 4 (quatro) anos." (AC)

"Oferta pública ou colocação de títulos no mercado" (AC)

"Art. 359-H. Ordenar, autorizar ou promover a oferta pública ou a colocação no mercado financeiro de títulos da dívida pública sem que tenham sido criados por lei ou sem que estejam registrados em sistema centralizado de liquidação e de custódia:" (AC)

"Pena - reclusão, de 1 (um) a 4 (quatro) anos." (AC)

Art. 3º A Lei nº 1.079, de 10 de abril de 1950, passa a vigorar com as seguintes alterações:

"Art. 10 .... "

"5) deixar de ordenar a redução do montante da dívida consolidada, nos prazos estabelecidos em lei, quando o montante ultrapassar o valor resultante da aplicação do limite máximo fixado pelo Senado Federal;" (AC)

"6) ordenar ou autorizar a abertura de crédito em desacordo com os limites estabelecidos pelo Senado Federal, sem fundamento na lei orçamentária ou na de crédito adicional ou com inobservância de prescrição legal;" (AC)

"7) deixar de promover ou de ordenar na forma da lei, o cancelamento, a amortização ou a constituição de reserva para anular os efeitos de operação de crédito realizada com inobservância de limite, condição ou montante estabelecido em lei;" (AC)

"8) deixar de promover ou de ordenar a liquidação integral de operação de crédito por antecipação de receita orçamentária, inclusive os respectivos juros e demais encargos, até o encerramento do exercício financeiro;" (AC)

LEI DE RESPONSABILIDADE FISCAL   LEI Nº 10.028/2000

"9) ordenar ou autorizar, em desacordo com a lei, a realização de operação de crédito com qualquer um dos demais entes da Federação, inclusive suas entidades da administração indireta, ainda que na forma de novação, refinanciamento ou postergação de dívida contraída anteriormente;" (AC)

"10) captar recursos a título de antecipação de receita de tributo ou contribuição cujo fato gerador ainda não tenha ocorrido;" (AC)

"11) ordenar ou autorizar a destinação de recursos provenientes da emissão de títulos para finalidade diversa da prevista na lei que a autorizou;" (AC)

"12) realizar ou receber transferência voluntária em desacordo com limite ou condição estabelecida em lei." (AC)

"Art. 39-A. Constituem, também, crimes de responsabilidade do Presidente do Supremo Tribunal Federal ou de seu substituto quando no exercício da Presidência, as condutas previstas no art. 10 desta Lei, quando por eles ordenadas ou praticadas." (AC)

"**Parágrafo único.** O disposto neste artigo aplica-se aos Presidentes, e respectivos substitutos quando no exercício da Presidência, dos Tribunais Superiores, dos Tribunais de Contas, dos Tribunais Regionais Federais, do Trabalho e Eleitorais, dos Tribunais de Justiça e de Alçada dos Estados e do Distrito Federal, e aos Juízes Diretores de Foro ou função equivalente no primeiro grau de jurisdição." (AC)

"Art. 40-A. Constituem, também, crimes de responsabilidade do Procurador-Geral da República, ou de seu substituto quando no exercício da chefia do Ministério Público da União, as condutas previstas no art. 10 desta Lei, quando por eles ordenadas ou praticadas." (AC)

LEI Nº 10.028/2000   J. U. JACOBY FERNANDES

"**Parágrafo único.** O disposto neste artigo aplica-se:" (AC)

"**I** - ao Advogado-Geral da União;" (AC)

"**II** - aos Procuradores-Gerais do Trabalho, Eleitoral e Militar, aos Procuradores-Gerais de Justiça dos Estados e do Distrito Federal, aos Procuradores-Gerais dos Estados e do Distrito Federal, e aos membros do Ministério Público da União e dos Estados, da Advocacia-Geral da União, das Procuradorias dos Estados e do Distrito Federal, quando no exercício de função de chefia das unidades regionais ou locais das respectivas instituições." (AC)

"Art. 41-A. Respeitada a prerrogativa de foro que assiste às autoridades a que se referem o parágrafo único do art. 39-A e o inciso II do parágrafo único do art. 40-A, as ações penais contra elas ajuizadas pela prática dos crimes de responsabilidade previstos no art. 10 desta Lei serão processadas e julgadas de acordo com o rito instituído pela Lei nº 8.038, de 28 de maio de 1990, permitido, a todo cidadão, o oferecimento da denúncia." (AC)

Art. 4º O art. 1º do Decreto-Lei nº 201, de 27 de fevereiro de 1967, passa a vigorar com a seguinte redação:

"Art. 1º... "

"**XVI** - deixar de ordenar a redução do montante da dívida consolidada, nos prazos estabelecidos em lei, quando o montante ultrapassar o valor resultante da aplicação do limite máximo fixado pelo Senado Federal;" (AC)

"**XVII** - ordenar ou autorizar a abertura de crédito em desacordo com os limites estabelecidos pelo Senado Federal, sem fundamento na lei orçamentária ou na de crédito adicional ou com inobservância de prescrição legal;" (AC)

"**XVIII** - deixar de promover ou de ordenar, na forma da lei, o cancelamento, a amortização ou a constituição de reserva para

LEI DE RESPONSABILIDADE FISCAL   LEI Nº 10.028/2000

anular os efeitos de operação de crédito realizada com inobservância de limite, condição ou montante estabelecido em lei;" (AC)

"**XIX** - deixar de promover ou de ordenar a liquidação integral de operação de crédito por antecipação de receita orçamentária, inclusive os respectivos juros e demais encargos, até o encerramento do exercício financeiro;" (AC)

"**XX** - ordenar ou autorizar, em desacordo com a lei, a realização de operação de crédito com qualquer um dos demais entes da Federação, inclusive suas entidades da administração indireta, ainda que na forma de novação, refinanciamento ou postergação de dívida contraída anteriormente;" (AC)

"**XXI** - captar recursos a título de antecipação de receita de tributo ou contribuição cujo fato gerador ainda não tenha ocorrido;" (AC)

"**XXII** - ordenar ou autorizar a destinação de recursos provenientes da emissão de títulos para finalidade diversa da prevista na lei que a autorizou;" (AC)

"**XXIII** - realizar ou receber transferência voluntária em desacordo com limite ou condição estabelecida em lei." (AC)

".."

Art. 5º Constitui infração administrativa contra as leis de finanças públicas:

I - deixar de divulgar ou de enviar ao Poder Legislativo e ao Tribunal de Contas o relatório de gestão fiscal, nos prazos e condições estabelecidos em lei;

II - propor lei de diretrizes orçamentárias anual que não contenha as metas fiscais na forma da lei;

III - deixar de expedir ato determinando limitação de empenho

LEI Nº 10.028/2000   J. U. JACOBY FERNANDES

e movimentação financeira, nos casos e condições estabelecidos em lei;

IV - deixar de ordenar ou de promover, na forma e nos prazos da lei, a execução de medida para a redução do montante da despesa total com pessoal que houver excedido a repartição por Poder do limite máximo.

§1º A infração prevista neste artigo é punida com multa de trinta por cento dos vencimentos anuais do agente que lhe der causa, sendo o pagamento da multa de sua responsabilidade pessoal.

§2º A infração a que se refere este artigo será processada e julgada pelo Tribunal de Contas a que competir a fiscalização contábil, financeira e orçamentária da pessoa jurídica de direito público envolvida.

Art. 6º Esta Lei entra em vigor na data de sua publicação.

Brasília, 19 de outubro de 2000; 179º da Independência e 112º da República.

FERNANDO HENRIQUE CARDOSO

José Gregori

LEI Nº 12.919, DE 24 DEZEMBRO DE 2013

Dispõe sobre as diretrizes para a elaboração e execução da Lei Orçamentária de 2014 e dá outras providências.

A PRESIDENTA DA REPÚBLICA Faço saber que o Congresso Nacional decreta e eu sanciono a seguinte Lei:

DISPOSIÇÃO PRELIMINAR

Art. 1º São estabelecidas, em cumprimento ao disposto no § 2º do art. 165 da Constituição Federal, e na Lei Complementar nº 101, de 4 de maio de 2000, Lei de Responsabilidade Fiscal, as diretrizes orçamentárias da União para 2014, compreendendo:

I - as metas e prioridades da administração pública federal;

II - a estrutura e organização dos orçamentos;

III - as diretrizes para a elaboração e execução dos orçamentos da União;

IV - as disposições para as transferências;

V - as disposições relativas à dívida pública federal;

VI - as disposições relativas às despesas com pessoal e encargos sociais e benefícios aos servidores, empregados e seus dependentes;

VII - a política de aplicação dos recursos das agências financeiras oficiais de fomento;

VIII - as disposições sobre alterações na legislação e sua adequação orçamentária;

IX - as disposições sobre a fiscalização pelo Poder Legislativo e sobre as obras e os serviços com indícios de irregularidades graves;

X - (VETADO);

LDO | J. U. JACOBY FERNANDES

XI - as disposições sobre transparência; e
XII - as disposições finais.

CAPÍTULO I - DAS METAS E PRIORIDADES DA ADMINISTRAÇÃO PÚBLICA FEDERAL

Art. 2º A elaboração e a aprovação do Projeto de Lei Orçamentária de 2014, bem como a execução da respectiva Lei, deverão ser compatíveis com a obtenção da meta de superávit primário de R$ 116.072.000.000,00 (cento e dezesseis bilhões e setenta e dois milhões de reais) para os Orçamentos Fiscal e da Seguridade Social e R$ 0,00 (zero real) para o Programa de Dispêndios Globais, conforme demonstrado no Anexo de Metas Fiscais constante do Anexo IV, de forma a buscar obter um resultado para o setor público consolidado não financeiro de R$ 167.360.000.000,00 (cento e sessenta e sete bilhões e trezentos e sessenta milhões de reais).

§ 1º As empresas dos Grupos Petrobras e Eletrobras não serão consideradas na meta de resultado primário, de que trata o caput, relativa ao Programa de Dispêndios Globais.

§ 2º Poderá haver, durante a execução orçamentária de 2014, compensação entre as metas estabelecidas para os Orçamentos Fiscal e da Seguridade Social e para o Programa de Dispêndios Globais de que trata o inciso VI do caput do art. 11.

§ 3º O governo central poderá ampliar o seu esforço fiscal de forma a buscar obter o resultado para o setor público consolidado não financeiro, referido no caput.

Art. 3º A meta de superávit a que se refere o art. 2º pode ser reduzida em até R$ 67.000.000.000,00 (sessenta e sete bilhões de

LRF   LDO

reais), relativos ao Programa de Aceleração do Crescimento - PAC, cujas programações serão identificadas no Projeto e na Lei Orçamentária de 2014 com identificador de Resultado Primário previsto na alínea "c" do inciso II do § 4º do art. 7º desta Lei, e a desonerações de tributos.

§ 1º O montante de que trata o caput abrange, na execução da Lei Orçamentária de 2014, o valor dos respectivos restos a pagar.

§ 2º A Lei Orçamentária de 2014 observará, como redutor da meta primária, o montante constante do respectivo Projeto.

Art. 4º As prioridades e metas da administração pública federal para o exercício de 2014, atendidas as despesas contidas no Anexo III, as de funcionamento dos órgãos e das entidades que integram os Orçamentos Fiscal e da Seguridade Social, correspondem às ações relativas ao PAC, ao Plano Brasil Sem Miséria – PBSM, às decorrentes de emendas individuais e ao Anexo de Metas e Prioridades, as quais terão precedência na alocação dos recursos no Projeto e na Lei Orçamentária de 2014, não se constituindo, todavia, em limite à programação da despesa.

CAPÍTULO II - DA ESTRUTURA E ORGANIZAÇÃO DOS ORÇAMENTOS

Art. 5º Para efeito desta Lei, entende-se por:

I - subtítulo, o menor nível da categoria de programação, sendo utilizado, especialmente, para especificar a localização física da ação;

II - unidade orçamentária, o menor nível da classificação institucional;

III - órgão orçamentário, o maior nível da classificação institucional, que tem por finalidade agrupar unidades orçamentárias;

IV - concedente, o órgão ou a entidade da administração pública federal direta ou indireta responsável pela transferência de recursos financeiros, inclusive os decorrentes de descentralização de créditos orçamentários;

V - convenente, o órgão ou a entidade da administração pública federal direta ou indireta dos governos federal, estaduais, municipais ou do Distrito Federal e as entidades privadas, com os quais a administração pública federal pactue a execução de ações com transferência de recursos financeiros;

VI - produto, bem ou serviço que resulta da ação orçamentária;

VII - unidade de medida, utilizada para quantificar e expressar as características do produto; e

VIII - meta física, quantidade estimada para o produto no exercício financeiro.

§ 1º As categorias de programação de que trata esta Lei serão identificadas no Projeto de Lei Orçamentária de 2014 e na respectiva Lei, bem como nos créditos adicionais, por programas, projetos, atividades ou operações especiais e respectivos subtítulos, com indicação, quando for o caso, do produto, da unidade de medida e da meta física.

§ 2º Ficam vedadas na especificação dos subtítulos:

I - alterações do produto e da finalidade da ação; e

II - referências a mais de uma localidade, área geográfica ou beneficiário, se determinados.

§ 3º A meta física deve ser indicada em nível de subtítulo e agregada segundo o respectivo projeto, atividade ou operação especial, devendo ser estabelecida em função do custo de cada unidade do produto e do montante de recursos alocados.

LRF   LDO

§ 4º No Projeto de Lei Orçamentária de 2014, deve ser atribuído a cada subtítulo, para fins de processamento, um código sequencial, que não constará da respectiva Lei, devendo as modificações propostas nos termos do § 5º do art. 166 da Constituição Federal preservarem os códigos sequenciais da proposta original.

§ 5º As atividades que possuem a mesma finalidade devem ser classificadas sob um único código, independentemente da unidade executora.

§ 6º O projeto deve constar de uma única esfera orçamentária, sob um único programa.

§ 7º A subfunção, nível de agregação imediatamente inferior à função, deverá evidenciar cada área da atuação governamental.

§ 8º A ação orçamentária, entendida como atividade, projeto ou operação especial, deve identificar a função e a subfunção às quais se vincula e referir-se a um único produto.

Art. 6º Os Orçamentos Fiscal e da Seguridade Social compreenderão o conjunto das receitas públicas, bem como das despesas dos Poderes, do Ministério Público da União e da Defensoria Pública da União, seus fundos, órgãos, autarquias, inclusive especiais, e fundações instituídas e mantidas pelo Poder Público, bem como das empresas públicas, sociedades de economia mista e demais entidades em que a União, direta ou indiretamente, detenha a maioria do capital social com direito a voto e que dela recebam recursos do Tesouro Nacional, devendo a correspondente execução orçamentária e financeira, da receita e da despesa, ser registrada na modalidade total no Sistema Integrado de Administração Financeira do Governo Federal - SIAFI.

§ 1º O Projeto de Lei Orçamentária incluirá dotações

necessárias à estruturação das superintendências de desenvolvimento regionais, consideradas autarquias especiais pelo seus atos de criação, de forma a atender programação específica de desenvolvimento regional.

§ 2º Excluem-se do disposto neste artigo:

I - os fundos de incentivos fiscais, que figurarão exclusivamente como informações complementares ao Projeto de Lei Orçamentária de 2014;

II - os conselhos de fiscalização de profissão regulamentada, constituídos sob a forma de autarquia; e

III - as empresas públicas ou sociedades de economia mista que recebam recursos da União apenas em virtude de:

a) participação acionária;

b) fornecimento de bens ou prestação de serviços;

c) pagamento de empréstimos e financiamentos concedidos; e

d) transferência para aplicação em programas de financiamento, nos termos do disposto na alínea "c" do inciso I do caput do art. 159, e no § 1º do art. 239, da Constituição Federal.

Art. 7º Os Orçamentos Fiscal, da Seguridade Social e de Investimento discriminarão a despesa por unidade orçamentária, com suas categorias de programação detalhadas no menor nível, com as respectivas dotações, especificando a esfera orçamentária, o grupo de natureza de despesa, o identificador de resultado primário, a modalidade de aplicação, o identificador de uso e a fonte de recursos.

§ 1º A esfera orçamentária tem por finalidade identificar se o orçamento é Fiscal (F), da Seguridade Social (S) ou de Investimento (I).

§ 2º Os Grupos de Natureza de Despesa (GND) constituem

LRF   LDO

agregação de elementos de despesa de mesmas características quanto ao objeto de gasto, conforme a seguir discriminados:

I - pessoal e encargos sociais (GND 1);

II - juros e encargos da dívida (GND 2);

III - outras despesas correntes (GND 3);

IV - investimentos (GND 4);

V - inversões financeiras, incluídas quaisquer despesas referentes à constituição ou ao aumento de capital de empresas (GND 5); e

VI - amortização da dívida (GND 6).

§ 3º A Reserva de Contingência, prevista no art. 13, será classificada no GND 9.

§ 4º O identificador de Resultado Primário (RP) tem como finalidade auxiliar a apuração do superávit primário previsto no art. 2º, devendo constar no Projeto de Lei Orçamentária de 2014 e na respectiva Lei em todos os grupos de natureza de despesa, identificando, de acordo com a metodologia de cálculo das necessidades de financiamento, cujo demonstrativo constará em anexo à Lei Orçamentária de 2014, nos termos do inciso IX do Anexo I, se a despesa é:

I - financeira (RP 0);

II - primária e considerada na apuração do resultado primário para cumprimento da meta, sendo:

a) obrigatória quando constar do Anexo III (RP 1);

b) discricionária e não abrangida pelo PAC (RP 2);

c) discricionária e abrangida pelo PAC (RP 3); ou

d) discricionária e decorrente de emendas individuais (RP 6);

III - primária constante do Orçamento de Investimento e não considerada na apuração do resultado primário para cumprimento

LDO

da meta, sendo:

a) discricionária e não abrangida pelo PAC (RP 4); ou

b) discricionária e abrangida pelo PAC (RP 5).

§ 5° Nenhuma ação conterá, simultaneamente, dotações destinadas a despesas financeiras e primárias, ressalvada a Reserva de Contingência.

§ 6° Os subtítulos enquadrados no PAC não poderão abranger dotações com identificadores de resultado primário diferentes de 3 e 5 (RP 3 e RP 5).

§ 7° A Modalidade de Aplicação (MA) destina-se a indicar se os recursos serão aplicados:

I - diretamente, pela unidade detentora do crédito orçamentário ou, em decorrência de descentralização de crédito orçamentário, por outro órgão ou entidade integrante dos Orçamentos Fiscal ou da Seguridade Social;

II - indiretamente, mediante transferência, por outras esferas de governo, seus órgãos, fundos ou entidades ou por entidades privadas, exceto o caso previsto no inciso III deste parágrafo; ou

III - indiretamente, mediante delegação, por outros entes da Federação ou consórcios públicos para a aplicação de recursos em ações de responsabilidade exclusiva da União, especialmente nos casos que impliquem preservação ou acréscimo no valor de bens públicos federais.

§ 8° A especificação da modalidade de que trata o § 7° observará, no mínimo, o seguinte detalhamento:

I - Transferências a Estados e ao Distrito Federal (MA 30);

II - Transferências a Municípios (MA 40);

III - Transferências a Instituições Privadas sem Fins Lucrativos (MA 50);

IV - Transferências a Instituições Privadas com Fins Lucrativos (MA 60);

V - Aplicações Diretas (MA 90); e

VI - Aplicação Direta Decorrente de Operação entre Órgãos, Fundos e Entidades Integrantes dos Orçamentos Fiscal e da Seguridade Social (MA 91).

§ 9º O empenho da despesa não poderá ser realizado com modalidade de aplicação "a definir" (MA 99).

§ 10. É vedada a execução orçamentária de programação que utilize a designação "a definir" ou outra que não permita sua identificação precisa.

§ 11. O Identificador de Uso (IU) tem por finalidade indicar se os recursos compõem contrapartida nacional de empréstimos ou de doações, ou se são destinados a outras aplicações, constando da Lei Orçamentária de 2014 e dos créditos adicionais, no mínimo, pelos seguintes dígitos, que antecederão o código das fontes de recursos:

I - recursos não destinados à contrapartida, exceto para identificação dos recursos destinados à aplicação mínima em ações e serviços públicos de saúde (IU 0);

II - contrapartida de empréstimos do Banco Internacional para Reconstrução e Desenvolvimento - BIRD (IU 1);

III - contrapartida de empréstimos do Banco Interamericano de Desenvolvimento - BID (IU 2);

IV - contrapartida de empréstimos por desempenho ou com enfoque setorial amplo (IU 3);

V - contrapartida de outros empréstimos (IU 4);

VI - contrapartida de doações (IU 5); e

VII - recursos não destinados à contrapartida, para

identificação dos recursos destinados à aplicação mínima em ações e serviços públicos de saúde (IU 6).

Art. 8º Todo e qualquer crédito orçamentário deve ser consignado diretamente à unidade orçamentária à qual pertencem as ações correspondentes, vedando-se a consignação de crédito a título de transferência a outras unidades orçamentárias integrantes dos Orçamentos Fiscal e da Seguridade Social.

§ 1º Não caracteriza infringência ao disposto no caput, bem como à vedação contida no inciso VI do caput do art. 167 da Constituição Federal, a descentralização de créditos orçamentários para execução de ações pertencentes à unidade orçamentária descentralizadora.

§ 2º As operações entre órgãos, fundos e entidades integrantes dos Orçamentos Fiscal e da Seguridade Social, ressalvado o disposto no § 1º, serão executadas, obrigatoriamente, por meio de empenho, liquidação e pagamento, nos termos da Lei nº 4.320, de 17 de março de 1964, utilizando-se a modalidade de aplicação 91.

Art. 9º O Projeto de Lei Orçamentária de 2014, que o Poder Executivo encaminhará ao Congresso Nacional, e a respectiva Lei serão constituídos de:

I - texto da lei;

II - quadros orçamentários consolidados relacionados no Anexo I;

III - anexo dos Orçamentos Fiscal e da Seguridade Social, contendo:

a) receitas, discriminadas por natureza, identificando as fontes de recursos correspondentes a cada cota-parte de natureza de receita, o orçamento a que pertencem e a sua natureza financeira (F) ou primária (P), observado o disposto no art. 6º da Lei nº 4.320,

LRF   LDO

de 1964; e

b) despesas, discriminadas na forma prevista no art. 7º e nos demais dispositivos pertinentes desta Lei;

IV - discriminação da legislação da receita e da despesa, referente aos Orçamentos Fiscal e da Seguridade Social; e

V - anexo do Orçamento de Investimento a que se refere o § 5º, inciso II, do art. 165 da Constituição Federal, na forma definida nesta Lei.

§ 1º Os quadros orçamentários consolidados e as informações complementares exigidos por esta Lei identificarão, logo abaixo do respectivo título, o dispositivo legal a que se referem.

§ 2º O Projeto de Lei Orçamentária de 2014 e a respectiva Lei conterão anexo específico com a relação dos subtítulos relativos a obras e serviços com indícios de irregularidades graves, cujas execuções observarão o disposto no Capítulo IX.

§ 3º Os anexos da despesa prevista na alínea "b" do inciso III do caput deverão conter, no Projeto de Lei Orçamentária de 2014, quadros-síntese por órgão e unidade orçamentária, discriminando os valores por função, subfunção, grupo de natureza de despesa e fonte de recursos:

I - constantes da Lei Orçamentária de 2012 e dos créditos adicionais;

II - empenhados no exercício de 2012;

III - constantes do Projeto de Lei Orçamentária de 2013;

IV - constantes da Lei Orçamentária de 2013; e

V - propostos para o exercício de 2014.

§ 4º Na Lei Orçamentária de 2014, serão excluídos os valores a que se refere o inciso I do § 3º e incluídos os valores aprovados para 2014.

LDO

§ 5º Os anexos do Projeto de Lei Orçamentária de 2014 e de seu Autógrafo, assim como da respectiva Lei, terão as mesmas formatações dos correspondentes anexos da Lei Orçamentária de 2013, exceto quanto às alterações previstas nesta Lei.

§ 6º O Orçamento de Investimento deverá contemplar as informações previstas nos incisos I, III, IV e V do § 3º e no § 4º, por função e subfunção.

Art. 10. O Poder Executivo encaminhará ao Congresso Nacional até quinze dias após o envio do Projeto de Lei Orçamentária Anual, exclusivamente em meio eletrônico, demonstrativos, elaborados a preços correntes, contendo as informações complementares relacionadas no Anexo II.

Art. 11. A Mensagem que encaminhar o Projeto de Lei Orçamentária de 2014 conterá:

I - resumo da política econômica do País, análise da conjuntura econômica e atualização das informações de que trata o § 4º do art. 4º da Lei de Responsabilidade Fiscal, com indicação do cenário macroeconômico para 2014, e suas implicações sobre a proposta orçamentária de 2014;

II - resumo das políticas setoriais do governo;

III - avaliação das necessidades de financiamento do Governo Central relativas aos Orçamentos Fiscal e da Seguridade Social, explicitando receitas e despesas e os resultados primário e nominal implícitos no Projeto de Lei Orçamentária de 2014, na Lei Orçamentária de 2013 e em sua reprogramação e os realizados em 2012, de modo a evidenciar:

a) a metodologia de cálculo de todos os itens computados na avaliação das necessidades de financiamento; e

b) os parâmetros utilizados, informando, separadamente, as

LRF   LDO

variáveis macroeconômicas de que trata o Anexo de Metas Fiscais referido no inciso II do § 2º do art. 4º da Lei de Responsabilidade Fiscal, verificadas em 2012 e suas projeções para 2013 e 2014;

IV - indicação do órgão que apurará os resultados primário e nominal, para fins de avaliação do cumprimento das metas;

V - justificativa da estimativa e da fixação, respectivamente, dos principais agregados da receita e da despesa; e

VI - demonstrativo sintético, por empresa, do Programa de Dispêndios Globais, informando as fontes de financiamento, com o detalhamento mínimo igual ao estabelecido no § 3º do art. 37, bem como a previsão da sua respectiva aplicação, e o resultado primário dessas empresas com a metodologia de apuração do resultado.

Art. 12. O Projeto e a Lei Orçamentária de 2014 discriminarão, em categorias de programação específicas, as dotações destinadas:

I - às ações descentralizadas de assistência social para cada Estado e respectivos Municípios e para o Distrito Federal;

II - às ações de alimentação escolar, por regiões geográficas;

III - ao pagamento de benefícios do Regime Geral de Previdência Social - RGPS;

IV - ao pagamento de benefícios assistenciais custeados pelo Fundo Nacional de Assistência Social - FNAS;

V - às despesas com auxílio-alimentação ou refeição, assistência pré-escolar, assistência médica e odontológica e auxílio-transporte, inclusive das entidades da administração pública federal indireta que recebam recursos à conta dos Orçamentos Fiscal e da Seguridade Social, ainda que prestados, total ou parcialmente, por intermédio de serviços próprios;

LDO   J. U. JACOBY FERNANDES

VI - à concessão de subvenções econômicas e subsídios, que deverão identificar a legislação que autorizou o benefício;

VII - à participação em constituição ou aumento de capital de empresas;

VIII - ao atendimento das operações relativas à redução da presença do setor público nas atividades bancária e financeira, autorizadas até 5 de maio de 2000;

IX - ao pagamento de precatórios judiciários;

X - ao atendimento de débitos judiciais periódicos vincendos, que constarão da programação das unidades orçamentárias responsáveis pelos débitos;

XI - ao cumprimento de débitos judiciais transitados em julgado considerados de pequeno valor, incluídos os decorrentes dos Juizados Especiais Federais;

XII - ao pagamento de assistência jurídica a pessoas carentes, nos termos do § 1º do art. 12 da Lei nº 10.259, de 12 de julho de 2001, do art. 3º da Lei nº 1.060, de 5 de fevereiro de 1950, e do art. 5º, inciso LXXIV, da Constituição Federal;

XIII - às despesas com publicidade institucional e com publicidade de utilidade pública, inclusive quando for produzida ou veiculada por órgão ou entidade integrante da administração pública federal;

XIV - à complementação da União ao Fundo de Manutenção e Desenvolvimento da Educação Básica e de Valorização dos Profissionais da Educação - FUNDEB, nos termos da legislação vigente;

XV - ao atendimento de despesas de pessoal e encargos sociais decorrentes da concessão de qualquer vantagem ou aumento de remuneração, inclusive resultante de alteração de estrutura de

162

LRF LDO

carreiras não autorizada até 31 de agosto de 2013, e do provimento de cargos, empregos e funções, observado o disposto no inciso I do caput do art. 77, que, no caso do Poder Executivo, constará do orçamento do Ministério do Planejamento, Orçamento e Gestão;

XVI - ao auxílio financeiro aos Estados, Distrito Federal e Municípios para fomento das exportações;

XVII - às transferências aos Estados, Distrito Federal e Municípios para compensação das perdas de arrecadação decorrentes da desoneração das exportações, nos termos do art. 91 do Ato das Disposições Constitucionais Transitórias - ADCT;

XVIII - às contribuições e anuidades a organismos e entidades internacionais, que deverão identificar nominalmente cada beneficiário;

XIX - ao cumprimento de sentenças judiciais de empresas estatais dependentes;

XX - à realização de eleições, referendos e plebiscitos pela Justiça Eleitoral;

XXI - à doação de recursos financeiros a países estrangeiros e organizações internacionais nominalmente identificados;

XXII - ao pagamento de despesas decorrentes de compromissos firmados por meio de contrato de gestão entre órgãos e entidades da administração pública e as organizações sociais, nos termos da Lei nº 9.637, de 15 de maio de 1998;

XXIII - à capitalização do Fundo Garantidor de Parcerias Público-Privadas - FGP;

XXIV - ao pagamento de pensões especiais concedidas por legislações específicas, não classificadas como "Pessoal e Encargos Sociais", nos termos do § 4º do art. 75;

XXV - ao pagamento de cada categoria de despesa com saúde

LDO J. U. JACOBY FERNANDES

relacionada nos arts. 3º e 4º da Lei Complementar nº 141, de 13 de janeiro de 2012, com o respectivo Estado e Distrito Federal, quando se referir a ações descentralizadas;

XXVI - às contribuições e anuidades a organismos nacionais com valor superior a R$ 1.000.000,00 (um milhão de reais);

XXVII - ao pagamento do seguro-desemprego; e

XXVIII - (VETADO).

§ 1º Nas contribuições e anuidades para organismos e entidades internacionais, as dotações orçamentárias deverão ser destinadas exclusivamente ao repasse de recursos com a finalidade de cobertura dos orçamentos gerais dos respectivos organismos e entidades internacionais, admitido o pagamento de taxas bancárias relativas a esses repasses e pagamentos eventuais a título de regularizações e em situações extraordinárias devidamente justificadas.

§ 2º (VETADO).

Art. 13. A Reserva de Contingência, observado o inciso III do caput do art. 5º da Lei de Responsabilidade Fiscal, será constituída, exclusivamente, de recursos do Orçamento Fiscal, equivalendo no Projeto e na Lei Orçamentária de 2014 a, no mínimo, 2% (dois por cento) e 1% (um por cento) da receita corrente líquida, respectivamente, sendo pelo menos metade da Reserva, no Projeto de Lei, considerada como despesa primária para efeito de apuração do resultado fiscal.

§ 1º Não será considerada, para os efeitos do caput, a eventual reserva:

I - à conta de receitas próprias e vinculadas; e

II - para atender programação ou necessidade específica.

§ 2º As dotações propostas no Projeto de Lei Orçamentária de

LRF   LDO

2014, à conta de recursos a que se refere a alínea "c" do inciso II do caput do art. 49 da Lei nº 9.478, de 6 de agosto de 1997, com o propósito de fiscalização e proteção das áreas produtoras de petróleo e gás natural, corresponderão, pelo menos, ao montante autorizado na Lei Orçamentária de 2013, podendo o excedente constituir reserva de contingência a que se refere este artigo.

§ 3º A parcela primária da reserva de que trata o caput, equivalente a 1% da Receita Corrente Líquida, será destinada exclusivamente para apropriação em programações incluídas por emenda individual.

Art. 14. O Poder Executivo enviará ao Congresso Nacional o Projeto de Lei Orçamentária de 2014 com sua despesa regionalizada e, nas informações disponibilizadas em meio magnético de processamento eletrônico, apresentará detalhamento das dotações por plano orçamentário e elemento de despesa.

Art. 15. Até vinte e quatro horas após o encaminhamento à sanção presidencial do Autógrafo do Projeto de Lei Orçamentária de 2014, o Poder Legislativo enviará ao Poder Executivo, em meio magnético de processamento eletrônico, os dados e as informações relativos ao Autógrafo, indicando, de acordo com os detalhamentos estabelecidos no art. 7º:

I - em relação a cada categoria de programação do projeto original, o total dos acréscimos e o total dos decréscimos, realizados pelo Congresso Nacional; e

II - as novas categorias de programação com as respectivas denominações atribuídas.

CAPÍTULO III - DIRETRIZES PARA ELABORAÇÃO E EXECUÇÃO DOS ORÇAMENTOS DA UNIÃO
SEÇÃO I - DIRETRIZES GERAIS

Art. 16. Além de observar as demais diretrizes estabelecidas nesta Lei, a alocação dos recursos na Lei Orçamentária de 2014 e em créditos adicionais, e a respectiva execução, deverão propiciar o controle dos valores transferidos e dos custos das ações e a avaliação dos resultados dos programas de governo.

Parágrafo único. O controle de custos de que trata o caput será orientado para o estabelecimento da relação entre a despesa pública e o resultado obtido, de forma a priorizar a análise da eficiência na alocação dos recursos, permitindo o acompanhamento das gestões orçamentária, financeira e patrimonial.

Art. 17. Os órgãos e as entidades integrantes dos Orçamentos Fiscal, da Seguridade Social e de Investimento deverão disponibilizar no Sistema Integrado de Administração de Serviços Gerais - SIASG e no Sistema de Gestão de Convênios e Contratos de Repasse - SICONV, no que couber, informações referentes aos contratos e aos convênios ou instrumentos congêneres firmados, com a identificação das respectivas categorias de programação e fontes de recursos quando se tratar de convênios ou instrumentos congêneres, observadas as normas estabelecidas pelo Poder Executivo.

§ 1º As normas de que trata o caput deverão prever a possibilidade de os órgãos e as entidades manterem sistemas próprios de gestão de contratos e convênios ou instrumentos congêneres, desde que condicionada à transferência eletrônica de

LRF   LDO

dados para o SIASG e o SICONV, devendo ser apresentados relatórios trimestralmente.

§ 2º Os projetos técnicos cadastrados no âmbito do SICONV, aptos para execução e não conveniados, integrarão um banco de projetos, mantido no Portal de Convênios, no qual poderão ser disponibilizados projetos básicos e de engenharia pré-formatados para adesão.

Art. 18. Não poderão ser destinados recursos para atender a despesas com:

I - início de construção, ampliação, reforma voluptuária, aquisição, novas locações ou arrendamentos de imóveis residenciais funcionais;

II - aquisição, locação ou arrendamento de mobiliário e equipamento para unidades residenciais funcionais;

III - aquisição de automóveis de representação;

IV - celebração, renovação e prorrogação de contratos de locação e arrendamento de quaisquer veículos para representação pessoal;

V - ações de caráter sigiloso;

VI - ações que não sejam de competência da União, nos termos da Constituição Federal;

VII - clubes e associações de agentes públicos, ou quaisquer outras entidades congêneres;

VIII - pagamento, a qualquer título, a agente público da ativa por serviços prestados, inclusive consultoria, assistência técnica ou assemelhados, à conta de quaisquer fontes de recursos;

IX - compra de títulos públicos por parte de entidades da administração pública federal indireta;

X - pagamento de diárias e passagens a agente público da ativa

167

por intermédio de convênios ou instrumentos congêneres firmados com entidades de direito privado ou com órgãos ou entidades de direito público;

XI - concessão, ainda que indireta, de qualquer benefício, vantagem ou parcela de natureza indenizatória a agentes públicos com a finalidade de atender despesas relacionadas a moradia, hospedagem, transporte ou atendimento de despesas com finalidade similar, seja sob a forma de auxílio, ajuda de custo ou qualquer outra denominação;

XII - pagamento, a qualquer título, a empresas privadas que tenham em seu quadro societário servidor público da ativa, ou empregado de empresa pública, ou de sociedade de economia mista, por serviços prestados, inclusive consultoria, assistência técnica ou assemelhados; e

XIII - transferência de recursos a entidades privadas destinados à realização de eventos, no âmbito dos Ministérios do Turismo e da Cultura.

§ 1º Desde que o gasto seja discriminado em categoria de programação específica ou devidamente identificado em natureza de despesa específica na execução, excluem-se das vedações previstas:

I - nos incisos I e II do caput, as destinações para:

a) unidades equipadas, essenciais à ação das organizações militares;

b) representações diplomáticas no exterior;

c) residências funcionais, em Brasília, dos Ministros de Estado, do Supremo Tribunal Federal e dos Tribunais Superiores, do Procurador-Geral da República e dos membros do Poder Legislativo; e

d) residências funcionais, em faixa de fronteira, para magistrados da Justiça Federal e membros do Ministério Público da União e da Defensoria Pública da União, quando necessárias à sua segurança no exercício de atividades diretamente relacionadas com o combate ao tráfico e ao contrabando.

II - no inciso III do caput, as aquisições de automóveis de representação para uso:

a) do Presidente, Vice-Presidente e dos ex-Presidentes da República;

b) dos Membros das Mesas Diretoras da Câmara dos Deputados e do Senado Federal;

c) dos Ministros do Supremo Tribunal Federal, dos Tribunais Superiores e dos Presidentes dos Tribunais Regionais e do Tribunal de Justiça do Distrito Federal e dos Territórios;

d) dos Ministros de Estado;

e) do Procurador-Geral da República e do Defensor Público-Geral Federal;

f) dos Comandantes da Marinha, do Exército e da Aeronáutica;

g) do Cerimonial do serviço diplomático; e

h) das representações diplomáticas no exterior, com recursos oriundos da renda consular;

III - no inciso V do caput, quando as ações forem realizadas por órgãos ou entidades cuja legislação que as criou estabeleça, entre suas competências, o desenvolvimento de atividades relativas à segurança da sociedade e do Estado e que tenham como precondição o sigilo;

IV - no inciso VI do caput, as despesas que não sejam de competência da União, relativas:

a) ao processo de descentralização dos sistemas de transporte ferroviário de passageiros, urbanos e suburbanos, até o limite dos recursos aprovados pelo Conselho Diretor do Processo de Transferência dos respectivos sistemas;

b) ao transporte metroviário de passageiros;

c) à construção de vias e obras rodoviárias estaduais destinadas à integração de modais de transporte;

d) à malha rodoviária federal, cujo domínio seja descentralizado aos Estados e ao Distrito Federal;

e) às ações de segurança pública nos termos do caput do art. 144 da Constituição Federal;

f) à assistência técnica e cooperação financeira, mediante a utilização de recursos oriundos de operações de crédito externas:

1. aos Estados, ao Distrito Federal e aos Municípios, para modernização das suas funções de planejamento e administração; e

2. aos respectivos Tribunais de Contas, com vistas ao fortalecimento institucional para cumprimento dos dispositivos e atribuições estabelecidas na Lei de Responsabilidade Fiscal; e

g) (VETADO).

V - no inciso VII do caput:

a) as creches; e

b) as escolas para o atendimento pré-escolar;

VI - no inciso VIII do caput, o pagamento pela prestação de serviços técnicos profissionais especializados por tempo determinado, quando os contratados se encontrem submetidos a regime de trabalho que comporte o exercício de outra atividade e haja declaração do chefe imediato e do dirigente máximo do órgão de origem da inexistência de incompatibilidade de horários e de comprometimento das atividades atribuídas, desde que:

LRF	LDO

a) esteja previsto em legislação específica; ou

b) refira-se à realização de pesquisas e estudos de excelência:

1. com recursos repassados às organizações sociais, nos termos dos respectivos contratos de gestão; ou

2. realizados por professores universitários na situação prevista na alínea "b" do inciso XVI do art. 37 da Constituição Federal, desde que os projetos de pesquisas e os estudos tenham sido devidamente aprovados pelo dirigente máximo do órgão ou da entidade ao qual esteja vinculado o respectivo professor;

VII - no inciso IX do caput, a compra de títulos públicos para atividades que foram legalmente atribuídas às entidades da administração pública federal indireta;

VIII - no inciso X do caput, o pagamento a militares, servidores e empregados:

a) pertencentes ao quadro de pessoal do convenente;

b) pertencentes ao quadro de pessoal da administração pública federal, vinculado ao objeto de convênio, quando o órgão for destinatário de repasse financeiro oriundo de outros entes da Federação; ou

c) em atividades de pesquisa científica e tecnológica; e

IX - no inciso XI do caput, quando:

a) houver lei que discrimine o valor ou o critério para sua apuração;

b) em estrita necessidade de serviço, devidamente justificada; e

c) de natureza temporária, caracterizada pelo exercício de mandato ou pelo desempenho de ação específica.

§ 2º A contratação de serviços de consultoria, inclusive aquela realizada no âmbito de acordos de cooperação técnica com organismos e entidades internacionais, somente será autorizada para execução de atividades que, comprovadamente, não possam ser desempenhadas por servidores ou empregados da administração pública federal, no âmbito do respectivo órgão ou entidade, publicando-se, no Diário Oficial da União, além do extrato do contrato, a justificativa e a autorização da contratação, na qual constarão, necessariamente, a identificação do responsável pela execução do contrato, a descrição completa do objeto do contrato, o quantitativo médio de consultores, o custo total e a especificação dos serviços e o prazo de conclusão.

§ 3º A restrição prevista no inciso VIII do caput não se aplica ao servidor que se encontre em licença sem remuneração para tratar de interesse particular.

§ 4º O disposto nos incisos VIII e XII do caput aplica-se também aos pagamentos à conta de recursos provenientes de convênios, acordos, ajustes ou instrumentos congêneres, firmados com órgãos ou entidades de direito público.

§ 5º A vedação prevista no inciso XIII do caput não se aplica às destinações, no Ministério da Cultura, para realização de eventos culturais tradicionais de caráter público realizados há, no mínimo, cinco anos ininterruptamente, desde que haja prévia e ampla seleção promovida pelo órgão concedente ou pelo ente público convenente.

§ 6º Os Poderes, o Ministério Público da União e a Defensoria Pública da União devem promover medidas de gestão de forma a controlar o empenho, em 2014, de despesas relativas a locação de mão-de-obra, diárias e passagens, em seu âmbito, sem comprometer as despesas com segurança pública, fiscalização, vigilância sanitária e epidemiológica, defesa civil, eleições e ações integrantes do PAC, bem como a despesas com a equipe de transição do candidato

LRF   LDO

eleito ao cargo de Presidente da República.

Art. 19. O Projeto e a Lei Orçamentária de 2014 e os créditos especiais, observado o disposto no art. 45 da Lei de Responsabilidade Fiscal e atendido o disposto nos arts. 2º e 3º desta Lei, somente incluirão ações ou subtítulos novos se:

I - tiverem sido adequada e suficientemente contemplados:

a) as despesas mencionadas no art. 4º; e

b) os projetos e respectivos subtítulos em andamento;

II - os recursos alocados, no caso dos projetos, viabilizarem a conclusão de uma etapa ou a obtenção de uma unidade completa, considerando-se as contrapartidas de que trata o § 1º do art. 60; e

III - a ação estiver compatível com o Plano Plurianual 2012-2015.

§ 1º Serão entendidos como projetos ou subtítulos de projetos em andamento aqueles, constantes ou não da proposta, cuja execução financeira, até 30 de junho de 2013, ultrapassar 20% (vinte por cento) do seu custo total estimado.

§ 2º Entre os projetos ou subtítulos de projetos em andamento, terão precedência na alocação de recursos aqueles que apresentarem maior percentual de execução física.

Art. 20. Somente poderão ser incluídas, no Projeto de Lei Orçamentária de 2014, dotações relativas às operações de crédito externas contratadas ou cujas cartas-consulta tenham sido recomendadas pela Comissão de Financiamentos Externos - COFIEX, no âmbito do Ministério do Planejamento, Orçamento e Gestão, até 15 de julho de 2013.

Parágrafo único. Excetuam-se do disposto neste artigo a emissão de títulos da dívida pública federal e as operações a serem contratadas junto aos organismos multilaterais de crédito destinadas a apoiar programas de ajustes setoriais.

Art. 21. O Projeto de Lei Orçamentária de 2014 poderá considerar modificações constantes de projeto de lei de alteração do Plano Plurianual 2012-2015, de que trata a Lei nº 12.593, de 18 de janeiro de 2012.

SEÇÃO II - DIRETRIZES ESPECÍFICAS PARA OS PODERES LEGISLATIVO E JUDICIÁRIO, O MINISTÉRIO PÚBLICO DA UNIÃO E A DEFENSORIA PÚBLICA DA UNIÃO

Art. 22. Os órgãos dos Poderes Legislativo e Judiciário, do Ministério Público da União e da Defensoria Pública da União encaminharão à Secretaria de Orçamento Federal do Ministério do Planejamento, Orçamento e Gestão, por meio do Sistema Integrado de Planejamento e Orçamento - SIOP, até 15 de agosto de 2013, suas respectivas propostas orçamentárias, para fins de consolidação do Projeto de Lei Orçamentária de 2014, observadas as disposições desta Lei.

§ 1º As propostas orçamentárias dos órgãos do Poder Judiciário e do Ministério Público da União, encaminhadas nos termos do caput, deverão ser objeto de parecer do Conselho Nacional de Justiça e do Conselho Nacional do Ministério Público, de que tratam os arts. 103-B e 130-A da Constituição Federal, respectivamente, a ser encaminhado à Comissão Mista a que se refere o § 1º do art. 166 da Constituição Federal, até 28 de setembro de 2013, com cópia para a Secretaria de Orçamento Federal do Ministério do Planejamento, Orçamento e Gestão.

§ 2º Não se aplica o disposto no § 1º ao Supremo Tribunal Federal, ao Conselho Nacional de Justiça, ao Ministério Público

LRF	LDO

Federal e ao Conselho Nacional do Ministério Público.

Art. 23. Para fins de elaboração de suas respectivas propostas orçamentárias para 2014, os Poderes Legislativo e Judiciário, o Ministério Público da União e a Defensoria Pública da União terão, como parâmetro, no que se refere às despesas classificadas nos GNDs 3 - Outras Despesas Correntes, 4 - Investimentos e 5 - Inversões Financeiras, excluídas as despesas com auxílio-alimentação, assistência pré-escolar, assistência médica e odontológica e auxílio-transporte, o conjunto das dotações fixadas na Lei Orçamentária de 2013, com as alterações decorrentes dos créditos suplementares e especiais, aprovados até 31 de maio de 2013, exceto aqueles abertos à conta de superávit financeiro, bem como nos extraordinários.

§ 1º Serão excluídas do conjunto das dotações a que se refere o caput aquelas destinadas:

I - à construção e à aquisição de imóveis, desde que não tenham sido provenientes de cancelamentos de dotações de outras despesas correntes dos Poderes e dos Órgãos referidos no caput;

II - à implantação de varas, inclusive do trabalho e da Justiça do Distrito Federal e Territórios, e juizados especiais federais;

III - à implantação das ações previstas na Lei de Organização Judiciária do Distrito Federal e Territórios;

IV - ao planejamento e à execução de programas de modernização no âmbito do Poder Legislativo financiados com recursos de operações de crédito externas, e respectivas contrapartidas;

V - à prestação de assistência judiciária a pessoas carentes, nos termos da legislação própria;

VI - à promoção da prestação jurisdicional itinerante federal e

| LDO | J. U. JACOBY FERNANDES |

trabalhista; e

VII - à realização de eleições pela Justiça Eleitoral.

§ 2º Aos valores estabelecidos de acordo com o caput e o § 1º serão acrescidas as dotações destinadas às despesas:

I - da mesma espécie das mencionadas no § 1º e pertinentes ao exercício de 2014, exceto as de que trata o inciso I do referido parágrafo;

II - de manutenção de novas instalações em imóveis cuja aquisição ou conclusão esteja prevista para os exercícios de 2013 e 2014, inclusive em imóveis cedidos por outros entes da Federação;

III - decorrentes da implantação e do funcionamento de novas varas e juizados especiais federais criados pelas Leis nos 10.259, de 12 de julho de 2001, e 12.011, de 4 de agosto de 2009, de Procuradorias da República e Ofícios do Ministério Público do Trabalho criados pela Lei nº 10.771, de 21 de novembro de 2003, de varas do trabalho criadas pelas Leis nos 12.616 e 12.617, ambas de 30 de abril de 2012, pelas Leis nos 12.656, 12.657, 12.658, 12.659, 12.660 e 12.661, todas de 5 de junho de 2012, e pela Lei nº 12.674, de 25 de junho 2012, de novas zonas eleitorais e de novos órgãos da Defensoria Pública da União decorrentes da Lei nº 12.763, de 27 de dezembro de 2012; e

IV - de manutenção de cartórios eleitorais, decorrente de assunção de gastos em imóveis cedidos por outros órgãos ou entes, ou da extinção da cessão.

§ 3º A compensação de que trata o § 2º do art. 17 da Lei de Responsabilidade Fiscal, quando da criação ou aumento de despesas obrigatórias de caráter continuado, no âmbito dos Poderes Legislativo e Judiciário, do Ministério Público da União e da Defensoria Pública da União, poderá ser realizada a partir do

LRF LDO

aproveitamento da margem de expansão prevista no inciso V do § 2º do art. 4º, da referida Lei, desde que observados:

I - o limite das respectivas dotações constantes da Lei Orçamentária de 2014 e de créditos adicionais;

II - os limites estabelecidos nos arts. 20 e 22, parágrafo único, da Lei de Responsabilidade Fiscal; e

III - o anexo previsto no art. 80.

§ 4º Os parâmetros de que trata o caput serão informados aos órgãos dos Poderes Legislativo e Judiciário, ao Ministério Público da União e à Defensoria Pública da União até 28 de junho de 2013.

SEÇÃO III - DOS DÉBITOS JUDICIAIS

Art. 24. A Lei Orçamentária de 2014 somente incluirá dotações para o pagamento de precatórios cujos processos contenham certidão de trânsito em julgado da decisão exequenda e pelo menos um dos seguintes documentos:

I - certidão de trânsito em julgado dos embargos à execução; e

II - certidão de que não tenham sido opostos embargos ou qualquer impugnação aos respectivos cálculos.

Art. 25. O Poder Judiciário encaminhará à Comissão Mista a que se refere o § 1º do art. 166 da Constituição Federal, à Secretaria de Orçamento Federal do Ministério do Planejamento, Orçamento e Gestão, à Advocacia-Geral da União, aos órgãos e às entidades devedores e à Procuradoria-Geral da Fazenda Nacional a relação dos débitos constantes de precatórios judiciários a serem incluídos na proposta orçamentária de 2014, conforme determina o § 5º do art. 100 da Constituição Federal, discriminada por órgão

LDO

J. U. JACOBY FERNANDES

da administração pública direta, autarquia e fundação, e por grupo de natureza de despesa, conforme detalhamento constante do art. 7º, especificando:

I - número da ação originária;

II - data do ajuizamento da ação originária;

III - número do precatório;

IV - tipo de causa julgada, com especificação precisa do objeto da condenação transitada em julgado;

V - data da autuação do precatório;

VI - nome do beneficiário e número de sua inscrição no Cadastro de Pessoas Físicas - CPF ou Cadastro Nacional de Pessoas Jurídicas - CNPJ, do Ministério da Fazenda;

VII - valor individualizado por beneficiário e valor total do precatório a ser pago;

VIII - data do trânsito em julgado;

IX - identificação da Vara ou Comarca de origem; e

X - natureza do valor do precatório, se referente ao objeto da causa julgada, a honorários sucumbenciais fixados pelo Juiz da Execução ou a honorários contratuais.

§ 1º As informações previstas no caput serão encaminhadas até 20 de julho de 2013 ou dez dias úteis após a publicação desta Lei, prevalecendo o que ocorrer por último, na forma de banco de dados, por intermédio dos seus respectivos órgãos centrais de planejamento e orçamento, ou equivalentes.

§ 2º Caberá aos Tribunais Estaduais e do Distrito Federal encaminhar à Secretaria de Orçamento Federal do Ministério do Planejamento, Orçamento e Gestão e à Procuradoria Federal Especializada junto ao Instituto Nacional do Seguro Social - INSS, no prazo previsto no § 1º, a relação dos débitos constantes de

LRF	LDO

precatórios acidentários a serem incluídos no Projeto de Lei Orçamentária de 2014, com as especificações mencionadas nos incisos I a X do caput, acrescida de campo que contenha a sigla da respectiva unidade da Federação.

§ 3º Os órgãos e as entidades devedores, referidos no caput, comunicarão à Secretaria de Orçamento Federal do Ministério do Planejamento, Orçamento e Gestão, no prazo máximo de dez dias contados do recebimento da relação dos débitos, eventuais divergências verificadas entre a relação e os processos que originaram os precatórios recebidos.

§ 4º A falta da comunicação a que se refere o § 3º pressupõe a inexistência de divergências entre a relação recebida e os processos que originaram os precatórios, sendo a omissão, quando existir divergência, de responsabilidade solidária do órgão ou entidade devedora e de seu titular ou dirigente.

Art. 26. O Poder Judiciário disponibilizará mensalmente, de forma consolidada por órgão orçamentário, à Secretaria de Orçamento Federal do Ministério do Planejamento, Orçamento e Gestão, à Advocacia-Geral da União, aos órgãos e às entidades devedores e à Procuradoria-Geral da Fazenda Nacional, a relação dos precatórios e das requisições de pequeno valor pagos, considerando as especificações estabelecidas nos incisos do caput do art. 25, com as adaptações necessárias.

Art. 27. A atualização monetária dos precatórios, determinada no § 12 do art. 100 da Constituição Federal, inclusive em relação às causas trabalhistas, previdenciárias e de acidente do trabalho, observará, no exercício de 2014, a variação do Índice Nacional de Preços ao Consumidor Amplo - Especial - IPCA-E do IBGE.

Art. 28. As dotações orçamentárias destinadas ao pagamento de débitos relativos a precatórios e requisições de pequeno valor, aprovadas na Lei Orçamentária de 2014 e em créditos adicionais, deverão ser integralmente descentralizadas aos Tribunais que proferirem as decisões exequendas, ressalvadas as hipóteses de causas processadas pela justiça comum estadual.

§ 1º A descentralização de que trata o caput deverá ser feita de forma automática pelo órgão central do Sistema de Administração Financeira Federal, imediatamente após a publicação da Lei Orçamentária de 2014 e dos créditos adicionais.

§ 2º Caso o valor descentralizado seja insuficiente para o pagamento integral do débito, o Tribunal competente, por intermédio do seu órgão setorial de orçamento, deverá providenciar, junto à Secretaria de Orçamento Federal do Ministério do Planejamento, Orçamento e Gestão, a complementação da dotação descentralizada, da qual dará conhecimento aos órgãos ou entidades descentralizadores.

§ 3º Se as dotações descentralizadas referentes a precatórios forem superiores ao valor necessário para o pagamento integral dos débitos relativos a essas despesas, o Tribunal competente, por intermédio do seu órgão setorial de orçamento, deverá providenciar a devolução imediata do saldo da dotação apurado e, se for o caso, dos correspondentes recursos financeiros, da qual dará conhecimento aos órgãos ou às entidades descentralizadores e à Secretaria de Orçamento Federal do Ministério do Planejamento, Orçamento e Gestão e ao Ministério da Fazenda, respectivamente, salvo se houver necessidade de abertura de créditos adicionais para o pagamento de precatórios e requisições de pequeno valor.

§ 4º As liberações dos recursos financeiros correspondentes às dotações orçamentárias descentralizadas na forma deste artigo

LRF	LDO

deverão ser realizadas diretamente para o órgão setorial de programação financeira das unidades orçamentárias responsáveis pelo pagamento do débito, de acordo com as regras de liberação para os órgãos do Poder Judiciário previstas nesta Lei e a programação financeira estabelecida na forma do art. 8º da Lei de Responsabilidade Fiscal e serão informadas aos beneficiários pela vara de execução responsável.

Art. 29. Até trinta dias após a publicação da Lei Orçamentária de 2014 e dos créditos adicionais, as unidades orçamentárias do Poder Judiciário discriminarão, no SIAFI, a relação dos precatórios relativos às dotações a elas descentralizadas de acordo com o art. 28, especificando a ordem cronológica dos pagamentos, valores a serem pagos e o órgão ou a entidade em que se originou o débito.

Parágrafo único. As unidades orçamentárias do Poder Judiciário deverão discriminar no SIAFI a relação das requisições relativas a sentenças de pequeno valor e o órgão ou a entidade em que se originou o débito, em até sessenta dias contados da sua autuação no tribunal.

Art. 30. Para fins de acompanhamento, controle e centralização, os órgãos e as entidades da administração pública federal direta e indireta submeterão os processos referentes ao pagamento de precatórios à apreciação da Advocacia-Geral da União, pelo prazo de noventa dias, antes do atendimento da requisição judicial, observadas as normas e orientações daquela unidade.

Parágrafo único. Sem prejuízo do disposto no caput, o Advogado-Geral da União poderá incumbir os órgãos jurídicos das autarquias e fundações públicas, que lhe são vinculados, do exame dos processos pertinentes aos precatórios devidos por essas

LDO J. U. JACOBY FERNANDES

entidades.

Art. 31. Aplicam-se as mesmas regras relativas ao pagamento de precatórios constantes desta Seção quando a execução de decisões judiciais contra empresas estatais dependentes ocorrerem mediante a expedição de precatório, nos termos do art. 100 da Constituição Federal.

Art. 32. Para fins de definição dos limites orçamentários para atender ao pagamento de Débitos Judiciais Periódicos Vincendos e de Sentenças Judiciais de empresas estatais dependentes, os órgãos dos Poderes, do Ministério Público da União e da Defensoria Pública da União, por intermédio dos órgãos setoriais de planejamento e orçamento ou equivalentes, encaminharão à Secretaria de Orçamento Federal do Ministério do Planejamento, Orçamento e Gestão, até 15 de junho de 2013, informações contendo a necessidade de recursos orçamentários para 2014, segregadas por tipo de sentença, unidade orçamentária, grupo de despesa, autor, número do processo, identificação da Vara ou Comarca de trâmite da sentença objeto da ação judicial, situação processual e valor.

§ 1º Para a elaboração das informações requeridas no caput, deverão ser consideradas exclusivamente:

I - sentenças com trânsito em julgado e em fase de execução, com a apresentação dos respectivos documentos comprobatórios; e

II - depósitos recursais necessários à interposição de recursos.

§ 2º A apresentação de documentos comprobatórios para Débitos Judiciais Periódicos Vincendos só será necessária quando se tratar da concessão de indenizações ainda não constantes de leis orçamentárias anteriores.

| LRF | LDO |

SEÇÃO IV - DOS EMPRÉSTIMOS, FINANCIAMENTOS E REFINANCIAMENTOS

Art. 33. Os empréstimos, financiamentos e refinanciamentos, com recursos dos Orçamentos Fiscal e da Seguridade Social, observarão o disposto no art. 27 da Lei de Responsabilidade Fiscal.

§ 1º Na hipótese de operações com custo de captação não identificado, os encargos financeiros não poderão ser inferiores à Taxa Referencial e a apuração será *pro rata temporis*.

§ 2º Serão de responsabilidade do mutuário, além dos encargos financeiros, eventuais comissões, taxas e outras despesas congêneres cobradas pelo agente financeiro, exceto as despesas de remuneração previstas no contrato entre este e a União.

Art. 34. Nos Orçamentos Fiscal e da Seguridade Social, as categorias de programação correspondentes a empréstimos, financiamentos e refinanciamentos indicarão a lei que definiu encargo inferior ao custo de captação.

Art. 35. As prorrogações e composições de dívidas decorrentes de empréstimos, financiamentos e refinanciamentos concedidos com recursos dos Orçamentos Fiscal e da Seguridade Social dependem de autorização expressa em lei específica.

SEÇÃO V
DO ORÇAMENTO DA SEGURIDADE SOCIAL

Art. 36. O Orçamento da Seguridade Social compreenderá as dotações destinadas a atender às ações de saúde, previdência e assistência social, obedecerá ao disposto no inciso XI do caput do art. 167 e nos arts. 194, 195, 196, 199, 200, 201, 203, 204 e 212, § 4º, da Constituição Federal e contará, entre outros, com recursos

LDO   J. U. JACOBY FERNANDES

provenientes:

I - das contribuições sociais previstas na Constituição Federal, exceto a de que trata o § 5º de seu art. 212 e as destinadas por lei às despesas do Orçamento Fiscal;

II - da contribuição para o plano de seguridade social do servidor, que será utilizada para despesas com encargos previdenciários da União;

III - do Orçamento Fiscal; e

IV - das demais receitas, inclusive próprias e vinculadas, de órgãos, fundos e entidades, cujas despesas integrem, exclusivamente, o orçamento referido no caput.

§ 1º Os recursos provenientes das contribuições sociais de que tratam a alínea "a" do inciso I e o inciso II do caput do art. 195 da Constituição Federal, no Projeto de Lei Orçamentária de 2014 e na respectiva Lei, não se sujeitarão à desvinculação e terão a destinação prevista no inciso XI do art. 167 da Constituição Federal.

§ 2º As receitas de que trata o inciso IV do caput deverão ser classificadas como receitas da seguridade social.

§ 3º Todas as receitas do Fundo de Amparo ao Trabalhador - FAT, inclusive as financeiras, deverão constar no Projeto e na Lei Orçamentária de 2014.

§ 4º As despesas relativas ao pagamento dos benefícios assistenciais a que se refere o caput do art. 40 da Lei nº 8.742, de 7 de dezembro de 1993, mantidas as suas fontes de financiamento, serão realizadas à conta do Fundo Nacional de Assistência Social.

§ 5º Será divulgado, a partir do primeiro bimestre de 2014, junto com o relatório resumido da execução orçamentária a que se refere o art. 165, § 3º, da Constituição Federal, demonstrativo das receitas e despesas da seguridade social, na forma do art. 52 da Lei de Responsabilidade Fiscal, do qual constará nota explicativa com memória de cálculo das receitas desvinculadas por força de dispositivo constitucional.

§ 6º Caso se verifique inadequação no montante de recursos constantes da Lei Orçamentária para 2014 em relação à aplicação mínima de recursos em saúde, de que o art. 198, § 2º, inciso I, da Constituição Federal, o Poder Executivo abrirá créditos adicionais autorizados na Lei Orçamentária ou encaminhará projeto de lei de crédito adicional até 15 de outubro de 2014.

§ 7º As estimativas e projeções de PIB utilizadas para apuração dos recursos mínimos de que trata o art. 198, § 2º, inciso I, da Constituição Federal, e as datas de publicação serão registradas no Sistema de Informações sobre Orçamentos Públicos em Saúde - SIOPS e disponibilizadas na respectiva página na internet.

§ 8º A Lei Orçamentária poderá consignar dotações específicas destinadas à administração pública para quitação de débitos decorrentes de contrato de gestão firmado com organizações sociais nos termos da Lei nº 9.637, de 15 de maio de 1998.

§ 9º As emendas parlamentares que adicionarem recursos para a Rede SUAS serão executadas adicionalmente ao valor financeiro per capita transferido pela União ao ente federado, independentemente da opção de custeio ou investimento, constituindo, tão somente, em valor a ser somado aos repasses para cumprimento de metas por instituições que participam da Rede SUAS.

§ 10. As emendas parlamentares que adicionarem recursos para a Rede SUS serão executadas adicionalmente ao valor financeiro dos tetos transferidos pela União ao ente federado, independentemente da opção de custeio ou investimento,

LDO   J. U. JACOBY FERNANDES

constituindo, tão somente, em valor a ser somado aos repasses para cumprimento de metas contratualizadas por instituições que participam da Rede SUS, devendo o Ministério da Saúde publicar normativo orientador da aplicação das emendas parlamentares.

SEÇÃO VI - DO ORÇAMENTO DE INVESTIMENTO

Art. 37. O Orçamento de Investimento, previsto no inciso II do § 5º do art. 165 da Constituição Federal, abrangerá as empresas em que a União, direta ou indiretamente, detenha a maioria do capital social com direito a voto, ressalvado o disposto no § 5º deste artigo, e dele constarão todos os investimentos realizados, independentemente da fonte de financiamento utilizada.

§ 1º   Para efeito de compatibilidade da programação orçamentária a que se refere este artigo com a Lei nº 6.404, de 15 de dezembro de 1976, e suas atualizações, serão consideradas investimento, exclusivamente, as despesas com:

I - aquisição de bens classificáveis no ativo imobilizado, excetuados os que envolvam arrendamento mercantil para uso próprio da empresa ou de terceiros e os valores do custo dos empréstimos contabilizados no ativo imobilizado;

II - benfeitorias realizadas em bens da União por empresas estatais; e

III - benfeitorias necessárias à infraestrutura de serviços públicos concedidos pela União.

§ 2º   A despesa será discriminada nos termos do art. 7º, considerando para as fontes de recursos a classificação 495 - Recursos do Orçamento de Investimento.

§ 3º   O detalhamento das fontes de financiamento do

LRF LDO

investimento de cada entidade referida neste artigo será feito de forma a evidenciar os recursos:

I - gerados pela empresa;

II - de participação da União no capital social;

III - da empresa controladora sob a forma de:

a) participação no capital; e

b) de empréstimos;

IV - de operações de crédito junto a instituições financeiras:

a) internas; e

b) externas; e

V - de outras operações de longo prazo.

§ 4º A programação dos investimentos à conta de recursos oriundos dos Orçamentos Fiscal e da Seguridade Social, inclusive mediante participação acionária, observará o valor e a destinação constantes do orçamento original.

§ 5º As empresas cuja programação conste integralmente do Orçamento Fiscal ou do Orçamento da Seguridade Social, de acordo com o disposto no art. 6º, não integrarão o Orçamento de Investimento.

§ 6º Não se aplicam às empresas integrantes do Orçamento de Investimento as normas gerais da Lei nº 4.320, de 1964, no que concerne a regime contábil, execução do orçamento e demonstrações contábeis.

§ 7º Excetua-se do disposto no § 6º a aplicação, no que couber, dos arts. 109 e 110 da Lei nº 4.320, de 1964, para as finalidades a que se destinam.

§ 8º As empresas de que trata o caput deverão manter atualizada a sua execução orçamentária no Sistema Integrado de Planejamento e Orçamento do Governo Federal - SIOP, de forma

Seção VII - Das Alterações da Lei Orçamentária

Art. 38. As classificações das dotações previstas no art. 7º, as fontes de financiamento do Orçamento de Investimento e os códigos e títulos das ações e dos subtítulos poderão ser alterados de acordo com as necessidades de execução, mantido o valor total do subtítulo e observadas as demais condições de que trata este artigo, de conformidade com os parágrafos dispostos abaixo.

§ 1º As alterações de que trata o caput poderão ser realizadas, justificadamente, se autorizadas por meio de:

I - ato dos Poderes Executivo, Legislativo e Judiciário, do Ministério Público da União e da Defensoria Pública da União, para abertura de créditos autorizados na lei orçamentária:

a) GNDs "3 - Outras Despesas Correntes", "4 - Investimentos" e "5 - Inversões Financeiras", no âmbito do mesmo subtítulo; e

b) GNDs "2 - Juros e Encargos da Dívida" e "6 - Amortização da Dívida", no âmbito do mesmo subtítulo;

II - portaria do Departamento de Coordenação e Governança das Empresas Estatais, no que se refere ao Orçamento de Investimento:

a) para as fontes de financiamento, os identificadores de uso e de resultado primário e as esferas orçamentárias, exceto para as alterações do identificador de resultado primário 6 (RP-6) definidas no âmbito do Congresso Nacional; e

b) para os títulos das ações e subtítulos, desde que constatado erro de ordem técnica ou legal;

III - portaria da Secretaria de Orçamento Federal do Ministério do Planejamento, Orçamento e Gestão, no que se refere aos Orçamentos Fiscal e da Seguridade Social:

a) para as fontes de recursos, inclusive as de que trata o art. 96, observadas as vinculações previstas na legislação, para os identificadores de uso e de resultado primário e para as esferas orçamentárias, exceto para as alterações do identificador de resultado primário 6 (RP-6) definidas no âmbito do Congresso Nacional; e

b) para os títulos das ações e subtítulos, desde que constatado erro de ordem técnica ou legal.

§ 2º As modificações a que se refere este artigo também poderão ocorrer quando da abertura de créditos suplementares autorizados na Lei Orçamentária de 2014, observado o disposto no art. 49, quando couber.

§ 3º As alterações das modalidades de aplicação serão realizadas diretamente no SIAFI pela unidade orçamentária.

§ 4º Ajustes na codificação orçamentária, decorrentes da necessidade de adequação à classificação vigente, serão processados diretamente no SIOP, desde que não impliquem em mudança de valores e finalidade da programação.

§ 5º Consideram-se como excesso de arrecadação, para fins do § 3º do art. 43 da Lei nº 4.320, de 1964, os recursos disponibilizados em razão das modificações efetivadas por força da alínea "a" do inciso II e alínea "a" do inciso III, ambos do § 1º deste artigo, sendo consideradas receitas financeiras as modificações que envolverem fontes de recursos dessa espécie.

Art. 39. Os projetos de lei relativos a créditos suplementares e especiais serão encaminhados pelo Poder Executivo ao Congresso Nacional, também em meio magnético, preferencialmente de forma consolidada de acordo com as áreas temáticas definidas no art. 26 da Resolução nº 1, de 2006-CN, ajustadas a reformas administrativas supervenientes.

§ 1º Cada projeto de lei e a respectiva lei deverão restringir-se a um único tipo de crédito adicional, conforme definido nos incisos I e II do art. 41 da Lei nº 4.320, de 1964.

§ 2º O prazo final para o encaminhamento dos projetos referidos no caput é 15 de outubro de 2014.

§ 3º Acompanharão os projetos de lei concernentes a créditos suplementares e especiais exposições de motivos circunstanciadas que os justifiquem e indiquem as consequências dos cancelamentos de dotações propostos sobre a execução de atividades, projetos, operações especiais e respectivos subtítulos e metas.

§ 4º As exposições de motivos às quais se refere o § 3º, relativas a projetos de lei de créditos suplementares e especiais destinados ao atendimento de despesas primárias, deverão conter justificativa de que a realização das despesas objeto desses créditos não afeta a obtenção do resultado primário anual previsto nesta Lei.

§ 5º Nos casos de créditos à conta de recursos de excesso de arrecadação, as exposições de motivos conterão a atualização das estimativas de receitas para o exercício, comparando-as com as estimativas constantes da Lei Orçamentária de 2014, apresentadas de acordo com a classificação de que trata a alínea "a" do inciso III do caput do art. 9º, a identificação das parcelas já utilizadas em créditos adicionais, abertos ou cujos projetos se encontrem em tramitação.

§ 6º Nos casos de abertura de créditos adicionais à conta de superávit financeiro, as exposições de motivos conterão

LRF   LDO

informações relativas a:

I - superávit financeiro do exercício de 2013, por fonte de recursos;

II - créditos reabertos no exercício de 2014;

III - valores já utilizados em créditos adicionais, abertos ou em tramitação; e

IV - saldo do superávit financeiro do exercício de 2013, por fonte de recursos.

§ 7º Para fins do disposto no § 6º, será publicado, junto com o Relatório Resumido da Execução Orçamentária referente ao primeiro bimestre do exercício financeiro de 2014, demonstrativo do superávit financeiro de cada fonte de recursos, apurado no Balanço Patrimonial da União do exercício de 2013.

§ 8º No caso de receitas vinculadas, o demonstrativo a que se refere o § 7º deverá identificar as respectivas unidades orçamentárias.

§ 9º Os projetos de lei referentes a créditos suplementares ou especiais solicitados pelos órgãos dos Poderes Legislativo e Judiciário, do Ministério Público da União e da Defensoria Pública da União, com indicação dos recursos compensatórios, exceto se destinados a pessoal, benefícios aos servidores e seus dependentes, sentenças judiciais e dívida, serão encaminhados ao Congresso Nacional no prazo de até trinta dias, a contar do recebimento, pela Secretaria de Orçamento Federal do Ministério do Planejamento, Orçamento e Gestão, do parecer a que se refere o art. 41.

§ 10. Os créditos de que trata este artigo, aprovados pelo Congresso Nacional, serão considerados automaticamente abertos com a sanção e publicação da respectiva lei.

Art. 40. As propostas de abertura de créditos suplementares

191

autorizados na Lei Orçamentária de 2014, ressalvado o disposto nos §§ 1º e 6º, serão submetidas ao Presidente da República, acompanhadas de exposição de motivos que inclua a justificativa e a indicação dos efeitos dos cancelamentos de dotações, observado o disposto no § 5º do art. 39.

§ 1º Os créditos a que se refere o caput, com indicação de recursos compensatórios dos órgãos dos Poderes Legislativo e Judiciário, do Ministério Público da União e da Defensoria Pública da União, nos termos do inciso III do § 1º do art. 43 da Lei nº 4.320, de 1964, serão abertos, no âmbito desses Poderes e Órgãos, observados os procedimentos estabelecidos pela Secretaria de Orçamento Federal do Ministério do Planejamento, Orçamento e Gestão e o disposto no § 2º deste artigo, por atos:

I - dos Presidentes da Câmara dos Deputados, do Senado Federal e do Tribunal de Contas da União;

II - dos Presidentes do Supremo Tribunal Federal, do Conselho Nacional de Justiça, do Conselho da Justiça Federal, do Conselho Superior da Justiça do Trabalho, dos Tribunais Superiores e do Tribunal de Justiça do Distrito Federal e dos Territórios; e

III - do Procurador-Geral da República, do Presidente do Conselho Nacional do Ministério Público e do Defensor Público-Geral Federal.

§ 2º Quando a aplicação do disposto no § 1º envolver mais de um órgão orçamentário, no âmbito dos Poderes Legislativo e Judiciário, do Ministério Público da União e da Defensoria Pública da União, os créditos serão abertos por ato conjunto dos dirigentes dos órgãos envolvidos, conforme indicado nos incisos I, II e III do referido parágrafo, respectivamente.

§ 3º Na abertura dos créditos na forma do § 1º, fica vedado o cancelamento de despesas:

I - financeiras para suplementação de despesas primárias; e

II - obrigatórias, de que trata o Anexo III, exceto para suplementação de despesas dessa espécie.

§ 4º As aberturas de créditos previstas no § 1º, no âmbito do Poder Judiciário, deverão ser comunicadas ao Conselho Nacional de Justiça e, no âmbito do Ministério Público da União, ao Conselho Nacional do Ministério Público.

§ 5º Os créditos de que trata o § 1º serão incluídos no SIAFI, exclusivamente, por intermédio de transmissão de dados do SIOP.

§ 6º O Presidente da República poderá delegar, no âmbito do Poder Executivo, aos Ministros de Estado, a abertura dos créditos suplementares a que se refere o caput.

Art. 41. As propostas de abertura de créditos especiais e suplementares, em favor dos órgãos do Poder Judiciário e do Ministério Público da União, deverão ser encaminhadas à Secretaria de Orçamento Federal, com o parecer de mérito emitido, respectivamente, pelo Conselho Nacional de Justiça e pelo Conselho Nacional do Ministério Público, como forma de subsídio à análise das referidas solicitações.

Parágrafo único. O disposto neste artigo não se aplica ao Supremo Tribunal Federal, ao Conselho Nacional de Justiça, ao Ministério Público Federal e ao Conselho Nacional do Ministério Público.

Art. 42. Na abertura de crédito extraordinário, é vedada a criação de novo código e título para ação já existente.

§ 1º O crédito aberto por medida provisória deverá ser classificado, quanto ao identificador de resultado primário, de acordo com o disposto no § 4º do art. 7º desta Lei.

§ 2º Os grupos de natureza de despesa decorrentes da abertura ou reabertura de créditos extraordinários durante o exercício, destinados, exclusivamente, ao atendimento de despesas relativas à calamidade pública, poderão ser alterados, justificadamente, por ato do Poder Executivo, para adequá-los à necessidade da execução.

Art. 43. Os Anexos dos créditos adicionais obedecerão à mesma formatação dos Quadros dos Créditos Orçamentários constantes da Lei Orçamentária de 2014.

Art. 44. As dotações das categorias de programação canceladas em decorrência do disposto no § 9º do art. 39 e no § 1º do art. 40 não poderão ser suplementadas, salvo se por remanejamento de dotações no âmbito do próprio órgão ou em decorrência de legislação superveniente.

Parágrafo único. Excetuam-se do disposto no caput as dotações das unidades orçamentárias do Poder Judiciário que exerçam a função de setorial de orçamento, quando canceladas para suplementação das unidades do próprio órgão.

Art. 45. Os recursos alocados na Lei Orçamentária de 2014 para pagamento de precatórios somente poderão ser cancelados para a abertura de créditos suplementares ou especiais para finalidades diversas mediante autorização específica do Congresso Nacional.

Art. 46. A reabertura dos créditos especiais e extraordinários, conforme disposto no § 2º do art. 167 da Constituição Federal, será efetivada, se necessária, mediante ato próprio de cada Poder, do Ministério Público da União e da Defensoria Pública da União, até 15 de fevereiro de 2014, observado o disposto no art. 43.

§ 1º O prazo de que trata o caput será 28 de fevereiro de 2014,

LRF	LDO

quando se tratar do Orçamento de Investimento.

§ 2º Os créditos reabertos na forma deste artigo, relativos aos Orçamentos Fiscal e da Seguridade Social, serão incluídos no SIAFI, exclusivamente, por intermédio de transmissão de dados do SIOP.

Art. 47. Fica o Poder Executivo autorizado a abrir créditos especiais ao Orçamento de Investimento para o atendimento de despesas relativas a ações em execução no exercício de 2013, mediante a utilização, em favor da correspondente empresa estatal e da respectiva programação, de saldo de recursos do Tesouro Nacional repassados em exercícios anteriores ou inscritos em restos a pagar no âmbito dos Orçamentos Fiscal ou da Seguridade Social.

Art. 48. O Poder Executivo poderá, mediante decreto, transpor, remanejar, transferir ou utilizar, total ou parcialmente, as dotações orçamentárias aprovadas na Lei Orçamentária de 2014 e em créditos adicionais, em decorrência da extinção, transformação, transferência, incorporação ou desmembramento de órgãos e entidades, bem como de alterações de suas competências ou atribuições, mantida a estrutura programática, expressa por categoria de programação, conforme definida no § 1º do art. 5º, inclusive os títulos, descritores, metas e objetivos, assim como o respectivo detalhamento por esfera orçamentária, grupos de natureza de despesa, fontes de recursos, modalidades de aplicação e identificadores de uso e de resultado primário.

Parágrafo único. A transposição, a transferência ou o remanejamento não poderá resultar em alteração dos valores das programações aprovadas na Lei Orçamentária de 2014 ou em créditos adicionais, podendo haver, excepcionalmente, adequação da classificação funcional e do Programa de Gestão, Manutenção e

LDO J. U. Jacoby Fernandes

Serviço ao Estado ao novo órgão.

Art. 49. As dotações destinadas à contrapartida nacional de empréstimos internos e externos, bem como ao pagamento de amortização, juros e outros encargos, ressalvado o disposto no parágrafo único deste artigo, somente poderão ser remanejadas para outras categorias de programação por meio da abertura de créditos adicionais por intermédio de projeto de lei.

Parágrafo único. Os recursos de que trata o caput poderão ser remanejados para outras categorias de programação, por meio de decreto ou de ato dos órgãos dos Poderes Legislativo e Judiciário, do Ministério Público da União e da Defensoria Pública da União, observados os limites autorizados na Lei Orçamentária de 2014 e o disposto no art. 40, desde que mantida a destinação, respectivamente, à contrapartida nacional e ao serviço da dívida.

Seção VIII - Da Limitação Orçamentária e Financeira

Art. 50. Os Poderes, o Ministério Público da União e a Defensoria Pública da União deverão elaborar e publicar por ato próprio, até trinta dias após a publicação da Lei Orçamentária de 2014, cronograma anual de desembolso mensal, por órgão, nos termos do art. 8º da Lei de Responsabilidade Fiscal, com vistas ao cumprimento da meta de superávit primário estabelecida nesta Lei.

§ 1º No caso do Poder Executivo, o ato referido no caput e os que o modificarem conterão, em milhões de reais:

I - metas quadrimestrais para o superávit primário dos Orçamentos Fiscal e da Seguridade Social, demonstrando que a programação atende à meta estabelecida no art. 2º;

II - metas bimestrais de realização de receitas primárias, em

| LRF | LDO |

atendimento ao disposto no art. 13 da Lei de Responsabilidade Fiscal, discriminadas pelos principais tributos administrados pela Secretaria da Receita Federal do Brasil, as contribuições previdenciárias para o Regime Geral de Previdência Social e para o Regime Próprio de Previdência do Servidor Público, a contribuição para o salário-educação, as concessões e permissões, as compensações financeiras, as receitas próprias das fontes 50 e 81 e as demais receitas, identificando-se separadamente, quando cabível, as resultantes de medidas de combate à evasão e à sonegação fiscal, da cobrança da dívida ativa e da cobrança administrativa;

III - cronograma de pagamentos mensais de despesas primárias à conta de recursos do Tesouro Nacional e de outras fontes, excluídas as despesas que constituem obrigação constitucional ou legal da União, constantes do Anexo III, ou custeadas com receitas de doações e convênios, e, incluídos em demonstrativo à parte, os restos a pagar, distinguindo-se os processados dos não processados; e

IV - metas quadrimestrais para o resultado primário das empresas estatais federais, com as estimativas de receitas e despesas que o compõem, destacando as principais empresas e separando, nas despesas, os investimentos.

§ 2º Excetuadas as despesas com pessoal e encargos sociais, precatórios e sentenças judiciais, os cronogramas anuais de desembolso mensal dos Poderes Legislativo e Judiciário, do Ministério Público da União e a Defensoria Pública da União terão como referencial o repasse previsto no art. 168 da Constituição Federal, na forma de duodécimos.

Art. 51. Se for necessário efetuar a limitação de empenho e movimentação financeira de que trata o art. 9º da Lei de

LDO

J. U. JACOBY FERNANDES

Responsabilidade Fiscal, o Poder Executivo apurará o montante necessário e informará a cada órgão orçamentário dos Poderes Legislativo e Judiciário, do Ministério Público da União e da Defensoria Pública da União, até o vigésimo segundo dia após o encerramento do bimestre, observado o disposto no § 4º.

§ 1º O montante da limitação a ser promovida pelo Poder Executivo e pelos órgãos referidos no caput será estabelecido de forma proporcional à participação de cada um no conjunto das dotações orçamentárias iniciais classificadas como despesas primárias discricionárias, identificadas na Lei Orçamentária de 2014 na forma das alíneas "b" e "c" do inciso II do § 4º do art. 7º desta Lei, excluídas as:

I - atividades dos Poderes Legislativo e Judiciário, do Ministério Público da União e da Defensoria Pública da União constantes do Projeto de Lei Orçamentária de 2014; e

II - custeadas com recursos de doações e convênios.

§ 2º A exclusão das despesas de que trata o inciso I do § 1º aplica-se integralmente no caso de a estimativa atualizada da receita primária líquida de transferências constitucionais e legais, demonstrada no relatório de que trata o § 4º, ser igual ou superior àquela estimada no Projeto de Lei Orçamentária de 2014, e proporcionalmente à frustração da receita estimada no referido Projeto, no caso de a estimativa atualizada ser inferior.

§ 3º Os Poderes, o Ministério Público da União e a Defensoria Pública da União, com base na informação a que se refere o caput, editarão ato, até o trigésimo dia subsequente ao encerramento do respectivo bimestre, que evidencie a limitação de empenho e movimentação financeira.

§ 4º O Poder Executivo divulgará na internet e encaminhará

LRF	LDO

ao Congresso Nacional e aos órgãos referidos no caput deste artigo, no prazo nele previsto, relatório que será apreciado pela Comissão Mista a que se refere o § 1º do art. 166 da Constituição Federal, contendo:

I - a memória de cálculo das novas estimativas de receitas e despesas primárias e a demonstração da necessidade da limitação de empenho e movimentação financeira nos percentuais e montantes estabelecidos por órgão;

II - a revisão dos parâmetros e das projeções das variáveis de que tratam o inciso XXI do Anexo II e o Anexo de Metas Fiscais;

III - a justificativa das alterações de despesas obrigatórias, explicitando as providências que serão adotadas quanto à alteração da respectiva dotação orçamentária, bem como os efeitos dos créditos extraordinários abertos;

IV - os cálculos relativos à frustração das receitas primárias, que terão por base demonstrativos atualizados de que trata o inciso XI do Anexo II, e demonstrativos equivalentes, no caso das demais receitas, justificando os desvios em relação à sazonalidade originalmente prevista; e

V - a estimativa atualizada do superávit primário das empresas estatais, acompanhada da memória dos cálculos referentes às empresas que responderem pela variação.

§ 5º Aplica-se somente ao Poder Executivo a limitação de empenho e movimentação financeira cuja necessidade seja identificada fora da avaliação bimestral, devendo ser divulgado na internet e encaminhado ao Congresso Nacional relatório nos termos do § 4º.

§ 6º O restabelecimento dos limites de empenho e movimentação financeira poderá ser efetuado a qualquer tempo, devendo o relatório a que se refere o § 4º ser divulgado na internet e encaminhado ao Congresso Nacional e aos órgãos referidos no caput deste artigo.

§ 7º O decreto de limitação de empenho e movimentação financeira, ou de restabelecimento desses limites, editado nas hipóteses previstas no caput e no § 1º do art. 9º da Lei de Responsabilidade Fiscal e nos §§ 5º e 6º, conterá as informações relacionadas no § 1º do art. 50 desta Lei.

§ 8º O relatório a que se refere o § 4º será elaborado e divulgado na internet também nos bimestres em que não houver limitação ou restabelecimento dos limites de empenho e movimentação financeira.

§ 9º O Poder Executivo prestará as informações adicionais para apreciação do relatório de que trata o § 4º no prazo de cinco dias úteis do recebimento do requerimento formulado pela Comissão Mista a que se refere o § 1º do art. 166 da Constituição Federal.

§ 10. Não se aplica a exigência do art. 9º, § 1º, da Lei de Responsabilidade Fiscal, de restabelecimento dos limites de empenho e movimentação financeira proporcional às reduções anteriormente efetivadas quando tiver sido aplicado a essas reduções o disposto no § 2º.

§ 11. Os órgãos setoriais de planejamento e orçamento ou equivalentes manterão atualizado no respectivo sítio da internet demonstrativo bimestral com os montantes aprovados e os valores da limitação de empenho e movimentação financeira por unidade orçamentária.

§ 12. Os prazos para publicação dos atos de restabelecimento de limites de empenho e movimentação financeira, quando for o

LRF	LDO

caso, serão de até:

I - trinta dias após o encerramento de cada bimestre, quando decorrer da avaliação bimestral de que trata o art. 9º da Lei de Responsabilidade Fiscal; ou

II - sete dias úteis após o encaminhamento do relatório previsto no § 6º, se não for resultante da referida avaliação bimestral.

§ 13. A execução das despesas primárias discricionárias dos Poderes Legislativo, Executivo e Judiciário e do Ministério Público da União, decorrente da abertura de créditos suplementares e especiais e da reabertura de créditos especiais, no exercício de 2014, fica condicionada aos limites de empenho e movimentação financeira estabelecidos nos termos deste artigo, exceto, no caso dos Poderes Legislativo e Judiciário, Ministério Público da União e Defensoria Pública da União, quando a abertura e a reabertura de créditos adicionais ocorrer à conta de excesso de arrecadação de recursos próprios financeiros e não financeiros, apurado de acordo com o § 3º do art. 43 da Lei nº 4.320, de 1964.

Art. 52. É obrigatória a execução orçamentária e financeira, de forma equitativa, da programação incluída por emendas individuais em lei orçamentária, que terá identificador de resultado primário 6 (RP-6), em montante correspondente a 1,2% (um inteiro e dois décimos por cento) da receita corrente líquida realizada no exercício anterior, conforme os critérios para execução equitativa da programação definidos na lei complementar prevista no § 9º, do art. 165, da Constituição Federal.

§ 1º As emendas individuais ao projeto de lei orçamentária serão aprovadas no limite de 1,2% (um inteiro e dois décimos por cento) da receita corrente líquida prevista no projeto encaminhado pelo Poder Executivo, sendo que a metade deste percentual será destinada a ações e serviços públicos de saúde.

§ 2º As programações orçamentárias previstas no caput deste artigo não serão de execução obrigatória nos casos dos impedimentos de ordem técnica; nestes casos, no empenho das despesas, que integre a programação prevista no caput deste artigo, serão adotadas as seguintes medidas:

I - até cento e vinte dias após a publicação da lei orçamentária, os Poderes, o Ministério Público da União e a Defensoria Pública da União enviarão ao Poder Legislativo as justificativas do impedimento;

II - até trinta dias após o término do prazo previstos no inciso I deste parágrafo, o Poder Legislativo indicará ao Poder Executivo o remanejamento da programação cujo impedimento seja insuperável;

III - até 30 de setembro, ou até trinta dias após o prazo previsto no inciso II, o Poder Executivo encaminhará projeto de lei ao Congresso Nacional sobre o remanejamento da programação cujo impedimento seja insuperável; e

IV - se, até 20 de novembro, ou até trinta dias após o término do prazo previsto no inciso III, o Congresso Nacional não deliberar sobre o projeto, o remanejamento será implementado por ato do Poder Executivo, nos termos previstos na lei orçamentária.

§ 3º Após o prazo previsto no inciso IV do § 2º deste artigo, as programações orçamentárias previstas no caput deste artigo não serão consideradas de execução obrigatória nos casos dos impedimentos justificados na notificação prevista no inciso I do § 2º deste artigo.

§ 4º Os restos a pagar poderão ser considerados para fins de cumprimento da execução financeira prevista no caput deste artigo, até o limite de 0,6% (seis décimos por cento) da receita corrente líquida realizada no exercício anterior.

§ 5º Se for verificado que a reestimativa da receita e da despesa poderá resultar no não cumprimento da meta de resultado fiscal estabelecida na lei de diretrizes orçamentárias, o montante previsto no caput deste artigo poderá ser reduzido em até a mesma proporção da limitação incidente sobre o conjunto das despesas discricionárias.

§ 6º Para fins do disposto no caput deste artigo, a execução da programação será:

I - demonstrada no relatório de que trata o art. 165, § 3º da Constituição Federal;

II - objeto de manifestação específica no parecer previsto no art. 71, I da Constituição Federal; e

III - fiscalizada e avaliada quanto aos resultados obtidos.

§ 7º Considera-se equitativa a execução das programações de caráter obrigatório que atenda de forma igualitária e impessoal as emendas apresentadas, independente da autoria.

SEÇÃO IX - DA EXECUÇÃO PROVISÓRIA DO PROJETO DE LEI ORÇAMENTÁRIA

Art. 53. Se o Projeto de Lei Orçamentária de 2014 não for sancionado pelo Presidente da República até 31 de dezembro de 2013, a programação dele constante poderá ser executada para o atendimento de:

I - despesas com obrigações constitucionais ou legais da União relacionadas no Anexo III, inclusive daquelas a que se refere o anexo específico previsto no art. 80 desta Lei;

LDO   J. U. Jacoby Fernandes

II - bolsas de estudo no âmbito do Conselho Nacional de Desenvolvimento Científico e Tecnológico - CNPq, da Fundação Coordenação de Aperfeiçoamento de Pessoal de Nível Superior - CAPES e do Instituto de Pesquisa Econômica Aplicada - IPEA, bolsas de residência médica e do Programa de Educação Tutorial - PET, bolsas e auxílios educacionais dos programas de formação do Fundo Nacional de Desenvolvimento da Educação - FNDE, bolsas para ações de saúde da Empresa Brasileira de Serviços Hospitalares - EBSERH e Hospital de Clínicas de Porto Alegre - HCPA, bem como Bolsa-Atleta e bolsas do Programa Segundo Tempo;

III - pagamento de estagiários e de contratações temporárias por excepcional interesse público na forma da Lei nº 8.745, de 9 de dezembro de 1993;

IV - ações de prevenção a desastres classificadas na subfunção Defesa Civil;

V - formação de estoques públicos vinculados ao programa de garantia dos preços mínimos;

VI - realização de eleições e continuidade da implantação do sistema de automação de identificação biométrica de eleitores pela Justiça Eleitoral;

VII - importação de bens destinados à pesquisa científica e tecnológica, no valor da cota fixada no exercício financeiro anterior pelo Ministério da Fazenda;

VIII - concessão de financiamento ao estudante;

IX - ações em andamento decorrentes de acordo de cooperação internacional com transferência de tecnologia;

X - dotações destinadas à aplicação mínima em ações e serviços públicos de saúde, classificadas na Lei Orçamentária com o Identificador de Uso 6 (IU 6); e

LRF   LDO

XI - outras despesas correntes de caráter inadiável, até o limite de um doze avos do valor previsto para cada órgão no Projeto de Lei Orçamentária de 2014, multiplicado pelo número de meses decorridos até a sanção da respectiva Lei.

§ 1º Aplica-se, no que couber, o disposto no art. 38 aos recursos liberados na forma deste artigo.

§ 2º Considerar-se-á antecipação de crédito à conta da Lei Orçamentária de 2014 a utilização dos recursos autorizada neste artigo.

§ 3º Os saldos negativos eventualmente apurados em virtude de emendas apresentadas ao Projeto de Lei Orçamentária de 2014 no Congresso Nacional e da execução prevista neste artigo serão ajustados por decreto do Poder Executivo, após sanção da Lei Orçamentária de 2014, por intermédio da abertura de créditos suplementares ou especiais, mediante remanejamento de dotações, até o limite de 20% (vinte por cento) da programação objeto de cancelamento, desde que não seja possível a reapropriação das despesas executadas.

CAPÍTULO IV - DAS TRANSFERÊNCIAS
SEÇÃO I - DAS TRANSFERÊNCIAS PARA O SETOR PRIVADO
SUBSEÇÃO I - DAS SUBVENÇÕES SOCIAIS

Art. 54. A transferência de recursos a título de subvenções sociais, nos termos do art. 16 da Lei nº 4.320, de 1964, atenderá as entidades privadas sem fins lucrativos que exerçam atividades de natureza continuada nas áreas de assistência social, saúde ou educação, prestem atendimento direto ao público e tenham certificação de entidade beneficente de assistência social, nos

LDO   J. U. Jacoby Fernandes

termos da Lei nº 12.101, de 27 de novembro de 2009.

Parágrafo único. A certificação de que trata o caput poderá ser:

I - substituída pelo pedido de renovação da certificação devidamente protocolizado e ainda pendente de análise junto ao órgão competente, nos termos da legislação vigente; ou

II - dispensada, desde que a entidade seja selecionada em processo público de ampla divulgação promovido pelo órgão ou entidade concedente para execução de ações, programas ou serviços em parceria com a administração pública federal, nas seguintes áreas:

a) atenção à saúde dos povos indígenas;

b) atenção às pessoas com transtornos decorrentes do uso, abuso ou dependência de substâncias psicoativas;

c) combate à pobreza extrema;

d) atendimento às pessoas com deficiência; e

e) prevenção, promoção e atenção às pessoas com HIV - Vírus da Imunodeficiência humana, hepatites virais, tuberculose, hanseníase, malária e dengue.

SUBSEÇÃO II - DAS CONTRIBUIÇÕES CORRENTES E DE CAPITAL

Art. 55. A transferência de recursos a título de contribuição corrente somente será destinada a entidades sem fins lucrativos que preencham uma das seguintes condições:

I - estejam autorizadas em lei que identifique expressamente a entidade beneficiária;

II - estejam nominalmente identificadas na Lei Orçamentária de 2014; ou

III - sejam selecionadas para execução, em parceria com a

LRF	LDO

administração pública federal, de programas e ações que contribuam diretamente para o alcance de diretrizes, objetivos e metas previstas no Plano Plurianual.

§ 1º A transferência de recursos a título de contribuição corrente, não autorizada nos termos dos incisos I e II do caput, dependerá de publicação, para cada entidade beneficiada, de ato de autorização da unidade orçamentária transferidora, o qual conterá o critério de seleção, o objeto, o prazo do convênio ou instrumento congênere e a justificativa para a escolha da entidade.

§ 2º O disposto no caput e no § 1º aplica-se aos casos de prorrogação ou renovação de convênio ou instrumento congênere ou aos casos em que, já havendo sido firmado o instrumento, devam as despesas dele decorrentes correr à conta de dotações consignadas na Lei Orçamentária de 2014.

Art. 56. A alocação de recursos para entidades privadas sem fins lucrativos, a título de contribuições de capital, fica condicionada à autorização em lei especial anterior de que trata o § 6º do art. 12 da Lei nº 4.320, de 1964.

SUBSEÇÃO III - DOS AUXÍLIOS

Art. 57. A transferência de recursos a título de auxílios, previstos no § 6º do art. 12 da Lei nº 4.320, de 1964, somente poderá ser realizada para entidades privadas sem fins lucrativos e desde que sejam:

I - de atendimento direto e gratuito ao público na área de educação, atendam ao disposto no art. 54 e sejam voltadas para a:

a) educação especial; ou

b) educação básica;

LDO   J. U. Jacoby Fernandes

II - registradas no Cadastro Nacional de Entidades Ambientalistas - CNEA do Ministério do Meio Ambiente e qualificadas para desenvolver atividades de conservação, preservação ambiental, desde que formalizado instrumento jurídico adequado que garanta a destinação de recursos oriundos de programas governamentais a cargo do citado Ministério, bem como àquelas cadastradas junto a esse Ministério para recebimento de recursos oriundos de programas ambientais, doados por organismos internacionais ou agências governamentais estrangeiras;

III - de atendimento direto e gratuito ao público na área de saúde e:

a) atendam ao disposto no art. 54; ou

b) sejam signatárias de contrato de gestão celebrado com a administração pública federal, não qualificadas como organizações sociais nos termos da Lei nº 9.637, de 1998;

IV - qualificadas ou registradas e credenciadas como instituições de apoio ao desenvolvimento da pesquisa científica e tecnológica e tenham contrato de gestão firmado com órgãos públicos;

V - qualificadas para o desenvolvimento de atividades esportivas que contribuam para a capacitação de atletas de alto rendimento nas modalidades olímpicas e paraolímpicas, desde que seja formalizado instrumento jurídico adequado que garanta a disponibilização do espaço esportivo implantado para o desenvolvimento de programas governamentais e seja demonstrada, pelo órgão concedente, a necessidade de tal destinação e sua imprescindibilidade, oportunidade e importância para o setor público;

VI - de atendimento direto e gratuito ao público na área de

LRF	LDO

assistência social e cumpram o disposto no art. 54, devendo suas ações se destinarem a:

a) idosos, crianças e adolescentes em situação de vulnerabilidade social, risco pessoal e social; ou

b) habilitação, reabilitação e integração da pessoa com deficiência;

VII - voltadas diretamente às atividades de coleta e processamento de material reciclável, desde que constituídas sob a forma de associações ou cooperativas integradas por pessoas em situação de risco social, na forma prevista em regulamento do Poder Executivo, cabendo ao órgão concedente aprovar as condições para a aplicação dos recursos;

VIII - voltadas ao atendimento de pessoas em situação de vulnerabilidade social, risco pessoal e social, violação de direitos ou diretamente alcançadas por programas e ações de combate à pobreza e geração de trabalho e renda, nos casos em que ficar demonstrado o interesse público;

IX - colaboradoras na execução dos programas de proteção a pessoas ameaçadas promovidos pela Secretaria de Direitos Humanos da Presidência da República, com base na Lei nº 9.807, de 13 de julho de 1999; ou

X - voltadas diretamente às atividades de extrativismo, manejo de florestas de baixo impacto, pesca e agricultura de pequeno porte realizadas por povos e comunidades tradicionais e agricultores familiares, desde que constituídas sob a forma de associações e cooperativas integradas por pessoas em situação de risco social, na forma prevista em regulamento do Poder Executivo, cabendo ao órgão concedente aprovar as condições para aplicação dos recursos.

Subseção IV - Disposições Gerais

Art. 58. Sem prejuízo das disposições contidas nos arts. 54 a 57 desta Lei, a transferência de recursos prevista na Lei nº 4.320, de 1964, a entidade privada sem fins lucrativos, nos termos do disposto no § 3º do art. 12 da Lei nº 9.532, de 10 de dezembro de 1997, dependerá da justificação pelo órgão concedente de que a entidade complementa de forma adequada os serviços prestados diretamente pelo setor público e ainda de:

I - aplicação de recursos de capital exclusivamente para:

a) aquisição e instalação de equipamentos e obras de adequação física necessárias à instalação dos referidos equipamentos;

b) aquisição de material permanente; e

c) realização de obras físicas em entidades filantrópicas prestadoras de serviços de saúde que atendam o disposto no caput do art. 54;

II - identificação do beneficiário e do valor transferido no respectivo convênio ou instrumento congênere;

III - execução na modalidade de aplicação 50 - transferência a entidade privada sem fins lucrativos;

IV - compromisso da entidade beneficiada de disponibilizar ao cidadão, na sua página na internet ou, na falta desta, em sua sede, consulta ao extrato do convênio ou instrumento congênere, contendo, pelo menos, o objeto, a finalidade e o detalhamento da aplicação dos recursos;

V - apresentação da prestação de contas de recursos anteriormente recebidos, nos prazos e nas condições fixados na legislação e inexistência de prestação de contas rejeitada;

LRF	LDO

VI - publicação, pelo Poder respectivo, de normas, a serem observadas na concessão de subvenções sociais, auxílios e contribuições correntes, que definam, entre outros aspectos, critérios objetivos de habilitação e seleção das entidades beneficiárias e de alocação de recursos e prazo do benefício, prevendo-se, ainda, cláusula de reversão no caso de desvio de finalidade;

VII - comprovação pela entidade da regularidade do mandato de sua diretoria, inscrição no CNPJ e apresentação de declaração de funcionamento regular nos últimos três anos emitida no exercício de 2014;

VIII - cláusula de reversão patrimonial, válida até a depreciação integral do bem ou a amortização do investimento, constituindo garantia real em favor do concedente em montante equivalente aos recursos de capital destinados à entidade, cuja execução ocorrerá caso se verifique desvio de finalidade ou aplicação irregular dos recursos;

IX - manutenção de escrituração contábil regular;

X - apresentação pela entidade de certidão negativa ou certidão positiva com efeito de negativa de débitos relativos aos tributos administrados pela Secretaria da Receita Federal do Brasil e à dívida ativa da União, certificado de regularidade do Fundo de Garantia do Tempo de Serviço - FGTS e de regularidade em face do Cadastro Informativo de Créditos não Quitados do Setor Público Federal - CADIN;

XI - demonstração, por parte da entidade, de capacidade gerencial, operacional e técnica para desenvolver as atividades; e

XII - manifestação prévia e expressa do setor técnico e da assessoria jurídica do órgão concedente sobre a adequação dos convênios e instrumentos congêneres às normas afetas à matéria.

§ 1º A determinação contida no inciso I do caput não se aplica aos recursos alocados para programas habitacionais, conforme previsão em legislação específica, em ações voltadas a viabilizar o acesso à moradia, bem como na elevação de padrões de habitabilidade e de qualidade de vida de famílias de baixa renda que vivem em localidades urbanas e rurais.

§ 2º A exigência constante do inciso III do caput não se aplica quando a transferência dos recursos ocorrer por intermédio de fundos estaduais, distrital e municipais, nos termos da legislação pertinente.

§ 3º A destinação de recursos a entidade privada não será permitida nos casos em que agente político de Poder ou do Ministério Público ou Defensores Públicos da União, tanto quanto dirigente de órgão ou entidade da administração pública, de qualquer esfera governamental, ou respectivo cônjuge ou companheiro, bem como parente em linha reta, colateral ou por afinidade, até o segundo grau, seja integrante de seu quadro dirigente, ressalvados os casos em que a nomeação decorra de previsão legal ou que sejam beneficiados:

I - o Conselho Nacional de Secretários de Saúde - CONASS, o Conselho Nacional de Secretarias Municipais da Saúde - CONASEMS, os Conselhos de Secretarias Municipais de Saúde - COSEMS e o Conselho Nacional de Secretários de Educação - CONSED, a União Nacional dos Dirigentes de Educação - UNDIME, o Colegiado Nacional de Gestores Municipais de Assistência Social - CONGEMAS e o Fórum Nacional de Secretarias de Assistência Social - FONSEAS;

II - as associações de entes federativos, limitada a aplicação dos recursos de capacitação e assistência técnica; ou

III - os serviços sociais autônomos destinatários de contribuições dos empregadores incidentes sobre a folha de salários.

§ 4º O disposto nos incisos VII, VIII, no que se refere à garantia real, X e XI do caput não se aplica às entidades beneficiárias de que tratam os incisos VII, VIII e X do art. 57.

§ 5º Não se aplica a comprovação exigida no inciso VII do caput ao Comitê Organizador dos Jogos Olímpicos e Paraolímpicos RIO 2016.

§ 6º As entidades qualificadas como Organização da Sociedade Civil de Interesse Público - OSCIP poderão receber recursos oriundos de transferências previstas na Lei nº 4.320, de 1964, por meio dos seguintes instrumentos:

I - termo de parceria, caso em que deverá ser observada a legislação específica pertinente a essas entidades e processo seletivo de ampla divulgação, não se lhes aplicando as condições constantes dos arts. 54, 55 e 57; e

II - convênio ou outro instrumento congênere, caso em que deverá ser observado o conjunto das disposições legais aplicáveis à transferência de recursos para o setor privado.

§ 7º Para a garantia da segurança dos beneficiários, as exigências constantes dos incisos II, IV e V do caput devem observar as especificidades dos programas de proteção a pessoas ameaçadas executados pela Secretaria de Direitos Humanos da Presidência da República.

§ 8º Aplicam-se às transferências para o setor privado, no que couber, as disposições relativas a procedimentos previstos no art. 61.

LDO

J. U. JACOBY FERNANDES

§ 9º É vedada a destinação de recursos à entidade privada que mantenha, em seus quadros, dirigente que incida em quaisquer das hipóteses de inelegibilidade previstas no artigo 1º, inciso I, da Lei Complementar nº 64, de 18 de maio de 1990.

Art. 59. É facultativa a exigência de contrapartida para as transferências previstas na forma dos arts. 54, 55 e 57 desta Lei, ressalvado o disposto no parágrafo único deste artigo.

Parágrafo único. Não se exigirá contrapartida nas transferências de recursos às entidades que atuem nas áreas de saúde, educação e assistência social e atendam ao disposto no art. 54 desta Lei.

SEÇÃO II - DAS TRANSFERÊNCIAS VOLUNTÁRIAS

Art. 60. A realização de transferências voluntárias, conforme definidas no caput do art. 25 da Lei de Responsabilidade Fiscal, dependerá da comprovação, por parte do convenente, de que existe previsão de contrapartida na lei orçamentária do Estado, Distrito Federal ou Município.

§ 1º A contrapartida, exclusivamente financeira, será estabelecida em termos percentuais do valor previsto no instrumento de transferência voluntária, considerando-se a capacidade financeira da respectiva unidade beneficiada e seu Índice de Desenvolvimento Humano - IDH, tendo como limite mínimo e máximo:

I - no caso dos Municípios:

a) 0,1% (um décimo por cento) e 4% (quatro por cento) para Municípios com até cinquenta mil habitantes;

b) 0,2% (dois décimos por cento) e 8% (oito por cento) para

LRF   LDO

Municípios acima de cinquenta mil habitantes localizados nas áreas prioritárias definidas no âmbito da Política Nacional de Desenvolvimento Regional - PNDR, nas áreas da Superintendência do Desenvolvimento do Nordeste - SUDENE, da Superintendência do Desenvolvimento da Amazônia - SUDAM e da Superintendência do Desenvolvimento do Centro-Oeste - SUDECO; e

c) 1% (um por cento) e 20% (vinte por cento) para os demais;

II - no caso dos Estados e do Distrito Federal:

a) 0,1% (um décimo por cento) e 10% (dez por cento) se localizados nas áreas prioritárias definidas no âmbito da PNDR, nas áreas da SUDENE, SUDAM e SUDECO; e

b) 2% (dois por cento) e 20% (vinte por cento) para os demais; e

III - no caso de consórcios públicos constituídos por Estados, Distrito Federal e Municípios, 0,1% (um décimo por cento) e 4% (quatro por cento);

IV - (VETADO).

§ 2º Os limites mínimos e máximos de contrapartida fixados no § 1º poderão ser reduzidos ou ampliados, mediante critérios previamente definidos ou justificativa do titular do órgão concedente, quando for necessário para viabilizar a execução das ações a serem desenvolvidas ou decorrer de condições estabelecidas em contratos de financiamento ou acordos internacionais.

§ 3º Sem prejuízo dos requisitos contidos na Lei de Responsabilidade Fiscal, constitui exigência para o recebimento das transferências voluntárias a observância das normas publicadas pela União relativas à aquisição de bens e à contratação de serviços e obras, inclusive na modalidade pregão, nos termos da Lei nº 10.520,

LDO   J. U. JACOBY FERNANDES

de 17 de julho de 2002, devendo ser utilizada preferencialmente a sua forma eletrônica.

§ 4º Para a transferência de recursos no âmbito do SUS, inclusive a efetivada mediante convênios ou similares, não será exigida contrapartida dos Estados, do Distrito Federal e dos Municípios.

§ 5º Os limites mínimos e máximos de contrapartida fixados no § 1º poderão ser reduzidos ou ampliados, mediante critérios previamente definidos ou justificativa do titular do órgão concedente, quando for necessário para transferência de recursos, conforme disposto na Lei nº 10.835, de 8 de janeiro de 2004.

§ 6º As transferências voluntárias ou decorrentes de programação incluída na lei orçamentária por emendas poderão ser utilizadas para os pagamentos relativos à elaboração de projetos básicos e executivos, além das despesas necessárias ao licenciamento ambiental.

Art. 61. O ato de entrega dos recursos correntes e de capital a outro ente da Federação, a título de transferência voluntária, nos termos do art. 25 da Lei de Responsabilidade Fiscal, é caracterizado no momento da assinatura do respectivo convênio ou contrato, bem como na assinatura dos correspondentes aditamentos de valor, e não se confunde com as liberações financeiras de recurso, que devem obedecer ao cronograma de desembolso previsto no convênio ou contrato de repasse.

Parágrafo único. A demonstração, por parte dos Estados, do Distrito Federal e dos Municípios, do cumprimento das exigências para a realização de transferência voluntária se dará exclusivamente no momento da assinatura do respectivo convênio ou contrato, ou na assinatura dos correspondentes aditamentos de valor, e deverá

LRF   LDO

ser feita por meio de apresentação, ao órgão concedente, de documentação comprobatória da regularidade ou, a critério do beneficiário, de extrato emitido pelo Serviço Auxiliar de Informações para Transferências Voluntárias - CAUC, o qual terá validade mínima de 120 dias, ressalvadas as exigências contidas em Lei Complementar, sendo dispensado para os municípios inclusos no programa Territórios de Cidadania, conforme Lei nº 12.249, de 11 de junho de 2010, ou por sistema eletrônico de requisitos fiscais que o substitua, disponibilizado pela Secretaria do Tesouro Nacional do Ministério da Fazenda, para os itens nele previstos.

Art. 62. A execução orçamentária e financeira, no exercício de 2014, das transferências voluntárias de recursos da União, cujos créditos orçamentários não identifiquem nominalmente a localidade beneficiada, inclusive aquelas destinadas genericamente a Estado, fica condicionada à prévia divulgação na internet, pelo concedente, dos critérios de distribuição dos recursos, levando em conta os indicadores socioeconômicos da população beneficiada pela respectiva política pública.

Art. 63. As transferências previstas nesta Seção serão classificadas, obrigatoriamente, nos elementos de despesa "41 - Contribuições", "42 - Auxílio" ou "43 - Subvenções Sociais" e poderão ser feitas de acordo com o disposto no art. 68.

Parágrafo único. A exigência constante do caput não se aplica à execução das ações previstas no art. 64.

Art. 64. A entrega de recursos aos Estados, Distrito Federal, Municípios e consórcios públicos em decorrência de delegação para a execução de ações de responsabilidade exclusiva da União, especialmente quando resulte na preservação ou acréscimo no valor de bens públicos federais, não se configura como transferência voluntária e observará as modalidades de aplicação a que se refere o art. 7º, § 8º, incisos III, VI e X.

§ 1º A destinação de recursos nos termos do caput observará o disposto nesta Seção, salvo a exigência prevista no caput do art. 63.

§ 2º É facultativa a exigência de contrapartida na delegação de que trata o caput.

Art. 65. As entidades públicas e privadas beneficiadas com recursos públicos a qualquer título estarão submetidas à fiscalização do Poder Público, com a finalidade de verificar o cumprimento de metas e objetivos para os quais receberam os recursos.

Parágrafo único. O Poder Executivo adotará providências com vistas ao registro e à divulgação, inclusive por meio eletrônico, das informações relativas às prestações de contas de convênios ou instrumentos congêneres.

Art. 66. (VETADO).

Art. 67. (VETADO).

SEÇÃO III - DISPOSIÇÕES GERAIS SOBRE TRANSFERÊNCIAS

Art. 68. As transferências financeiras para órgãos públicos e entidades públicas e privadas serão feitas preferencialmente por intermédio de instituições e agências financeiras oficiais, que, na impossibilidade de atuação do órgão concedente, poderão atuar como mandatárias da União para execução e supervisão, devendo a nota de empenho ser emitida até a data da assinatura do respectivo acordo, convênio, ajuste ou instrumento congênere.

§ 1º As despesas administrativas decorrentes das transferências previstas no caput poderão constar de categoria de programação específica ou correr à conta das dotações destinadas às respectivas

LRF   LDO

transferências, podendo ser deduzidas do valor repassado ao convenente, conforme cláusula prevista no correspondente instrumento.

§ 2º A prerrogativa estabelecida no § 1º, referente às despesas administrativas relacionadas às ações de fiscalização, é extensiva a outros órgãos ou entidades da administração pública federal com os quais o concedente ou o contratante venha a firmar parceria com esse objetivo.

Art. 69. Os pagamentos à conta de recursos recebidos da União, abrangidos pelas Seções I e II deste Capítulo, estão sujeitos à identificação do beneficiário final da despesa, por CPF ou CNPJ.

§ 1º Toda movimentação de recursos de que trata este artigo, por parte de convenentes ou executores, somente será realizada observando-se os seguintes preceitos:

I - movimentação mediante conta bancária específica para cada instrumento de transferência;

II - desembolsos mediante documento bancário, por meio do qual se faça crédito na conta bancária de titularidade do fornecedor ou prestador de serviços, ressalvado o disposto no § 3º; e

III - transferência, em meio magnético, à Secretaria do Tesouro Nacional do Ministério da Fazenda, pelos bancos responsáveis, na forma a ser regulamentada por aquela Secretaria, das informações relativas à movimentação nas contas mencionadas no inciso I deste parágrafo, contendo, pelo menos, a identificação do banco, da agência, da conta bancária e do CPF ou CNPJ do titular das contas de origem e de destino, quando houver, a data e o valor do pagamento.

§ 2º O Poder Executivo poderá estender as disposições deste artigo, no que couber, às transferências da União que resultem de obrigações legais, desde que não configurem repartição de receitas.

§ 3º Ato do dirigente máximo do órgão ou entidade concedente poderá autorizar, mediante justificativa, o pagamento em espécie a fornecedores e prestadores de serviços, desde que identificados no recibo pertinente.

§ 4º A exigência contida no inciso I do § 1º poderá ser substituída pela execução financeira direta, por parte do convenente, no SIAFI.

Art. 70. (VETADO).

CAPÍTULO V - DA DÍVIDA PÚBLICA FEDERAL

Art. 71. A atualização monetária do principal da dívida mobiliária refinanciada da União não poderá superar, no exercício de 2014, a variação do Índice Geral de Preços - Mercado - IGP-M da Fundação Getúlio Vargas.

Art. 72. As despesas com o refinanciamento da dívida pública federal serão incluídas na Lei Orçamentária de 2014, em seus anexos, e nos créditos adicionais separadamente das demais despesas com o serviço da dívida, constando o refinanciamento da dívida mobiliária em unidade orçamentária específica.

Parágrafo único. Para os fins desta Lei, entende-se por refinanciamento o pagamento do principal, acrescido da atualização monetária da dívida pública federal, realizado com receita proveniente da emissão de títulos.

Art. 73. Será consignada, na Lei Orçamentária de 2014 e nos créditos adicionais, estimativa de receita decorrente da emissão de títulos da dívida pública federal, para fazer face, estritamente, a despesas com:

LRF

LDO

I - o refinanciamento, os juros e outros encargos da dívida, interna e externa, de responsabilidade direta ou indireta do Tesouro Nacional ou que venham a ser de responsabilidade da União nos termos de resolução do Senado Federal;

II - o aumento do capital de empresas e sociedades em que a União detenha, direta ou indiretamente, a maioria do capital social com direito a voto e que não estejam incluídas no programa de desestatização; e

III - outras despesas cuja cobertura com a receita prevista no caput seja autorizada por lei ou medida provisória.

§ 1º (VETADO).

§ 2º (VETADO).

Art. 74. Os recursos de operações de crédito contratadas junto aos organismos multilaterais que, por sua natureza, estão vinculados à execução de projetos com fontes orçamentárias internas deverão ser destinados à cobertura de despesas com amortização ou encargos da dívida externa ou à substituição de receitas de outras operações de crédito externas.

Parágrafo único. Aplica-se o disposto no caput às operações na modalidade Enfoque Setorial Amplo (Sector Wide Approach) do BIRD e aos Empréstimos por Desempenho (Performance Driven Loan) do BID.

CAPÍTULO VI - DAS DESPESAS COM PESSOAL E ENCARGOS SOCIAIS E BENEFÍCIOS AOS SERVIDORES, EMPREGADOS E SEUS DEPENDENTES
SEÇÃO I - DAS DESPESAS DE PESSOAL E ENCARGOS SOCIAIS

Art. 75. Os Poderes Executivo, Legislativo e Judiciário, o

LDO

J. U. Jacoby Fernandes

Ministério Público da União e a Defensoria Pública da União terão como base de projeção do limite para elaboração de suas propostas orçamentárias de 2014, relativo a pessoal e encargos sociais, a despesa com a folha de pagamento vigente em abril de 2013, compatibilizada com as despesas apresentadas até esse mês e os eventuais acréscimos legais, inclusive o disposto nos arts. 80, 82 e 83, ou outro limite que vier a ser estabelecido por legislação superveniente.

§ 1º Aos limites estabelecidos, na forma do caput, serão acrescidas, na Justiça Eleitoral, as despesas necessárias à realização de eleições.

§ 2º Os parâmetros de que trata o caput serão informados aos órgãos dos Poderes Legislativo e Judiciário, do Ministério Público da União e da Defensoria Pública da União no prazo previsto no § 4º do art. 23.

§ 3º Não constituem despesas com pessoal e encargos sociais as relativas ao pagamento de assistência pré-escolar de dependentes de servidores civis, militares e empregados públicos, saúde suplementar de servidores civis, militares, empregados públicos e seus dependentes, diárias, fardamento, auxílios alimentação ou refeição, moradia, transporte de qualquer natureza e ajuda de custo relativa a despesas de locomoção e instalação decorrentes de mudança de sede e de movimentação de pessoal.

§ 4º As despesas decorrentes da concessão de pensões especiais previstas em leis específicas só serão classificadas como pessoal se vinculadas a cargo público federal.

Art. 76. Os Poderes, o Ministério Público da União e a Defensoria Pública da União disponibilizarão e manterão atualizada, nos respectivos sítios na internet, no portal

LRF	LDO

"Transparência" ou similar, tabela, por órgão, autarquia, fundação e empresa estatal dependente, com os quantitativos, por níveis e o total geral, de:

I - cargos efetivos vagos e ocupados por servidores estáveis e não estáveis e postos militares, agrupados por nível e denominação;

II - cargos em comissão e funções de confiança vagos e ocupados por servidores com e sem vínculo com a administração pública federal, agrupados por nível e classificação; e

III - pessoal contratado por tempo determinado, observado o disposto no § 1º do art. 86.

§ 1º No caso do Poder Executivo, a responsabilidade por disponibilizar e atualizar as informações previstas no caput, será:

I - do Ministério do Planejamento, Orçamento e Gestão, no caso do pessoal pertencente aos órgãos da administração pública direta, autárquica e fundacional;

II - de cada empresa estatal dependente, no caso de seus empregados; e

III - de cada Comando das Forças Armadas, no caso de seus militares.

§ 2º A tabela a que se refere o caput obedecerá a modelo a ser definido pelo Poder Executivo, em conjunto com os Poderes, o Ministério Público da União e a Defensoria Pública da União.

§ 3º Não serão considerados como cargos e funções vagos, para efeito deste artigo, as autorizações legais para a criação de cargos efetivos e em comissão e funções de confiança cuja efetividade esteja sujeita à implementação das condições de que trata o § 1º do art. 169 da Constituição Federal.

§ 4º As disposições deste artigo aplicam-se também à administração pública indireta, incluindo agências reguladoras e

LDO   J. U. JACOBY FERNANDES

conselhos de administração e fiscal.

§ 5º Caberá ao Conselho Nacional de Justiça e ao Conselho Nacional do Ministério Público organizar e disponibilizar os dados referidos neste artigo, no que se refere ao Poder Judiciário e ao Ministério Público da União, respectivamente.

Art. 77. No exercício de 2014, observado o disposto no art. 169 da Constituição Federal e no art. 80 desta Lei, somente poderão ser admitidos servidores se, cumulativamente:

I - existirem cargos e empregos públicos vagos a preencher, demonstrados na tabela a que se refere o art. 76;

II - houver prévia dotação orçamentária suficiente para o atendimento da despesa; e

III - for observado o limite previsto no art. 75.

Art. 78. No exercício de 2014, a realização de serviço extraordinário, quando a despesa houver extrapolado 95% (noventa e cinco por cento) dos limites referidos no art. 20 da Lei de Responsabilidade Fiscal, exceto para o caso previsto no inciso II do § 6º do art. 57 da Constituição Federal, somente poderá ocorrer quando destinada ao atendimento de relevantes interesses públicos decorrentes de situações emergenciais de risco ou de prejuízo para a sociedade.

Parágrafo único. A autorização para a realização de serviço extraordinário, no âmbito do Poder Executivo, nas condições estabelecidas no caput, é de exclusiva competência do Ministro de Estado do Planejamento, Orçamento e Gestão.

Art. 79. Os projetos de lei e medidas provisórias relacionados a aumento de gastos com pessoal e encargos sociais deverão ser acompanhados de:

I - premissas e metodologia de cálculo utilizadas, conforme

LRF | LDO

estabelece o art. 17 da Lei de Responsabilidade Fiscal;

II - simulação que demonstre o impacto da despesa com a medida proposta, destacando ativos, inativos e pensionistas;

III - manifestação do Ministério do Planejamento, Orçamento e Gestão, no caso do Poder Executivo, e dos órgãos próprios dos Poderes Legislativo e Judiciário, do Ministério Público da União e da Defensoria Pública da União, sobre o mérito e o impacto orçamentário e financeiro; e

IV - parecer ou comprovação de solicitação de parecer sobre o atendimento aos requisitos deste artigo, do Conselho Nacional de Justiça e do Conselho Nacional do Ministério Público, de que tratam os arts. 103-B e 130-A da Constituição Federal, tratando-se, respectivamente, de projetos de lei de iniciativa do Poder Judiciário e do Ministério Público da União.

§ 1º Não se aplica o disposto no inciso IV do caput aos projetos de lei referentes exclusivamente ao Supremo Tribunal Federal, Conselho Nacional de Justiça, Ministério Público Federal e Conselho Nacional do Ministério Público.

§ 2º Os projetos de lei ou medidas provisórias previstos neste artigo e as leis deles decorrentes, não poderão conter dispositivo com efeitos financeiros anteriores à entrada em vigor ou à plena eficácia.

§ 3º Excetua-se do disposto neste artigo a transformação de cargos que, justificadamente, não implique aumento de despesa.

§ 4º Aplica-se o disposto neste artigo aos militares das Forças Armadas.

Art. 80. Para fins de atendimento ao disposto no inciso II do § 1º do art. 169 da Constituição Federal, observado o inciso I do mesmo parágrafo, ficam autorizadas as despesas com pessoal

LDO   J. U. JACOBY FERNANDES

relativas à concessão de quaisquer vantagens, aumentos de remuneração, criação de cargos, empregos e funções, alterações de estrutura de carreiras, bem como admissões ou contratações a qualquer título, de civis ou militares, até o montante das quantidades e dos limites orçamentários constantes de anexo específico da Lei Orçamentária de 2014, cujos valores deverão constar da programação orçamentária e ser compatíveis com os limites da Lei de Responsabilidade Fiscal.

§ 1º O anexo a que se refere o caput conterá autorização somente quando amparada por proposição, cuja tramitação seja iniciada no Congresso Nacional até a data de publicação desta Lei, e terá os limites orçamentários correspondentes discriminados, por Poder, Ministério Público da União e Defensoria Pública da União e, quando for o caso, por órgão referido no art. 20 da Lei de Responsabilidade Fiscal, com as respectivas:

I - quantificações para a criação de cargos, funções e empregos, identificando especificamente o projeto de lei, a medida provisória ou a lei correspondente;

II - quantificações para o provimento de cargos, funções e empregos; e

III - especificações relativas a vantagens, aumentos de remuneração e alterações de estruturas de carreira, identificando o projeto de lei, a medida provisória ou a lei correspondente.

§ 2º O anexo de que trata o § 1º considerará, de forma segregada, provimento e criação de cargos, funções e empregos, indicará expressamente o crédito orçamentário que contenha a dotação dos valores autorizados em 2014 e será acompanhado dos valores relativos à despesa anualizada, facultada sua atualização, durante a apreciação do projeto, pelo Ministério do Planejamento,

Orçamento e Gestão, no prazo fixado pelo § 5º do art. 166 da Constituição Federal.

§ 3º Para fins de elaboração do anexo previsto no § 1º, os Poderes Legislativo e Judiciário, o Ministério Público da União e a Defensoria Pública da União apresentarão e os órgãos setoriais do Sistema de Planejamento e de Orçamento Federal submeterão a relação das modificações pretendidas à Secretaria de Orçamento Federal do Ministério do Planejamento, Orçamento e Gestão, junto com suas respectivas propostas orçamentárias, demonstrando a compatibilidade das modificações com as referidas propostas e com o disposto na Lei de Responsabilidade Fiscal.

§ 4º Os Poderes, o Ministério Público da União e a Defensoria Pública da União publicarão no Diário Oficial da União, até trinta dias após a publicação da Lei Orçamentária de 2014, demonstrativo dos saldos das autorizações para provimento de cargos, empregos e funções, mencionadas no caput, constantes do anexo específico da Lei Orçamentária de 2013, que poderão ser utilizadas no exercício de 2014, desde que comprovada a existência de disponibilidade orçamentária para o atendimento dos respectivos impactos orçamentários no exercício de 2014.

§ 5º Na utilização das autorizações previstas no caput e na apuração dos saldos de que trata o § 4º, deverão ser considerados os atos praticados em decorrência de decisões judiciais.

§ 6º A implementação das alterações nas despesas de pessoal e encargos sociais, previstas no art. 79, fica condicionada à observância dos limites fixados para o exercício de 2014 e desde que haja dotação autorizada, nos termos deste artigo, igual ou superior à metade do impacto orçamentário-financeiro anualizado.

§ 7º O disposto no inciso I do § 1º aplica-se à transformação

LDO
J. U. Jacoby Fernandes

de cargos vagos que implique aumento de despesa.

§ 8º Os projetos de lei e as medidas provisórias que criarem cargos, empregos ou funções a serem providos após o exercício em que forem editados deverão conter cláusula suspensiva de sua eficácia até constar a autorização e dotação em anexo da lei orçamentária correspondente ao exercício em que forem providos, não sendo considerados autorizados enquanto não publicada a respectiva lei orçamentária.

§ 9º As dotações correspondentes ao anexo de que trata o § 1º deste artigo serão alocadas na proposta e na lei orçamentária em reserva de contingência e serão remanejadas quando da implementação da autorização ali contida.

Art. 81. Os atos de provimentos e vacâncias de cargos efetivos e comissionados, bem como de funções de confiança, no âmbito dos Poderes, do Ministério Público da União e da Defensoria Pública da União, deverão ser, obrigatoriamente, publicados em órgão oficial de imprensa e disponibilizados nos sítios dos respectivos órgãos na internet.

Parágrafo único. Na execução orçamentária, deverá ser evidenciada a despesa com cargos em comissão em subelemento específico.

Art. 82. Fica autorizada, nos termos da Lei nº 10.331, de 18 de dezembro de 2001, a revisão geral das remunerações, subsídios, proventos e pensões dos servidores ativos e inativos dos Poderes Executivo, Legislativo e Judiciário, bem como do Ministério Público da União e da Defensoria Pública da União, das autarquias e fundações públicas federais, cujo percentual será definido em lei específica.

Art. 83. Fica autorizada a revisão da remuneração dos

militares ativos e inativos e pensionistas, cujo percentual será definido em lei específica.

Art. 84. O pagamento de quaisquer aumentos de despesa com pessoal decorrente de medidas administrativas ou judiciais que não se enquadrem nas exigências dos arts. 75, 78, 80, 82 e 83 dependerá de abertura de créditos adicionais.

Art. 85. O relatório bimestral de execução orçamentária de que trata o § 3º do art. 165 da Constituição Federal conterá, em anexo, a discriminação das despesas com pessoal e encargos sociais, inclusive o quantitativo de pessoal, de modo a evidenciar os valores despendidos com vencimentos e vantagens fixas, despesas variáveis, encargos com pensionistas e inativos e encargos sociais para:

I - pessoal civil da administração pública direta;

II - pessoal militar;

III - servidores das autarquias;

IV - servidores das fundações;

V - empregados de empresas que integrem os Orçamentos Fiscal e da Seguridade Social;

VI - despesas com cargos em comissão; e

VII - contratado por prazo determinado.

§ 1º A Secretaria de Gestão Pública do Ministério do Planejamento, Orçamento e Gestão expedirá normas para a unificação e consolidação das informações relativas a despesas de pessoal e encargos sociais do Poder Executivo.

§ 2º Os órgãos dos Poderes Legislativo e Judiciário, do Ministério Público da União e da Defensoria Pública da União encaminharão, em meio magnético, à Secretaria referida no § 1º informações referentes ao quantitativo de servidores e despesas de pessoal e encargos sociais, conforme modelo por ela estabelecido.

LDO   J. U. Jacoby Fernandes

Art. 86. Para fins de apuração da despesa com pessoal, prevista no art. 18 da Lei de Responsabilidade Fiscal, deverão ser incluídas as despesas relativas à contratação de pessoal por tempo determinado para atender a necessidade temporária de excepcional interesse público, nos termos da Lei nº 8.745, de 1993, bem como as despesas com serviços de terceiros quando caracterizarem substituição de servidores e empregados públicos, observado o disposto no § 3º deste artigo.

§ 1º As despesas relativas à contratação de pessoal por tempo determinado a que se refere o caput, quando caracterizarem substituição de servidores e empregados públicos, deverão ser classificadas no GND 1, salvo disposição em contrário constante de legislação vigente.

§ 2º O disposto no § 1º do art. 18 da Lei de Responsabilidade Fiscal aplica-se exclusivamente para fins de cálculo do limite da despesa total com pessoal, não se constituindo em despesas classificáveis no GND 1.

Art. 87. Aplicam-se aos militares das Forças Armadas e às empresas estatais dependentes, no que couber, os dispositivos deste Capítulo.

Seção II - Das Despesas com Benefícios aos Servidores, Empregados e seus Dependentes

Art. 88. O limite relativo à proposta orçamentária de 2014, para os Poderes, o Ministério Público da União e a Defensoria Pública da União, concernentes ao auxílio-alimentação ou refeição, à assistência pré-escolar, à assistência médica e odontológica, nesta incluídos os exames periódicos, e ao auxílio-transporte, corresponderá à projeção anual, calculada a partir da despesa vigente em março de 2013, compatibilizada com as despesas apresentadas até esse mês e os eventuais acréscimos, na forma da lei.

§ 1º A inclusão de recursos no Projeto e na Lei Orçamentária de 2014 para atender às despesas de que trata o caput fica condicionada à informação do número efetivo de beneficiários nas respectivas metas, existentes em março de 2013, acrescido do número previsto de ingresso de beneficiários oriundo de posses e de criação de cargos ao longo dos exercícios de 2013 e de 2014.

§ 2º O resultado da divisão entre os recursos alocados nas ações orçamentárias relativas aos benefícios relacionados no caput e o número previsto de beneficiários deverá corresponder ao valor per capita praticado no âmbito de cada órgão ou unidade orçamentária.

§ 3º Os órgãos e as unidades orçamentárias encaminharão à Secretaria de Orçamento Federal do Ministério do Planejamento, Orçamento e Gestão, quando couber, cópia dos atos legais relativos aos valores per capita dos benefícios referidos no caput, praticados em seu âmbito, utilizados para a definição dos valores nos termos do § 2º.

Art. 89. Os Poderes, o Ministério Público da União e a Defensoria Pública da União disponibilizarão e manterão atualizadas, nos respectivos sítios na internet, no portal "Transparência" ou similar, tabelas com os totais de beneficiários segundo cada benefício referido no art. 88, por órgão e entidade, bem como os respectivos atos legais relativos aos seus valores per capita.

Parágrafo único. No caso do Poder Executivo, a

responsabilidade pela disponibilização das informações previstas no caput será:

I - do Ministério do Planejamento, Orçamento e Gestão, no caso do pessoal pertencente aos órgãos da administração pública direta, autárquica e fundacional e seus dependentes;

II - de cada empresa estatal dependente, no caso de seus empregados e seus dependentes; e

III - de cada Comando das Forças Armadas, no caso dos militares e seus dependentes.

Art. 90. As eventuais disponibilidades de dotações orçamentárias relativas aos benefícios auxílio-alimentação ou refeição, assistência pré-escolar, assistência médica e odontológica de civis e militares, inclusive exames periódicos, e auxílio-transporte, porventura existentes, somente poderão ser remanejadas para o atendimento de outras despesas após atendidas as necessidades de suplementação das mencionadas dotações no âmbito das unidades orçamentárias, respectivamente, do Poder Executivo ou de cada órgão orçamentário dos Poderes Legislativo e Judiciário, do Ministério Público da União e da Defensoria Pública da União.

Art. 91. Fica vedado o reajuste, no exercício de 2014, em percentual acima da variação, no exercício de 2013, do Índice Nacional de Preços ao Consumidor Amplo - IPCA do IBGE, dos benefícios auxílio-alimentação ou refeição e assistência pré-escolar, quando o valor unitário vigente do benefício pago pelo órgão ou entidade no âmbito dos Poderes, do Ministério Público da União e da Defensoria Pública da União, for superior ao valor médio da União, para cada um dos referidos benefícios, praticado no mês de março de 2013.

LRF | LDO

Parágrafo único. Para fins de apuração dos valores per capita a que se refere o caput, os órgãos dos Poderes, do Ministério Público da União e da Defensoria Pública da União encaminharão à Secretaria de Orçamento Federal do Ministério do Planejamento, Orçamento e Gestão, quando do envio das informações de que trata o inciso XII do Anexo II, cópia dos atos legais relativos aos citados valores praticados em seu âmbito no mês de março de 2013, os quais servirão de base, em conjunto com os quantitativos físicos constantes da Proposta Orçamentária para 2014, para a edição de portaria, pela referida Secretaria, que divulgará o valor per capita da União de que trata o caput.

CAPÍTULO VII - DA POLÍTICA DE APLICAÇÃO DOS RECURSOS DAS AGÊNCIAS FINANCEIRAS OFICIAIS DE FOMENTO

Art. 92. As agências financeiras oficiais de fomento, respeitadas suas especificidades, observarão as seguintes prioridades:

I - para a Caixa Econômica Federal, redução do déficit habitacional e melhoria das condições de vida das populações em situação de pobreza, especialmente quando beneficiam idosos, pessoas com deficiência, povos e comunidades tradicionais, mulheres chefes de família e militares das Forças Armadas que moram em áreas consideradas de risco, via financiamentos e projetos habitacionais de interesse social, projetos de investimentos em saneamento básico e desenvolvimento da infraestrutura urbana e rural;

II - para o Banco do Brasil S.A., aumento da oferta de alimentos para o mercado interno, especialmente de alimentos integrantes da cesta básica e por meio de incentivos a programas de agricultura familiar, e da oferta de produtos agrícolas para exportação e intensificação das trocas internacionais do Brasil com seus parceiros, incentivando a competividade de empresas brasileiras no exterior;

III - para o Banco do Nordeste do Brasil S.A., Banco da Amazônia S.A., Banco do Brasil S.A. e Caixa Econômica Federal, estímulo à criação de empregos e ampliação da oferta de produtos de consumo popular, mediante apoio à expansão e ao desenvolvimento das cooperativas de trabalhadores artesanais, do extrativismo, do manejo de florestas de baixo impacto, das atividades desenvolvidas pelos povos e comunidades tradicionais, da agricultura de pequeno porte, da pesca e das micro, pequenas e médias empresas;

IV - para o Banco Nacional de Desenvolvimento Econômico e Social - BNDES:

a) desenvolvimento das cooperativas de produção, micro, pequenas e médias empresas, tendo como meta o crescimento de 50% (cinquenta por cento) das aplicações destinadas a esses segmentos, em relação à média dos três últimos exercícios, desde que haja demanda habilitada;

b) financiamento de programas do Plano Plurianual 2012-2015, especialmente as atividades produtivas que propiciem a redução das desigualdades de gênero e étnico-raciais;

c) reestruturação produtiva, com vistas a estimular a competitividade interna e externa das empresas nacionais, bem como o apoio a setores prejudicados pela valorização cambial da moeda nacional;

d) financiamento nas áreas de saúde, educação, meio ambiente, incluindo prevenção, redução e combate à desertificação, infraestrutura, incluindo mobilidade e transporte urbano, navegação de cabotagem e expansão das redes urbanas de distribuição de gás canalizado, e os projetos do setor público, em complementação aos gastos de custeio;

e) financiamento para investimentos na área de geração e transmissão de energia elétrica, transporte de gás natural por meio de gasodutos, bem como para programas relativos à eficiência no uso das fontes de energia, inclusive fontes alternativas;

f) financiamento para projetos geológicos, geotécnicos e ambientais associados a programas municipais de melhoria da gestão territorial e de identificação de áreas de risco;

g) redução das desigualdades regionais, sociais, étnico-raciais e de gênero, por meio do apoio à implantação e expansão das atividades produtivas;

h) financiamento para o apoio à expansão e ao desenvolvimento das empresas de economia solidária, dos arranjos produtivos locais e das cooperativas, bem como dos empreendimentos afro-brasileiros e indígenas;

i) financiamento à geração de renda e de emprego por meio do microcrédito , com ênfase nos empreendimentos protagonizados por afro-brasileiros, indígenas, mulheres ou pessoas com deficiência;

j) desenvolvimento de projetos de produção e distribuição de gás nacional e biocombustíveis nacionais;

k) financiamento para os setores têxtil, moveleiro, fruticultor e coureiro-calçadista, tendo como meta o crescimento de 50% (cinquenta por cento) das aplicações destinadas a esses segmentos, em relação à média dos três últimos exercícios, desde que haja

LDO   J. U. JACOBY FERNANDES

demanda habilitada;

l) financiamento de projetos voltados para substituição de importação nas cadeias produtivas nos setores de maquinaria industrial, equipamento móvel de transporte, máquinas e ferramentas, eletroeletrônicos, produtos químicos e farmacêuticos e de matérias-primas para a agricultura;

m) financiamento de projetos e empreendimentos voltados para a cadeia produtiva da reciclagem de resíduos sólidos com tecnologias sustentáveis; e

n) financiamento para o desenvolvimento tecnológico nacional de insumos e equipamentos voltados à área da saúde;

V - para a Financiadora de Estudos e Projetos - FINEP e o BNDES, promoção do desenvolvimento da infraestrutura e da indústria, da agricultura e da agroindústria, com ênfase no fomento à pesquisa, à capacitação científica e tecnológica, à melhoria da competitividade da economia, à estruturação de unidades e sistemas produtivos orientados para o fortalecimento do Mercosul, à geração de empregos e à redução do impacto ambiental; e

VI - para o Banco da Amazônia S.A., Banco do Nordeste do Brasil S.A. e Banco do Brasil S.A., redução das desigualdades sociais, de gênero, étnico-raciais, inter e intrarregionais, nas Regiões Norte, Nordeste, com ênfase na região do semiárido, e Centro-Oeste do País, observadas as diretrizes estabelecidas na Política Nacional de Desenvolvimento Regional, mediante apoio a projetos voltados para o melhor aproveitamento das oportunidades de desenvolvimento econômico-social e maior eficiência dos instrumentos gerenciais dos Fundos Constitucionais de Financiamento do Norte - FNO, do Nordeste - FNE e do Centro-Oeste - FCO.

LRF   LDO

§ 1º A concessão ou renovação de quaisquer empréstimos ou financiamentos pelas agências financeiras oficiais de fomento não será permitida:

I - às empresas e entidades do setor privado ou público, inclusive aos Estados, ao Distrito Federal e aos Municípios, bem como às suas entidades da administração pública indireta, fundações, empresas públicas, sociedades de economia mista e demais empresas em que a União, direta ou indiretamente, detenha a maioria do capital social com direito a voto, que estejam inadimplentes com a União, seus órgãos e entidades das Administrações direta e indireta e com o Fundo de Garantia do Tempo de Serviço;

II - para aquisição de ativos públicos incluídos no Plano Nacional de Desestatização;

III - para importação de produtos ou serviços com similar nacional detentor de qualidade e preço equivalentes, exceto se demonstrada, manifestamente, a impossibilidade do fornecimento do produto ou prestação do serviço por empresa com sede no País; e

IV - para instituições cujos dirigentes sejam condenados por trabalho infantil, trabalho escravo, crime contra o meio ambiente, assédio moral ou sexual ou racismo.

§ 2º Em casos excepcionais, o BNDES poderá, no processo de privatização, financiar o comprador, desde que autorizado por lei específica.

§ 3º Integrarão o relatório de que trata o § 3º do art. 165 da Constituição Federal demonstrativos consolidados relativos a empréstimos e financiamentos, inclusive a fundo perdido, dos quais constarão, discriminados por região, unidade da Federação, setor de atividade, porte do tomador e origem dos recursos aplicados, em consonância com o inciso XIII do Anexo II:

I - saldos anteriores;

II - concessões no período;

III - recebimentos no período, discriminando-se amortizações e encargos; e

IV - saldos atuais.

§ 4º O Poder Executivo demonstrará, em audiência pública perante a Comissão Mista a que se refere o § 1º do art. 166 da Constituição Federal, em maio e setembro, convocada com antecedência mínima de trinta dias, a aderência das aplicações dos recursos das agências financeiras oficiais de fomento de que trata este artigo à política estipulada nesta Lei, bem como a execução do plano de aplicação previsto no inciso XIII do Anexo II.

§ 5º As agências financeiras oficiais de fomento deverão ainda:

I - manter atualizados, na internet, relatórios de suas operações de crédito , detalhados na forma do inciso XIII do Anexo II;

II - observar a diretriz de redução dos níveis de desemprego, bem como das desigualdades de gênero, raça, etnia, geracional, regional e de pessoas com deficiência, quando da aplicação de seus recursos;

III - publicar relatório anual do impacto de suas operações de crédito no combate às desigualdades mencionadas no inciso II deste parágrafo;

IV - considerar, como prioritárias, para a concessão de empréstimos ou financiamentos, as empresas que desenvolvam projetos de responsabilidade socioambiental ou integrem as cadeias produtivas locais, e adotem políticas de participação dos trabalhadores nos lucros; e

LRF	LDO

V - adotar medidas que visem à simplificação dos procedimentos relativos à concessão de empréstimos e financiamentos para micro e pequenas empresas.

§ 6º É vedada a imposição de critérios ou requisitos para concessão de crédito pelos Agentes Financeiros habilitados que não sejam delineados e fixados originalmente pelas Agências Financeiras Oficiais de Fomento para as diversas linhas de crédito e setores produtivos.

Art. 93. Os encargos dos empréstimos e financiamentos concedidos pelas agências não poderão ser inferiores aos respectivos custos de captação e de administração, ressalvado o previsto na Lei nº 7.827, de 27 de setembro de 1989.

CAPÍTULO VIII - DAS ALTERAÇÕES NA LEGISLAÇÃO E SUA ADEQUAÇÃO ORÇAMENTÁRIA
Seção I - Disposições Gerais sobre Adequação Orçamentária das Alterações na Legislação

Art. 94. As proposições legislativas e respectivas emendas, conforme art. 59 da Constituição Federal, que, direta ou indiretamente, importem ou autorizem diminuição de receita ou aumento de despesa da União, deverão estar acompanhadas de estimativas desses efeitos no exercício em que entrarem em vigor e nos dois subsequentes, detalhando a memória de cálculo respectiva e correspondente compensação, para efeito de adequação orçamentária e financeira e compatibilidade com as disposições constitucionais e legais que regem a matéria.

§ 1º Os órgãos dos Poderes, o Ministério Público da União e a Defensoria Pública da União encaminharão, quando solicitados por Presidente de órgão colegiado do Poder Legislativo, dispensada deliberação expressa do colegiado, no prazo máximo de sessenta dias, o impacto orçamentário e financeiro relativo à proposição legislativa, na forma de estimativa da diminuição de receita ou do aumento de despesa, ou oferecerão os subsídios técnicos para realizá-la.

§ 2º Os órgãos mencionados no § 1º atribuirão a órgão de sua estrutura administrativa a responsabilidade pelo cumprimento do disposto neste artigo.

§ 3º A estimativa do impacto orçamentário-financeiro previsto neste artigo deverá ser elaborada ou homologada por órgão competente da União e acompanhada da respectiva memória de cálculo.

§ 4º A remissão à futura legislação, o parcelamento de despesa ou a postergação do impacto orçamentário-financeiro não elidem a necessária estimativa e correspondente compensação previstas no caput.

§ 5º Aplicam-se as disposições deste Capítulo às proposições decorrentes do disposto nos incisos XIII e XIV do art. 21 da Constituição Federal.

§ 6º Será considerada incompatível a proposição que:

I - aumente despesa em matéria de iniciativa privativa, nos termos dos arts. 49, 51, 52, 61, 63, 96 e 127 da Constituição Federal; e

II - altere gastos com pessoal, nos termos do art. 169, § 1º, da Constituição Federal, concedendo aumento que resulte em somatório das parcelas remuneratórias permanentes superior ao limite fixado no inciso XI do art. 37 da Constituição Federal.

§ 7º As disposições desta Lei aplicam-se inclusive às

LRF	LDO

proposições legislativas mencionadas no caput que se encontrem em tramitação no Congresso Nacional.

§ 8º As propostas de atos que resultem em criação ou aumento de despesa obrigatória de caráter continuado, entendida aquela que constitui ou venha a se constituir em obrigação constitucional ou legal da União, além de atender ao disposto nos arts. 16 e 17 da Lei de Responsabilidade Fiscal, deverão, previamente à sua edição, ser encaminhadas aos órgãos a seguir para que se manifestem sobre a compatibilidade e adequação orçamentária e financeira:

I - no âmbito do Poder Executivo, aos Ministérios do Planejamento, Orçamento e Gestão e da Fazenda; e

II - no âmbito dos demais Poderes, do Ministério Público da União e da Defensoria Pública da União, aos órgãos competentes, inclusive os referidos no § 1º do art. 22.

§ 9º Somente por meio de norma legal poderá ser concedido aumento de parcelas transitórias, que não se incorporem a vencimentos ou proventos, relativas a férias, abono de permanência, exercício de função eleitoral e outras de natureza eventual como retribuições, parcelas ou vantagens com previsão constitucional.

§ 10. (VETADO).

SEÇÃO II - ALTERAÇÕES NA LEGISLAÇÃO TRIBUTÁRIA E DAS DEMAIS RECEITAS

Art. 95. Somente será aprovado o projeto de lei ou editada a medida provisória que institua ou altere receita pública quando acompanhado da correspondente demonstração da estimativa do impacto na arrecadação, devidamente justificada.

§ 1º A criação ou alteração de tributos de natureza vinculada será acompanhada de demonstração, devidamente justificada, de sua necessidade para oferecimento dos serviços públicos ao contribuinte ou para exercício de poder de polícia sobre a atividade do sujeito passivo.

§ 2º A concessão ou ampliação de incentivos ou benefícios de natureza tributária, financeira, creditícia ou patrimonial, destinados à região do semiárido incluirão a região norte de Minas Gerais.

§ 3º As proposições que tratem de renúncia de receita, ainda que sujeitas a limites globais, devem ser acompanhadas de estimativa do impacto orçamentário-financeiro e correspondente compensação, consignar objetivo, bem como atender às condições do art. 14 da Lei Complementar nº 101, de 4 de maio de 2000.

Art. 96. Na estimativa das receitas e na fixação das despesas do Projeto de Lei Orçamentária de 2014 e da respectiva Lei, poderão ser considerados os efeitos de propostas de alterações na legislação tributária e das contribuições, inclusive quando se tratar de desvinculação de receitas, que sejam objeto de proposta de emenda constitucional, de projeto de lei ou de medida provisória que esteja em tramitação no Congresso Nacional.

§ 1º Se estimada a receita, na forma deste artigo, no Projeto de Lei Orçamentária de 2014:

I - serão identificadas as proposições de alterações na legislação e especificada a variação esperada na receita, em decorrência de cada uma das propostas e seus dispositivos; e

II - será identificada a despesa condicionada à aprovação das respectivas alterações na legislação.

§ 2º Caso as alterações propostas não sejam aprovadas, ou o

sejam parcialmente, até sessenta dias após a publicação da Lei Orçamentária de 2014, de forma a não permitir a integralização dos recursos esperados, as dotações à conta das referidas receitas serão canceladas, mediante decreto, nos trinta dias subsequentes, observados os critérios a seguir relacionados, para aplicação sequencial obrigatória e cancelamento linear, até ser completado o valor necessário para cada fonte de receita:

I - de até 100% (cem por cento) das dotações relativas aos novos subtítulos de projetos;

II - de até 60% (sessenta por cento) das dotações relativas aos subtítulos de projetos em andamento;

III - de até 25% (vinte e cinco por cento) das dotações relativas às ações de manutenção;

IV - dos restantes 40% (quarenta por cento) das dotações relativas aos subtítulos de projetos em andamento; e

V - dos restantes 75% (setenta e cinco por cento) das dotações relativas às ações de manutenção.

§ 3º A troca das fontes de recursos condicionadas, constantes da Lei Orçamentária de 2014, pelas respectivas fontes definitivas, cujas alterações na legislação foram aprovadas, será efetuada até trinta dias após a publicação da mencionada Lei ou das referidas alterações.

§ 4º No caso de não aprovação das propostas de alteração previstas no caput, poderá ser efetuada a substituição das fontes condicionadas por excesso de arrecadação de outras fontes, antes do cancelamento previsto no § 2º.

§ 5º O atendimento de programação cancelada nos termos do § 2º far-se-á por intermédio da abertura de crédito suplementar.

Art. 97. Sem prejuízo do disposto no art. 96, as estimativas de

LDO   J. U. JACOBY FERNANDES

receita constantes do Projeto de Lei Orçamentária e da respectiva Lei poderão considerar as desonerações fiscais que serão realizadas e produzirão efeitos no exercício de 2014.

CAPÍTULO IX - DAS DISPOSIÇÕES SOBRE A FISCALIZAÇÃO PELO PODER LEGISLATIVO E SOBRE AS OBRAS E OS SERVIÇOS COM INDÍCIOS DE IRREGULARIDADES GRAVES

Art. 98. O Projeto de Lei Orçamentária de 2014 e a respectiva Lei poderão contemplar subtítulos relativos a obras e serviços com indícios de irregularidades graves, permanecendo a execução física, orçamentária e financeira dos respectivos contratos, convênios, etapas, parcelas ou subtrechos constantes do anexo a que se refere o § 2º do art. 9º condicionada à prévia deliberação da Comissão Mista a que se refere o § 1º do art. 166 da Constituição Federal, observado o disposto no art. 71, §§ 1º e 2º, da Constituição Federal, e no art. 102, §§ 3º e 4º, desta Lei.

§ 1º Para os efeitos desta Lei, entendem-se por:

I - execução física, a realização da obra, fornecimento do bem ou prestação do serviço;

II - execução orçamentária, o empenho e a liquidação da despesa, inclusive sua inscrição em restos a pagar;

III - execução financeira, o pagamento da despesa, inclusive dos restos a pagar;

IV - indícios de irregularidades graves com recomendação de paralisação - IGP, os atos e fatos materialmente relevantes em relação ao valor total contratado que apresentem potencialidade de ocasionar prejuízos ao erário ou a terceiros e que:

| LRF | LDO |

a) possam ensejar nulidade de procedimento licitatório ou de contrato; ou

b) configurem graves desvios relativamente aos princípios constitucionais a que está submetida a administração pública federal;

V - indício de irregularidade grave com recomendação de retenção parcial de valores - IGR, aquele que, embora atenda à conceituação contida no inciso IV do § 1º, permite a continuidade da obra desde que haja autorização do contratado para retenção de valores a serem pagos, ou a apresentação de garantias suficientes para prevenir o possível dano ao erário, até a decisão de mérito sobre o indício relatado; e

VI - indício de irregularidade grave que não prejudique a continuidade - IGC, aquele que, embora gere citação ou audiência do responsável, não atende à conceituação contida nos incisos IV ou V do § 1º.

§ 2º Os ordenadores de despesa e os órgãos setoriais de orçamento deverão providenciar o bloqueio, nos sistemas próprios, da execução física, orçamentária e financeira dos contratos, convênios, etapas, parcelas ou subtrechos constantes do anexo a que se refere o § 2º do art. 9º, permanecendo nessa situação até a deliberação em contrário da Comissão Mista a que se refere o § 1º do art. 166 da Constituição Federal.

§ 3º Não estão sujeitos ao bloqueio da execução, a que se refere o § 2º, os casos para os quais tenham sido apresentadas garantias suficientes à cobertura integral dos prejuízos potenciais ao erário, nos termos da legislação pertinente, observado o art. 71, §§ 1º e 2º, da Constituição Federal, sendo permitido que as garantias sejam apresentadas à medida que os serviços sobre os quais recai o apontamento de irregularidade grave sejam executados.

§ 4° Os pareceres da Comissão Mista a que se refere o § 1° do art. 166 da Constituição Federal acerca de obras e serviços com indícios de irregularidades graves deverão ser fundamentados, explicitando as razões da deliberação.

§ 5° A inclusão, no Projeto de Lei Orçamentária de 2014 e na respectiva Lei, assim como em créditos adicionais, de subtítulos relativos a obras e serviços com indícios de irregularidades graves obedecerá, sempre que possível, à mesma classificação orçamentária constante das leis orçamentárias anteriores, ajustada à lei do plano plurianual, conforme o caso.

§ 6° Aplica-se o disposto neste artigo, no que couber, às alterações decorrentes de créditos adicionais e à execução física, orçamentária e financeira de contratos, convênios, etapas, parcelas ou subtrechos relativos aos subtítulos de que trata o caput cujas despesas foram inscritas em restos a pagar.

§ 7° Os titulares dos órgãos e das entidades executoras e concedentes deverão suspender as autorizações para execução física, orçamentária e financeira dos contratos, convênios, etapas, parcelas ou subtrechos relativos aos subtítulos de que trata o caput, situação esta que deverá ser mantida até a deliberação em contrário da Comissão Mista a que se refere o § 1° do art. 166 da Constituição Federal, nos termos do art. 71, §§ 1° e 2°, da Constituição Federal e do art. 102 desta Lei.

§ 8° A suspensão de que trata o § 7° deste artigo, observado o art. 71, §§ 1° e 2°, da Constituição Federal, poderá ser evitada, a critério da Comissão Mista a que se refere o § 1° do art. 166 da Constituição Federal, caso os órgãos e as entidades executores ou concedentes adotem medidas corretivas para o saneamento das

LRF   LDO

possíveis falhas ou se forem oferecidas garantias suficientes à cobertura integral dos supostos prejuízos potenciais ao erário, nos termos do § 3º.

§ 9º A classificação, pelo Tribunal de Contas da União, das constatações de fiscalização nas modalidades previstas nos incisos IV e V do § 1º, dar-se-á por decisão monocrática ou colegiada, que deve ser proferida no prazo máximo de quarenta dias corridos a contar da conclusão da auditoria pela unidade técnica, dentro do qual deverá ser assegurada a oportunidade de manifestação preliminar, em quinze dias corridos, aos órgãos e às entidades aos quais foram atribuídas as supostas irregularidades.

§ 10. O enquadramento na classificação a que se refere o § 9º poderá ser revisto a qualquer tempo mediante ulterior decisão monocrática ou colegiada do Tribunal de Contas da União, em face de novos elementos de fato e de direito apresentados pelos interessados.

Art. 99. O Congresso Nacional levará em consideração, na sua deliberação pelo bloqueio ou desbloqueio da execução física, orçamentária e financeira de contratos, convênios, etapas, parcelas ou subtrechos relativos aos subtítulos de obras e serviços com indícios de irregularidades graves, a classificação da gravidade do indício, nos termos estabelecidos nos incisos IV, V e VI do § 1º do art. 98, e as razões apresentadas pelos órgãos e entidades responsáveis pela execução, em especial:

I - os impactos sociais, econômicos e financeiros decorrentes do atraso na fruição dos benefícios do empreendimento pela população;

II - os riscos sociais, ambientais e à segurança da população local decorrentes do atraso na fruição dos benefícios do

247

empreendimento;

III - a motivação social e ambiental do empreendimento;

IV - o custo da deterioração ou perda de materiais adquiridos ou serviços executados;

V - as despesas necessárias à preservação das instalações e dos serviços já executados;

VI - as despesas inerentes à desmobilização e ao posterior retorno às atividades;

VII - as medidas efetivamente adotadas pelo titular do órgão ou entidade para o saneamento dos indícios de irregularidades apontados;

VIII - o custo total e o estágio de execução física e financeira de contratos, convênios, obras ou parcelas envolvidas;

IX - empregos diretos e indiretos perdidos em razão da paralisação;

X - custos para realização de nova licitação ou celebração de novo contrato; e

XI - custo de oportunidade do capital durante o período de paralisação.

§ 1º A apresentação das razões a que se refere o caput é de responsabilidade:

I - do titular do órgão ou da entidade federal, executor ou concedente, responsável pela obra ou serviço em que se tenha verificado indício de irregularidade, no âmbito do Poder Executivo; ou

II - do titular do órgão dos Poderes Legislativo e Judiciário, do Ministério Público da União e da Defensoria Pública da União, para as obras e serviços executados no respectivo âmbito.

§ 2º As razões de que trata este artigo serão encaminhadas ao

LRF	LDO

Congresso Nacional, por escrito, pelos responsáveis mencionados no § 1º:

I - para as obras e os serviços constantes da relação de que trata o inciso I do caput do art. 100, no prazo a que se refere o art. 10;

II - para as obras e os serviços constantes da relação de que trata o inciso II do caput do art. 100, em até quinze dias da publicação do acórdão do Tribunal de Contas da União que aprove a forma final da mencionada relação; e

III - no caso das informações encaminhadas na forma do art. 103, em até quinze dias a contar do recebimento da decisão monocrática ou da publicação do acórdão a que se refere o § 9º do art. 98.

§ 3º É facultado aos responsáveis mencionados no § 1º, bem como ao titular do órgão ou da entidade responsável pelas respectivas contratações, apresentar as razões de que trata este artigo também ao Tribunal de Contas da União durante as ações de fiscalização do empreendimento.

§ 4º A omissão na prestação das informações, na forma e nos prazos do § 2º, não impedirá as decisões da Comissão Mista a que se refere o § 1º do art. 166 da Constituição Federal e do Congresso Nacional, nem retardará a aplicação de qualquer de seus prazos de tramitação e deliberação.

§ 5º Para fins deste artigo, o Tribunal de Contas da União subsidiará a deliberação do Congresso Nacional, com o envio de informações e avaliações acerca de potenciais prejuízos econômicos e sociais advindos da paralisação, abordando, dentre outros, os elementos relacionados nos incisos I a XI do caput deste artigo.

Art. 100. Para fins do disposto no inciso V do § 1º do art. 59 da Lei de Responsabilidade Fiscal e no § 2º do art. 9º desta Lei, o

LDO   J. U. Jacoby Fernandes

Tribunal de Contas da União encaminhará:

I - à Secretaria de Orçamento Federal do Ministério do Planejamento, Orçamento e Gestão e aos órgãos setoriais do Sistema de Planejamento e de Orçamento Federal, até 1º de agosto de 2013, a relação das obras e dos serviços com indícios de irregularidades graves, com o correspondente banco de dados, especificando as classificações institucional, funcional e programática vigentes, com os respectivos números dos contratos e convênios, na forma do Anexo VI da Lei Orçamentária de 2013, acrescida do custo global estimado de cada obra ou serviço listado e do respectivo estágio da execução física, com a data a que se referem essas informações; e

II - à Comissão Mista a que se refere o § 1º do art. 166 da Constituição Federal, até setenta dias após o encaminhamento do Projeto de Lei Orçamentária, a relação atualizada de contratos, convênios, etapas, parcelas ou subtrechos relativos aos subtítulos nos quais forem identificados indícios de irregularidades graves, classificados na forma disposta nos incisos IV, V e VI do § 1º do art. 98, bem como a relação daqueles que, embora tenham tido recomendação de paralisação da equipe de auditoria, não foram objeto de decisão monocrática ou colegiada no prazo previsto no § 9º do art. 98, acompanhadas de cópias em meio eletrônico das decisões monocráticas e colegiadas, dos Relatórios e Votos que as fundamentarem e dos relatórios de auditoria das obras e dos serviços fiscalizados.

§ 1º É obrigatória a especificação dos contratos, convênios ou editais relativos a etapas, parcelas ou subtrechos nos quais foram identificados indícios de irregularidades graves, bem como da decisão monocrática ou acórdão ao qual se refere o § 9º do art. 98.

§ 2º O Tribunal de Contas da União manterá as informações sobre obras e serviços com indícios de irregularidades graves de que trata este artigo atualizadas na sua página na internet.

Art. 101. A seleção das obras e dos serviços a serem fiscalizados pelo Tribunal de Contas da União deve considerar, entre outros fatores:

I - o valor autorizado e o empenhado no exercício anterior e no exercício atual;

II - os projetos de grande vulto;

III - a regionalização do gasto;

IV - o histórico de irregularidades pendentes obtido a partir de fiscalizações anteriores e a reincidência de irregularidades cometidas; e

V - as obras contidas no Anexo VI - Subtítulos relativos a Obras e Serviços com Indícios de Irregularidades Graves da Lei Orçamentária em vigor que não foram objeto de deliberação posterior do Tribunal de Contas da União pela regularidade.

§ 1º O Tribunal de Contas da União deverá, adicionalmente, enviar informações sobre outras obras ou serviços nos quais tenham sido constatados indícios de irregularidades graves em outros procedimentos fiscalizatórios realizados nos últimos doze meses, contados da publicação desta Lei, com o grau de detalhamento definido no § 2º deste artigo e observados os incisos IV, V e VI do § 1º e o § 9º do art. 98.

§ 2º Da seleção referida no caput constarão, para cada obra fiscalizada, sem prejuízo de outros dados considerados relevantes pelo Tribunal de Contas da União:

I - as classificações institucional, funcional e programática, atualizadas de acordo com a Lei Orçamentária de 2013;

II - a sua localização e especificação, com as etapas, as parcelas ou os subtrechos e seus respectivos contratos e convênios, conforme o caso;

III - o CNPJ e a razão social da empresa responsável pela execução da obra ou do serviço nos quais foram identificados indícios de irregularidades graves, nos termos dos incisos IV, V e VI do § 1º do art. 98, bem como o nome do órgão ou da entidade responsável pela contratação;

IV - a natureza e a classificação dos indícios de irregularidades de acordo com sua gravidade, bem como o pronunciamento acerca da estimativa do valor potencial do prejuízo ao erário e de elementos que recomendem a paralisação preventiva da obra;

V - as providências já adotadas pelo Tribunal de Contas da União quanto às irregularidades;

VI - o percentual de execução físico-financeira;

VII - a estimativa do valor necessário para conclusão;

VIII - as manifestações prévias do órgão ou da entidade fiscalizada aos quais tenham sido atribuídas as supostas irregularidades, bem como as correspondentes decisões, monocráticas ou colegiadas, com os relatórios e votos que as fundamentarem, quando houver;

IX - o conteúdo das eventuais alegações de defesa apresentadas e sua apreciação; e

X - as eventuais garantias de que trata o § 3º do art. 98, identificando o tipo e o valor.

§ 3º As unidades orçamentárias responsáveis por obras e serviços que constem, em dois ou mais exercícios, do Anexo a que se refere o § 2º do art. 9º devem informar à Comissão Mista a que se refere o § 1º do art. 166 da Constituição Federal, até trinta dias após o encaminhamento da proposta orçamentária de 2014, as providências tomadas para sanar as irregularidades apontadas em decisão do Tribunal de Contas da União em face da qual não caiba mais recurso perante aquela Corte.

§ 4º Para efeito do que dispõe o § 4º do art. 102, o Tribunal de Contas da União encaminhará informações nas quais constará pronunciamento conclusivo quanto a irregularidades graves que não se confirmaram ou ao seu saneamento.

§ 5º Sempre que a informação encaminhada pelo Tribunal de Contas da União, nos termos do caput, implicar reforma de deliberação anterior, deverão ser evidenciadas a decisão reformada e a correspondente decisão reformadora.

§ 6º Os indícios de irregularidades levantados pelo Tribunal de Contas da União em processo de auditoria delimitarão o seu escopo, de modo que eventuais novos indícios deverão ser objeto de novo processo.

§ 7º Indícios de irregularidades já tratados em decisão transitada em julgado no Tribunal de Contas da União não poderão ser objeto de nova fiscalização com a mesma finalidade, exceto na ocorrência de fatos novos.

Art. 102. A Comissão Mista a que se refere o § 1º do art. 166 da Constituição Federal poderá realizar audiências públicas com vistas a subsidiar as deliberações acerca do bloqueio ou desbloqueio de contratos, convênios, etapas, parcelas ou subtrechos relativos a subtítulos nos quais forem identificados indícios de irregularidades graves.

§ 1º Serão convidados para as audiências os representantes do Tribunal de Contas da União e dos órgãos e das entidades envolvidos, que poderão expor as medidas saneadoras já tomadas e

LDO   J. U. JACOBY FERNANDES

as razões pelas quais as obras sob sua responsabilidade não devam ser paralisadas, inclusive aquelas a que se refere o art. 99, acompanhadas da justificação por escrito do titular do órgão ou entidade responsável pelas respectivas contratações.

§ 2º A deliberação da Comissão Mista a que se refere o § 1º do art. 166 da Constituição Federal que resulte na continuidade da execução de contratos, convênios, etapas, parcelas ou subtrechos relativos a subtítulos nos quais forem identificados indícios de irregularidades graves com recomendação de paralisação ainda não sanados dependerá da avaliação das informações recebidas na forma do § 2º do art. 99 e de prévia realização da audiência pública prevista no caput, quando deverão ser avaliados os prejuízos potenciais da paralisação para a administração pública e para a sociedade.

§ 3º A decisão pela paralisação ou pela continuidade de obras ou serviços com indícios de irregularidades graves, nos termos do § 2º, dar-se-á sem prejuízo da continuidade das ações de fiscalização e da apuração de responsabilidades dos gestores que lhes deram causa.

§ 4º Após a publicação da Lei Orçamentária de 2014, o bloqueio e o desbloqueio da execução física, orçamentária e financeira nos termos deste Capítulo dar-se-ão mediante decreto legislativo baseado em deliberação da Comissão Mista a que se refere o § 1º do art. 166 da Constituição Federal, à qual cabe divulgar, pela internet, a relação atualizada dos subtítulos de que trata o caput.

Art. 103. Durante o exercício de 2014, o Tribunal de Contas da União remeterá ao Congresso Nacional e ao órgão ou à entidade fiscalizada, no prazo de até quinze dias da decisão ou

LRF   LDO

Acórdão aos quais se refere o art. 98, §§ 9º e 10, informações relativas a novos indícios de irregularidades graves identificados em contratos, convênios, etapas, parcelas ou subtrechos relativos a subtítulos constantes da Lei Orçamentária de 2014, inclusive com as informações relativas às execuções física, orçamentária e financeira, acompanhadas das manifestações dos órgãos e das entidades responsáveis pelas obras que permitam a análise da conveniência e oportunidade de bloqueio das respectivas execuções física, orçamentária e financeira.

§ 1º O Tribunal de Contas da União disponibilizará à Comissão Mista a que se refere o § 1º do art. 166 da Constituição Federal acesso ao seu sistema eletrônico de fiscalização de obras e serviços.

§ 2º Os processos relativos a obras ou serviços que possam ser objeto de bloqueio nos termos dos arts. 98 e 99 serão instruídos e apreciados prioritariamente pelo Tribunal de Contas da União, devendo a decisão indicar, de forma expressa, se as irregularidades inicialmente apontadas foram confirmadas e se o empreendimento questionado poderá ter continuidade sem risco de prejuízos significativos ao erário, no prazo de até quatro meses, contado da comunicação prevista no caput.

§ 3º A decisão mencionada no § 2º deverá relacionar todas as medidas a serem adotadas pelos responsáveis, com vistas ao saneamento das irregularidades graves.

§ 4º Após a manifestação do órgão ou entidade responsável quanto à adoção das medidas corretivas, o Tribunal de Contas da União deverá se pronunciar sobre o efetivo cumprimento dos termos da decisão de que trata o § 2º, no prazo de até três meses, contado da data de entrega da citada manifestação.

LDO   J. U. JACOBY FERNANDES

§ 5º Na impossibilidade de cumprimento dos prazos estipulados nos §§ 2º e 4º, o Tribunal de Contas da União deverá informar e justificar ao Congresso Nacional as motivações do atraso.

§ 6º O Tribunal de Contas da União encaminhará, até 15 de maio de 2014, à Comissão Mista a que se refere o § 1º do art. 166 da Constituição Federal relatório contendo as medidas saneadoras adotadas e as pendências relativas a obras e serviços com indícios de irregularidades graves.

§ 7º A Comissão Mista a que se refere o § 1º do art. 166 da Constituição Federal poderá realizar audiências públicas, na forma do art. 102, para subsidiar a apreciação do relatório de que trata o § 6º.

Art. 104. O Tribunal de Contas da União enviará à Comissão Mista a que se refere o § 1º do art. 166 da Constituição Federal, até trinta dias após o encaminhamento da proposta orçamentária de 2014, quadro-resumo relativo à qualidade da implementação e ao alcance de metas e objetivos dos programas e ações governamentais objeto de auditorias operacionais realizadas, para subsidiar a discussão do Projeto de Lei Orçamentária de 2014.

Art. 105. Com vistas à apreciação da proposta orçamentária de 2014, ao acompanhamento e à fiscalização orçamentária a que se referem o art. 70 e o inciso II do § 1º do art. 166 da Constituição Federal, será assegurado aos membros e órgãos competentes dos Poderes da União, inclusive ao Tribunal de Contas da União, ao Ministério Público Federal e à Controladoria-Geral da União, o acesso irrestrito, para consulta, aos seguintes sistemas ou informações, bem como o recebimento de seus dados, em meio digital:

LRF   LDO

I - SIAFI;

II - SIOP;

III - Sistema de Análise Gerencial da Arrecadação - ANGELA, bem como as estatísticas de dados agregados relativos às informações constantes das declarações de imposto de renda das pessoas físicas e jurídicas, respeitado o sigilo fiscal do contribuinte;

IV - Sistema Integrado de Tratamento Estatístico de Séries Estratégicas - SINTESE;

V - Sistema de Informação das Estatais - SIEST;

VI - SIASG, inclusive ComprasNet;

VII - Sistema de Informações Gerenciais de Arrecadação - INFORMAR;

VIII - Cadastro das entidades qualificadas como OSCIP, mantido pelo Ministério da Justiça;

IX - CNPJ;

X - Sistema de Informação e Apoio à Tomada de Decisão - SINDEC, do Departamento Nacional de Infraestrutura de Transportes - DNIT;

XI - SICONV;

XII - Sistema de Monitoramento do Programa de Aceleração do Crescimento - SISPAC;

XIII - Sistema de Acompanhamento de Contratos - SIAC, do DNIT;

XIV - CNEA, do Ministério do Meio Ambiente;

XV - Sistema de Informação sobre Orçamento Público em Saúde - SIOPS;

XVI - Sistema de Informações sobre Orçamentos Públicos em Educação - SIOPE; e

XVII - Sistema de Coleta de Dados Contábeis dos Entes da

LDO — J. U. JACOBY FERNANDES

Federação - SISTN.

Parágrafo único. Os cidadãos e as entidades sem fins lucrativos, credenciados segundo requisitos estabelecidos pelos órgãos gestores dos sistemas, poderão ser habilitados para consulta aos sistemas e cadastros de que trata este artigo.

Art. 106. Em cumprimento ao caput do art. 70 da Constituição Federal, o acesso irrestrito referido no art. 105 desta Lei será igualmente assegurado aos membros do Congresso Nacional, para consulta, pelo menos a partir de 30 de outubro de 2013, aos sistemas ou informações referidos nos incisos II e V do art. 105, nos maiores níveis de amplitude, abrangência e detalhamento existentes, e por iniciativa própria, a qualquer tempo, aos demais sistemas e cadastros.

CAPÍTULO X - DOS CUSTOS DE OBRAS E SERVIÇOS DE ENGENHARIA

Art. 107. (VETADO).

CAPÍTULO XI - DA TRANSPARÊNCIA

Art. 108. Os órgãos dos Poderes, o Ministério Público da União e a Defensoria Pública da União divulgarão e manterão atualizada, na página do órgão concedente na internet, relação das entidades privadas beneficiadas nos termos dos arts. 54 a 59, contendo, pelo menos:

I - nome e CNPJ;

II - nome, função e CPF dos dirigentes;

III - área de atuação;

IV - endereço da sede;

258

LRF   LDO

V - data, objeto, valor e número do convênio ou instrumento congênere;

VI - órgão transferidor; e

VII - valores transferidos e respectivas datas.

Art. 109. Os instrumentos de contratação de serviços de terceiros deverão prever o fornecimento pela empresa contratada de informações contendo nome completo, CPF, cargo ou atividade exercida, lotação e local de exercício dos empregados na contratante, para fins de divulgação na internet.

§ 1º Os órgãos e entidades federais deverão divulgar e atualizar quadrimestralmente as informações previstas no caput.

§ 2º A divulgação prevista no caput deverá ocultar os três primeiros dígitos e os dois dígitos verificadores do CPF.

SEÇÃO I - DA PUBLICIDADE NA ELABORAÇÃO E APROVAÇÃO DOS ORÇAMENTOS

Art. 110. A elaboração e a aprovação dos Projetos da Lei Orçamentária de 2014 e de créditos adicionais, bem como a execução das respectivas leis, deverão ser realizadas de acordo com os princípios da publicidade e da clareza, promovendo-se a transparência da gestão fiscal e permitindo-se o amplo acesso da sociedade a todas as informações relativas a cada uma dessas etapas.

§ 1º Serão divulgados na internet:

I - pelo Poder Executivo:

a) as estimativas das receitas de que trata o art. 12, § 3º, da Lei de Responsabilidade Fiscal;

b) o Projeto de Lei Orçamentária de 2014, inclusive em versão simplificada, seus anexos e as informações complementares;

LDO   J. U. JACOBY FERNANDES

c) a Lei Orçamentária de 2014 e seus anexos;

d) os créditos adicionais e seus anexos;

e) a execução orçamentária e financeira, inclusive de restos a pagar, com o detalhamento das ações e respectivos subtítulos, identificando a programação classificada com identificador de resultado primário 3 (RP 3), por unidade da Federação, de forma regionalizada, por órgão, unidade orçamentária, função e subfunção, mensal e acumulada;

f) até o vigésimo dia de cada mês, relatório comparando a arrecadação mensal, realizada até o mês anterior, das receitas administradas ou acompanhadas pela Secretaria da Receita Federal do Brasil, líquida de restituições e incentivos fiscais, com as respectivas estimativas mensais constantes dos demonstrativos de que trata o inciso XI do Anexo II, bem como com eventuais reestimativas realizadas por força de lei;

g) até o vigésimo quinto dia de cada mês, relatório comparando a receita realizada, mensal e acumulada, com a prevista na Lei Orçamentária de 2014 e no cronograma de arrecadação, discriminando as parcelas primária e financeira;

h) até o sexagésimo dia após a publicação da Lei Orçamentária de 2014, cadastro de ações contendo, no mínimo, o código, o título e a descrição de cada uma das ações constantes dos Orçamentos Fiscal e da Seguridade Social, que poderão ser atualizados, quando necessário, desde que as alterações não ampliem ou restrinjam a finalidade da ação, consubstanciada no seu título constante da referida Lei;

i) até o trigésimo dia após o encerramento de cada bimestre, demonstrativos relativos a empréstimos e financiamentos, inclusive a fundo perdido, consolidados por agência de fomento, elaborados

260

LRF	LDO

de acordo com as informações e critérios constantes do § 3º do art. 92;

j) até 15 de setembro, relatório anual, referente ao exercício anterior, de impacto dos programas voltados ao combate das desigualdades nas dimensões de gênero, raça, etnia, geracional, regional e de pessoas com deficiência;

k) até o sexagésimo dia após cada semestre, relatório de avaliação das ações do PAC e respectivas metas consolidadas, bem como dos resultados de implementação e execução orçamentária, financeira, inclusive de restos a pagar, e, sempre que possível, o estágio das ações monitoradas, discriminando os valores acumulados até o exercício anterior e os do exercício em curso;

l) demonstrativo, atualizado mensalmente, de contratos, convênios, contratos de repasse ou termos de parceria referentes a projetos, discriminando as classificações funcional e por programas, a unidade orçamentária, a contratada ou o convenente, o objeto e os prazos de execução, os valores e as datas das liberações de recursos efetuadas e a efetuar;

m) posição atualizada mensalmente dos limites para empenho e movimentação financeira por órgão do Poder Executivo;

n) demonstrativo, atualizado mensalmente, das ações e respectivas despesas voltadas para a realização da Copa do Mundo de Futebol de 2014;

o) demonstrativo mensal indicando a arrecadação, no mês e acumulada no exercício, separadamente, relativa a depósitos judiciais e a parcelamentos amparados por programas de recuperação fiscal da Secretaria da Receita Federal do Brasil; os montantes dessa arrecadação classificados por tributo; os valores, por tributo partilhado, entregues a Estados e Municípios,

LDO
J. U. JACOBY FERNANDES

relativamente a parcelas não classificadas; e os valores, por tributo partilhado, entregues a Estados e Municípios em caráter definitivo;

p) demonstrativo bimestral das transferências voluntárias realizadas, por ente da Federação beneficiado;

q) demonstrativo, atualizado trimestralmente, das ações e respectivas despesas voltadas para a realização das Olimpíadas e Paraolimpíadas de 2016;

r) demonstrativo do fluxo financeiro do regime próprio de previdência dos servidores públicos federais, com a discriminação das despesas por categoria de beneficiário e das receitas por natureza;

s) a execução das despesas a que se refere o § 1º do art. 18, por elemento de despesa; e

t) (VETADO).

II - pela Comissão Mista a que se refere o § 1º do art. 166 da Constituição Federal, a relação atualizada dos contratos e convênios nos quais tenham sido identificados indícios de irregularidades graves, o parecer preliminar, as emendas e respectivos pareceres, os relatórios setoriais e final e o parecer final, com seus anexos, relativos ao Projeto de Lei Orçamentária de 2014;

III - pela Comissão Mista a que se refere o § 1º do art. 166 da Constituição Federal, até trinta dias após a publicação da Lei Orçamentária de 2014, a relação dos precatórios constantes das programações da Lei Orçamentária; e

IV - pelos Poderes, pelo Ministério Público da União e pela Defensoria Pública da União, no sítio de cada unidade jurisdicionada ao Tribunal de Contas da União, o Relatório de Gestão, o Relatório e o Certificado de Auditoria, o Parecer do órgão de controle interno e o pronunciamento do Ministro de

LRF LDO

Estado supervisor, ou da autoridade de nível hierárquico equivalente responsável pelas contas, integrantes das respectivas tomadas ou prestações de contas, em até trinta dias após seu envio ao Tribunal.

§ 2º Para fins de atendimento do disposto na alínea "h" do inciso I do § 1º, a Comissão Mista a que se refere o § 1º do art. 166 da Constituição Federal deverá enviar ao Poder Executivo, até quarenta e cinco dias após a publicação da Lei Orçamentária de 2014, as informações relativas às ações que tenham sido incluídas no Congresso Nacional.

§ 3º O não encaminhamento das informações de que trata o § 2º implicará a divulgação somente do cadastro das ações constantes do Projeto de Lei Orçamentária de 2014.

Art. 111. Para fins de realização da audiência pública prevista no § 4º do art. 9º da Lei de Responsabilidade Fiscal, o Poder Executivo encaminhará ao Congresso Nacional, até três dias antes da audiência ou até o último dia dos meses de maio, setembro e fevereiro, o que ocorrer primeiro, relatórios de avaliação do cumprimento da meta de superávit primário, com as justificativas de eventuais desvios e indicação das medidas corretivas adotadas.

§ 1º Os relatórios previstos no caput conterão também:

I - os parâmetros constantes do inciso XXI do Anexo II, esperados e efetivamente observados, para o quadrimestre e para o ano;

II - o estoque e o serviço da dívida pública federal, comparando a observada ao final de cada quadrimestre com a do início do exercício e a do final do quadrimestre anterior; e

III - o resultado primário obtido até o quadrimestre, comparando com o programado e discriminando, em milhões de

LDO — J. U. Jacoby Fernandes

reais, receitas e despesas, obrigatórias e discricionárias, no mesmo formato da previsão atualizada para todo o exercício.

§ 2º A Comissão Mista a que se refere o § 1º do art. 166 da Constituição Federal poderá, por solicitação do Poder Executivo ou por iniciativa própria, adiar as datas de realização da audiência prevista no caput.

SEÇÃO II - DAS DISPOSIÇÕES FINAIS SOBRE TRANSPARÊNCIA

Art. 112. A empresa destinatária de recursos na forma prevista na alínea "a" do inciso III do parágrafo único do art. 6º deve divulgar, mensalmente, pela internet, as informações relativas à execução das despesas do Orçamento de Investimento, discriminando os valores autorizados e os executados, mensal e anualmente.

Art. 113. As entidades constituídas sob a forma de serviço social autônomo, destinatárias de contribuições dos empregadores, incidentes sobre a folha de salários deverão divulgar, trimestralmente, na respectiva página na internet, em local de fácil visualização, os valores arrecadados e a especificação de cada receita e de cada despesa constantes dos respectivos orçamentos, discriminadas por natureza, finalidade e região.

§ 1º As entidades previstas no caput divulgarão também seus orçamentos de 2014 na internet.

§ 2º As entidades de que trata o caput divulgarão e manterão atualizada nos respectivos sítios na internet, além da estrutura remuneratória dos cargos e funções, a relação dos nomes de seus dirigentes e dos demais membros do corpo técnico.

Art. 114. As instituições de que trata o caput do art. 68

LRF	LDO

deverão disponibilizar, na internet, informações relativas à execução física e financeira, inclusive identificação dos beneficiários de pagamentos à conta de cada convênio ou instrumento congênere, com os respectivos números de registro no SICONV e no SIAFI, observadas as normas de padronização estabelecidas pelo Poder Executivo.

Art. 115. Os titulares dos Poderes e órgãos federais referidos no art. 54 da Lei de Responsabilidade Fiscal disponibilizarão, por meio do SISTN, os respectivos relatórios de gestão fiscal, no prazo de até 40 (quarenta) dias, após o encerramento de cada quadrimestre.

Art. 116. (VETADO).

Art. 117. O Poder Executivo informará ao Congresso Nacional sobre os empréstimos feitos pelo Tesouro Nacional a Banco Oficial Federal, nos termos da alínea "f" do inciso VII do Anexo II desta Lei.

CAPÍTULO XII - DISPOSIÇÕES FINAIS

Art. 118. A execução da Lei Orçamentária de 2014 e dos créditos adicionais obedecerá aos princípios constitucionais da legalidade, impessoalidade, moralidade, publicidade e eficiência na administração pública federal, não podendo ser utilizada para influir na apreciação de proposições legislativas em tramitação no Congresso Nacional.

Art. 119. A despesa não poderá ser realizada se não houver comprovada e suficiente disponibilidade de dotação orçamentária para atendê-la, sendo vedada a adoção de qualquer procedimento que viabilize a sua realização sem observar a referida

LDO   J. U. JACOBY FERNANDES

disponibilidade.

§ 1º A contabilidade registrará todos os atos e fatos relativos à gestão orçamentária, financeira e patrimonial, independentemente de sua legalidade, sem prejuízo das responsabilidades e demais consequências advindas da inobservância do disposto no caput.

§ 2º A realização de atos de gestão orçamentária, financeira e patrimonial, no âmbito do SIAFI, após 31 de dezembro de 2014, relativos ao exercício findo, não será permitida, exceto ajustes para fins de elaboração das demonstrações contábeis, os quais deverão ser efetuados até o trigésimo dia de seu encerramento, na forma estabelecida pelo órgão central do Sistema de Contabilidade Federal.

§ 3º Com vistas a atender o prazo máximo estabelecido no § 2º, o órgão central do Sistema de Contabilidade Federal poderá definir prazos menores para ajustes a serem efetuados por órgãos e entidades da administração pública federal.

§ 4º Com vistas a assegurar o conhecimento da composição patrimonial a que se refere o art. 85 da Lei nº 4.320, de 1964, a contabilidade:

I - reconhecerá o ativo referente aos créditos tributários e não tributários a receber; e

II - segregará os restos a pagar não processados em exigíveis e não exigíveis.

§ 5º Integrarão as demonstrações contábeis consolidadas dos Orçamentos Fiscal e da Seguridade Social da União somente os órgãos e as entidades cuja execução orçamentária e financeira, da receita e da despesa, seja registrada na modalidade total no SIAFI, conforme estabelece o caput do art. 6º.

Art. 120. Para os efeitos do art. 16 da Lei de Responsabilidade

Fiscal:

I - as especificações nele contidas integrarão o processo administrativo de que trata o art. 38 da Lei nº 8.666, de 1993, bem como os procedimentos de desapropriação de imóveis urbanos a que se refere o § 3º do art. 182 da Constituição Federal;

II - entendem-se como despesas irrelevantes aquelas cujo valor não ultrapasse, para bens e serviços, os limites dos incisos I e II do caput do art. 24 da Lei nº 8.666, de 1993;

III - na execução das despesas na antevigência da Lei Orçamentária de 2014, o ordenador de despesa poderá considerar os valores constantes do respectivo Projeto de Lei; e

IV - os valores constantes no Projeto de Lei Orçamentária de 2014 poderão ser utilizados para demonstrar a previsão orçamentária nos procedimentos referentes à fase interna da licitação.

Art. 121. Para efeito do disposto no art. 42 da Lei de Responsabilidade Fiscal, considera-se contraída a obrigação no momento da formalização do contrato administrativo ou instrumento congênere.

Parágrafo único. No caso de despesas relativas à prestação de serviços já existentes e destinados à manutenção da administração pública federal, consideram-se compromissadas apenas as prestações cujos pagamentos devam ser realizados no exercício financeiro, observado o cronograma pactuado.

Art. 122. O impacto e o custo fiscal das operações realizadas pelo Banco Central do Brasil na execução de suas políticas serão demonstrados nas notas explicativas dos respectivos balanços e balancetes trimestrais, para fins do § 2º do art. 7º da Lei de Responsabilidade Fiscal, divulgados na internet e conterão:

I - os custos da remuneração das disponibilidades do Tesouro Nacional;

II - os custos de manutenção das reservas cambiais, demonstrando a composição das reservas internacionais com metodologia de cálculo de sua rentabilidade e do custo de captação; e

III - a rentabilidade de sua carteira de títulos, destacando os de emissão da União.

Parágrafo único. As informações de que trata o caput constarão também em relatório a ser encaminhado ao Congresso Nacional, no mínimo, até dez dias antes da reunião conjunta prevista no § 5º do art. 9º da Lei de Responsabilidade Fiscal.

Art. 123. A avaliação de que trata o art. 9º, § 5º, da Lei de Responsabilidade Fiscal será efetuada com fundamento no anexo específico sobre os objetivos das políticas monetária, creditícia e cambial, os parâmetros e as projeções para seus principais agregados e variáveis, bem como as metas de inflação estimadas para o exercício de 2014, conforme o § 4º do art. 4º daquela Lei Complementar, observado o disposto no inciso I do caput do art. 11 desta Lei.

Parágrafo único. A avaliação mencionada no caput incluirá a análise e a justificativa da evolução das operações compromissadas do Banco Central do Brasil no período.

Art. 124. (VETADO).

Art. 125. O Poder Executivo, por intermédio do seu órgão central do Sistema de Planejamento e de Orçamento Federal, deverá atender, no prazo máximo de dez dias úteis, contado da data de recebimento, às solicitações de informações encaminhadas pelo Presidente da Comissão Mista a que se refere o § 1º do art. 166 da

LRF   LDO

Constituição Federal, relativas a aspectos quantitativos e qualitativos de qualquer categoria de programação ou item de receita, incluindo eventuais desvios em relação aos valores da proposta que venham a ser identificados posteriormente ao encaminhamento do Projeto de Lei Orçamentária de 2014.

Art. 126. Com vista ao atendimento ao que dispõe o § 3º do art. 134 da Constituição Federal, o Poder Executivo receberá e avaliará a proposta orçamentária da Defensoria Pública da União, podendo enviar mensagem modificativa ao Congresso Nacional propondo alteração do projeto de lei orçamentária, nos termos do § 5º do art. 166 da Constituição Federal.

Art. 127. O Poder Executivo incluirá despesas na relação de que trata o Anexo III em razão de emenda constitucional ou lei que crie obrigações para a União.

§ 1º O Poder Executivo poderá incluir outras despesas na relação de que trata o caput, desde que demonstre que constituem obrigação constitucional ou legal da União.

§ 2º A inclusão a que se refere o caput e o § 1º será publicada no Diário Oficial da União e a relação atualizada será incluída no relatório de que trata o § 4º do art. 51, relativo ao bimestre em que ocorrer a publicação.

Art. 128. A retificação dos autógrafos dos projetos da Lei Orçamentária de 2014 e de créditos adicionais, no caso de comprovado erro no processamento das deliberações no âmbito do Congresso Nacional, somente poderá ocorrer:

I - até o encerramento do primeiro período da sessão legislativa, no caso da Lei Orçamentária de 2014; ou

II - até trinta dias após a publicação no Diário Oficial da União e desde que ocorra dentro do exercício financeiro, no caso dos

269

LDO   J. U. JACOBY FERNANDES

créditos adicionais.

Parágrafo único. Vencidos os prazos de que trata o caput, a retificação será feita mediante a abertura de créditos suplementares ou especiais, observado o disposto nos arts. 39 e 40, ou de acordo com o previsto no art. 38.

Art. 129. Os projetos e os autógrafos das leis de que trata o art. 165 da Constituição Federal, bem como de suas alterações, deverão ser, reciprocamente, disponibilizados em meio eletrônico, inclusive em bancos de dados, quando for o caso, na forma definida por grupo técnico integrado por representantes dos Poderes Legislativo e Executivo.

§ 1º A integridade entre os projetos de lei, de que trata o caput, e os respectivos meios eletrônicos é de responsabilidade das correspondentes unidades do Ministério do Planejamento, Orçamento e Gestão.

§ 2º A integridade entre os autógrafos referidos neste artigo e os respectivos meios eletrônicos é de responsabilidade do Congresso Nacional.

Art. 130. Integram esta Lei:

I - Anexo I - Relação dos Quadros Orçamentários Consolidados;

II - Anexo II - Relação das Informações Complementares ao Projeto de Lei Orçamentária;

III - Anexo III - Despesas que não serão objeto de Limitação de Empenho;

IV - Anexo IV - Metas Fiscais, constituído por:

a) Anexo IV.1 - Metas Fiscais Anuais; e

b) Anexo IV.2 - Demonstrativo da Margem de Expansão das Despesas Obrigatórias de Caráter Continuado;

V - Anexo V - Riscos Fiscais;

VI - Anexo VI - Objetivos das Políticas Monetária, Creditícia e Cambial; e

VII - (VETADO).

Art. 131. Esta Lei entra em vigor na data de sua publicação.

Brasília, 24 de dezembro de 2013; 192º da Independência e 125º da República.

DILMA ROUSSEFF

LEI Nº 12.952, DE 20 JANEIRO DE 2014

Estima a receita e fixa a despesa da União para o exercício financeiro de 2014.

A Presidenta da República

Faço saber que o Congresso Nacional decreta e eu sanciono a seguinte Lei:

> **Nota:** A Lei Orçamentária Anual – LOA, como é chamada, estabelece as despesas e as receitas que serão realizadas anualmente. A LOA estima também as receitas e autoriza as despesas de acordo com a previsão de arrecadação.

CAPÍTULO I
DAS DISPOSIÇÕES PRELIMINARES

Art. 1º Esta Lei estima a receita da União para o exercício financeiro de 2014 no montante de R$ 2.488.853.320.708,00 (dois trilhões, quatrocentos e oitenta e oito bilhões, oitocentos e cinquenta e três milhões, trezentos e vinte mil, setecentos e oito reais) e fixa a despesa em igual valor, compreendendo, nos termos do art. 165, § 5º, da Constituição:

I - o Orçamento Fiscal referente aos Poderes da União, seus fundos, órgãos e entidades da Administração Pública Federal direta e indireta, inclusive fundações instituídas e mantidas pelo Poder Público;

II - o Orçamento da Seguridade Social, abrangendo todas as entidades e órgãos a ela vinculados, da Administração

Pública Federal direta e indireta, bem como os fundos e fundações, instituídos e mantidos pelo Poder Público; e

III - o Orçamento de Investimento das empresas em que a União, direta ou indiretamente, detém a maioria do capital social com direito a voto.

CAPÍTULO II
DOS ORÇAMENTOS FISCAL E DA SEGURIDADE SOCIAL
SEÇÃO I
DA ESTIMATIVA DA RECEITA

Art. 2º A receita total estimada nos Orçamentos Fiscal e da Seguridade Social é de R$ 2.383.177.997.310,00 (dois trilhões, trezentos e oitenta e três bilhões, cento e setenta e sete milhões, novecentos e noventa e sete mil e trezentos e dez reais), incluindo a proveniente da emissão de títulos destinada ao refinanciamento da dívida pública federal, interna e externa, em observância ao disposto no art. 5º, § 2º, da Lei Complementar nº 101, de 4 de maio de 2000, Lei de Responsabilidade Fiscal - LRF, na forma detalhada nos Anexos a que se referem os incisos I e VIII do art. 10 desta Lei e assim distribuída:

I - Orçamento Fiscal: R$ 1.084.451.246.999,00 (um trilhão, oitenta e quatro bilhões, quatrocentos e cinquenta e um milhões, duzentos e quarenta e seis mil e novecentos e noventa e nove reais), excluída a receita de que trata o inciso III deste artigo;

II - Orçamento da Seguridade Social: R$ 643.979.803.242,00 (seiscentos e quarenta e três bilhões, novecentos e setenta e nove milhões, oitocentos e três mil e

LRF   LOA

duzentos e quarenta e dois reais); e

III - Refinanciamento da dívida pública federal: R$ 654.746.947.069,00 (seiscentos e cinquenta e quatro bilhões, setecentos e quarenta e seis milhões, novecentos e quarenta e sete mil e sessenta e nove reais), constante do Orçamento Fiscal.

Seção II
Da Fixação da Despesa

Art. 3º A despesa total fixada nos Orçamentos Fiscal e da Seguridade Social é de R$ 2.383.177.997.310,00 (dois trilhões, trezentos e oitenta e três bilhões, cento e setenta e sete milhões, novecentos e noventa e sete mil e trezentos e dez reais), incluindo a relativa ao refinanciamento da dívida pública federal, interna e externa, em observância ao disposto no art. 5º, § 2º, da LRF, na forma detalhada entre os órgãos orçamentários no Anexo II desta Lei e assim distribuída:

I - Orçamento Fiscal: R$ 1.015.519.698.350,00 (um trilhão, quinze bilhões, quinhentos e dezenove milhões, seiscentos e noventa e oito mil e trezentos e cinquenta reais), excluídas as despesas de que trata o inciso III, alínea "a", deste artigo;

II - Orçamento da Seguridade Social: R$ 712.911.351.891,00 (setecentos e doze bilhões, novecentos e onze milhões, trezentos e cinquenta e um mil e oitocentos e noventa e um reais), excluídas as despesas de que trata o inciso III, alínea "b", deste artigo; e

III - Refinanciamento da dívida pública federal: R$

LOA

654.746.947.069,00 (seiscentos e cinquenta e quatro bilhões, setecentos e quarenta e seis milhões, novecentos e quarenta e sete mil e sessenta e nove reais), sendo:

a) R$ 654.529.238.410,00 (seiscentos e cinquenta e quatro bilhões, quinhentos e vinte e nove milhões, duzentos e trinta e oito mil e quatrocentos e dez reais) constantes do Orçamento Fiscal; e

b) R$ 217.708.659,00 (duzentos e dezessete milhões, setecentos e oito mil e seiscentos e cinquenta e nove reais) constantes do Orçamento da Seguridade Social.

Parágrafo único. Do montante fixado no inciso II deste artigo, a parcela de R$ 69.149.257.308,00 (sessenta e nove bilhões, cento e quarenta e nove milhões, duzentos e cinquenta e sete mil e trezentos e oito reais), será custeada com recursos do Orçamento Fiscal.

SEÇÃO III
DA AUTORIZAÇÃO PARA A ABERTURA DE CRÉDITOS SUPLEMENTARES

Art. 4º Fica autorizada a abertura de créditos suplementares, restritos aos valores constantes desta Lei, excluídas as alterações decorrentes de créditos adicionais, desde que as alterações promovidas na programação orçamentária sejam compatíveis com a obtenção da meta de resultado primário estabelecida para o exercício de 2014 e sejam observados o disposto no parágrafo único do art. 8º da LRF e os limites e as condições estabelecidos neste artigo, vedado o cancelamento de quaisquer valores incluídos ou acrescidos em

LRF   LOA

decorrência da aprovação de emendas individuais apresentadas por parlamentares, para o atendimento de despesas:

I - em cada subtítulo, até o limite de 20% (vinte por cento) do respectivo valor, mediante a utilização de recursos provenientes de:

a) anulação parcial de dotações, limitada a 20% (vinte por cento) do valor do subtítulo objeto da anulação;

b) reserva de contingência, inclusive à conta de recursos próprios e vinculados, observado o disposto no art. 5º, inciso III, da LRF;

c) excesso de arrecadação de receitas próprias, nos termos do art. 43, §§ 1º, inciso II, 3º e 4º, da Lei nº 4.320, de 17 de março de 1964;

d) excesso de arrecadação das receitas do Tesouro Nacional; e

e) superávit financeiro apurado no balanço patrimonial do exercício de 2013, nos termos do art. 43, §§ 1º, inciso I, e 2º, da Lei nº 4.320, de 1964;

II - nos grupos de natureza de despesa "3 - Outras Despesas Correntes", "4 -Investimentos" e "5 - Inversões Financeiras", mediante a utilização de recursos provenientes da anulação de dotações consignadas a esses grupos, no âmbito do mesmo subtítulo, objeto da suplementação;

III - relativas às transferências aos Estados, ao Distrito Federal e aos Municípios, decorrentes de vinculações constitucionais ou legais; aos fundos constitucionais de financiamento do Norte, Nordeste e Centro-Oeste, nos termos da Lei nº 7.827, de 27 de setembro de 1989; ao Fundo de Amparo ao Trabalhador - FAT; e ao complemento da atualização monetária do saldo do Fundo de Garantia do Tempo de Serviço - FGTS, mediante a utilização de recursos decorrentes de excesso de arrecadação de receitas vinculadas às respectivas finalidades previstas neste inciso;

IV - decorrentes de sentenças judiciais, inclusive aquelas consideradas de pequeno valor nos termos da legislação vigente, mediante a utilização de recursos provenientes de:

a) reserva de contingência, inclusive à conta de recursos próprios e vinculados, observado o disposto no art. 5º, inciso III, da LRF;

b) anulação de dotações consignadas a grupos de natureza de despesa no âmbito do mesmo subtítulo;

c) anulação de dotações consignadas a essas finalidades, na mesma ou em outra unidade orçamentária;

d) excesso de arrecadação de receitas próprias e do Tesouro Nacional; e

e) superávit financeiro apurado no balanço patrimonial do exercício de 2013;

V - com serviço da dívida, mediante a utilização de recursos provenientes de:

a) superávit financeiro apurado no balanço patrimonial do exercício de 2013;

b) anulação de dotações consignadas:

1. a essa finalidade, na mesma ou em outra unidade orçamentária; e 2. aos grupos de natureza de despesa "2 - Juros e Encargos da Dívida" ou "6 - Amortização da Dívida" no âmbito do mesmo subtítulo;

c) reserva de contingência, inclusive à conta de recursos próprios e vinculados;

LRF   LOA

d) excesso de arrecadação decorrente dos pagamentos de participações e dividendos pelas entidades integrantes da Administração Pública Federal indireta, inclusive os relativos a lucros acumulados em exercícios anteriores;

e) resultado do Banco Central do Brasil; e

f) recursos decorrentes da emissão de títulos de responsabilidade do Tesouro Nacional;

VI - de pessoal e encargos sociais, inclusive as decorrentes da revisão geral anual de remuneração dos servidores públicos federais e dos militares das Forças Armadas prevista no art. 37, inciso X, da Constituição, mediante a utilização de recursos oriundos da anulação de dotações consignadas:

a) a esse grupo de natureza de despesa;

b) à Reserva de Contingência/Recursos para o Atendimento do art. 169, § 1º, inciso II, da Constituição; e

c) superávit financeiro apurado no balanço patrimonial do exercício de 2013;

VII - nos subtítulos aos quais foram alocadas receitas de operações de crédito previstas nesta Lei, mediante a utilização de recursos decorrentes da variação monetária ou cambial incidentes sobre os valores alocados;

VIII - nos subtítulos aos quais possam ser alocados recursos oriundos de doações e convênios, inclusive decorrentes de saldos de exercícios anteriores ou de remanejamento de dotações à conta dos referidos recursos, observada a destinação prevista no instrumento respectivo;

IX - das ações destinadas à execução da Política de Garantia de Preços Mínimos, Formação e Administração de Estoques Reguladores e Estratégicos de Produtos

Agropecuários, mediante a utilização de recursos provenientes de anulação de dotações consignadas a essas despesas;

X - constantes do Fundo do Regime Geral de Previdência Social, mediante a utilização de recursos provenientes de:

a) anulação de dotações consignadas a essas despesas no âmbito do Fundo do Regime Geral de Previdência Social;

b) excesso de arrecadação das Contribuições Previdenciárias para o Regime Geral de Previdência Social; e

c) superávit financeiro apurado no balanço patrimonial do exercício de 2013;

XI - da ação "0413 - Manutenção e Operação dos Partidos Políticos" no âmbito da unidade orçamentária "14901 - Fundo Partidário", mediante a utilização de recursos provenientes de:

a) superávit financeiro apurado no balanço patrimonial do referido Fundo do exercício de 2013; e

b) excesso de arrecadação de receitas próprias ou vinculadas desse Fundo;

XII - classificadas nos grupos de natureza de despesa "3 - Outras Despesas Correntes", "4 - Investimentos" e "5 - Inversões Financeiras", sendo:

a) no âmbito da Fundação Joaquim Nabuco, do Instituto Nacional de Educação de Surdos, do Instituto Benjamin Constant, do Colégio Pedro II, das Instituições Federais de Ensino Superior, dos Hospitais Universitários, da Empresa Brasileira de Serviços Hospitalares, e das instituições que compõem a Rede Federal de Educação Profissional, Científica e Tecnológica, integrantes do Ministério da

LRF   LOA

Educação, mediante a utilização de recursos provenientes de:

1. anulação de até 50% (cinquenta por cento) do total das dotações orçamentárias consignadas a esses grupos de natureza de despesa no âmbito das referidas entidades e de seus respectivos hospitais;

2. excesso de arrecadação de receitas próprias geradas por essas entidades, de convênios e de doações; e 3. superávit financeiro, relativo a receitas próprias, convênios e doações, apurado no balanço patrimonial do exercício de 2013, de cada uma das referidas entidades;

b) no âmbito do Conselho Nacional de Desenvolvimento Científico e Tecnológico - CNPq, do Fundo Nacional de Desenvolvimento Científico e Tecnológico - FNDCT, das Instituições Científicas e Tecnológicas, assim definidas no art. 2º, inciso V, da Lei nº 10.973, de 2 de dezembro de 2004, e das instituições de pesquisa integrantes da administração direta do Ministério da Ciência, Tecnologia e Inovação, mediante a utilização de recursos provenientes de:

1. anulação de até 30% (trinta por cento) do total das dotações orçamentárias consignadas a esses grupos de natureza de despesa no âmbito de cada uma das unidades orçamentárias;

2. excesso de arrecadação de receitas próprias geradas por essas entidades;

3. superávit financeiro, relativo a receitas próprias e vinculadas, apurado no balanço patrimonial do exercício de 2013, de cada uma das referidas entidades; e 4. reserva de contingência à conta de recursos vinculados à ciência, tecnologia e inovação constantes desta Lei; e

c) no âmbito do Ministério do Esporte, restrito às ações

relacionadas aos Jogos Olímpicos e Paraolímpicos de 2016 e à Copa do Mundo FIFA 2014, vinculadas à subfunção "811 - Desporto de Rendimento", mediante a utilização de recursos provenientes de:

1. reserva de contingência;

2. anulação de dotações consignadas a esses grupos de natureza de despesa no âmbito do mesmo subtítulo;

3. excesso de arrecadação de receitas do Tesouro Nacional; e 4. superávit financeiro apurado no balanço patrimonial do exercício de 2013;

XIII - relativas a subtítulos de projetos orçamentários em andamento, até o limite de seu saldo orçamentário apurado em 31 de dezembro de 2013, para alocação no mesmo subtítulo, com recursos provenientes do superávit financeiro apurado no balanço patrimonial do exercício de 2013;

XIV - classificadas nos grupos de natureza de despesa "3 - Outras Despesas Correntes", "4 - Investimentos" e "5 - Inversões Financeiras", até o limite do saldo orçamentário de cada subtítulo apurado em 31 de dezembro de 2013, nos referidos grupos de natureza de despesa, desde que para aplicação nas mesmas finalidades em 2014, sendo:

a) no âmbito do Ministério da Educação, mediante a utilização de recursos provenientes de superávit financeiro apurado no balanço patrimonial do exercício de 2013, relativo a receitas vinculadas à educação;

b) no âmbito do Ministério da Ciência, Tecnologia e Inovação, os concernentes às ações constantes das subfunções "571 - Desenvolvimento Científico", "572 - Desenvolvimento Tecnológico e Engenharia", "573 - Difusão do Conhecimento

LRF   LOA

Científico e Tecnológico" e "753 - Combustíveis Minerais", mediante a utilização de recursos provenientes de superávit financeiro apurado no balanço patrimonial do exercício de 2013, relativo a receitas vinculadas à ciência, tecnologia e inovação; e

c) no âmbito do Ministério do Esporte, os constantes das ações relacionadas aos Jogos Olímpicos e Paraolímpicos de 2016 e à Copa do Mundo FIFA 2014, vinculadas à subfunção "811 - Desporto de Rendimento", mediante a utilização de superávit financeiro apurado no balanço patrimonial do exercício de 2013;

XV - da ação "0E36 - Complementação da União ao Fundo de Manutenção e Desenvolvimento da Educação Básica e de Valorização dos Profissionais da Educação FUNDEB", mediante a utilização de recursos provenientes de:

a) superávit financeiro apurado no balanço patrimonial do exercício de 2013;

b) excesso de arrecadação de receitas vinculadas; e

c) anulação parcial ou total de dotações alocadas aos subtítulos dessa ação;

XVI - com pagamento dos benefícios auxílio-alimentação ou refeição, assistência médica e odontológica, assistência pré-escolar e auxílio-transporte, ou similares, a militares, servidores, empregados, e seus dependentes, mediante a anulação de dotações relativas a esses benefícios;

XVII - das programações contempladas no Programa de Aceleração do Crescimento -PAC, classificadas com o identificador de resultado primário "3", mediante o remanejamento de até 30% (trinta por cento) do montante das dotações orçamentárias desse Programa constantes desta Lei;

XVIII - com o pagamento do abono salarial e do seguro

283

desemprego, inclusive o benefício da bolsa-qualificação, mediante a utilização de recursos provenientes de:

a) anulação de dotações consignadas a essas despesas no âmbito do Fundo de Amparo ao Trabalhador; e

b) superávit financeiro apurado no balanço patrimonial do exercício de 2013;

XIX - nos subtítulos das ações relativas às contribuições, anuidades e integralizações de cotas a organismos, mediante a utilização de recursos provenientes de:

a) excesso de arrecadação de receitas do Tesouro Nacional;

b) anulação de dotações orçamentárias:

1. contidas em subtítulos das referidas ações; e 2. constantes dos grupos de natureza de despesa "3 - Outras Despesas Correntes", "4 - Investimentos" e "5 - Inversões Financeiras" de outros subtítulos, até o limite de 30% (trinta por cento) da soma dessas dotações; e

c) superávit financeiro apurado no balanço patrimonial do exercício de 2013;

XX - com benefícios assistenciais da Lei Orgânica de Assistência Social e Renda Mensal Vitalícia, mediante a utilização de recursos provenientes de:

a) superávit financeiro apurado no balanço patrimonial do exercício de 2013; e

b) anulação de dotações orçamentárias alocadas às finalidades previstas neste inciso;

XXI - com o pagamento de pensões indenizatórias decorrentes de legislação especial e/ou de decisões judiciais, mediante a utilização de recursos provenientes de superávit

LRF   LOA

financeiro apurado no balanço patrimonial do exercício de 2013;

XXII - no âmbito das agências reguladoras, do Fundo Nacional de Cultura - FNC na categoria de programação específica do Fundo Setorial do Audiovisual - FSA, do Fundo de Universalização dos Serviços de Telecomunicações - FUST e do Fundo para o Desenvolvimento Tecnológico das Telecomunicações - FUNTTEL, mediante a utilização dos respectivos:

a) superávit financeiro apurado no balanço patrimonial do exercício de 2013;

b) excesso de arrecadação de receitas próprias e vinculadas; e

c) reserva de contingência à conta de recursos próprios e vinculados constantes desta Lei;

XXIII - com o projeto de Implantação do Sistema Integrado de Gestão da Informação eJus, no âmbito dos órgãos do Poder Judiciário, mediante a utilização de recursos provenientes da anulação de dotações consignadas a essa finalidade, na mesma ou em outra unidade orçamentária;

XXIV - relativas ao pagamento de anistiados políticos nos termos da Lei nº 10.559, de 13 de novembro de 2002, e da Lei nº 11.354, de 19 de outubro de 2006, até o limite de 30% (trinta por cento) de cada subtítulo, mediante o cancelamento de dotações orçamentárias até esse limite;

XXV - relativas à assistência médica e odontológica a militares e seus dependentes, mediante utilização do excesso de arrecadação das receitas decorrentes da contribuição do militar para a assistência médico-hospitalar e social e da indenização pela prestação de assistência médico-hospitalar, por intermédio de organização militar, previstas no art. 15, incisos II e III, da Medida Provisória nº 2.215-10, de 31 de agosto de 2001;

XXVI - relativas à remuneração de agentes financeiros, no âmbito da Unidade Orçamentária "71.104 - Remuneração de Agentes Financeiros - Recursos sob Supervisão do Ministério da Fazenda", limitada a 30% (trinta por cento) do subtítulo, mediante a utilização de recursos provenientes de:

a) excesso de arrecadação de receitas do Tesouro Nacional; e

b) superávit financeiro apurado no balanço patrimonial do exercício de 2013;

XXVII - da ação 00OB - Auxílio à Conta de Desenvolvimento Energético, Lei nº 12.865, de 9 de outubro de 2013, no âmbito da unidade orçamentária 71.118 - Recursos sob Supervisão do Ministério de Minas e Energia, mediante a utilização de recursos provenientes da emissão de títulos de responsabilidade do Tesouro Nacional; e

XXVIII - no âmbito do Fundo de Desenvolvimento da Amazônia - FDA, do Nordeste - FDNE e do Centro-Oeste - FDCO, mediante a utilização de recursos provenientes de:

a) excesso de arrecadação das receitas do Tesouro Nacional; e

b) superávit financeiro apurado no balanço patrimonial do exercício de 2013;

XXIX - incluídas ou acrescidas à programação em decorrência da aprovação de emendas individuais apresentadas por parlamentares, mediante o remanejamento de programações de iniciativa do mesmo autor, observado o § 6º

LRF   LOA

deste artigo;

XXX - os cancelamentos previstos no inciso XXIX deste artigo, quando incidentes em programações com Identificador de Uso 6, somente poderão ser destinados à suplementação de ações e serviços públicos de saúde.

§ 1º Os limites de que trata o inciso I e respectiva alínea "a" deste artigo poderão ser ampliados em até 10% (dez por cento) quando o remanejamento ocorrer entre ações do mesmo programa no âmbito de cada órgão orçamentário.

§ 2º A autorização de que trata este artigo fica condicionada à publicação, até o dia 15 de dezembro de 2014, do ato de abertura do crédito suplementar, exceto para as despesas previstas nos incisos III, IV, V, VI, X, XV, XVI, XVIII, XX, XXI, XXIV e XXV do caput deste artigo, em que a publicação poderá ocorrer até 31 de dezembro de 2014.

§ 3º Entende-se por saldo orçamentário, para fins do disposto nos incisos XIII e XIV deste artigo, a diferença entre a dotação autorizada e o valor empenhado no exercício findo.

§ 4º Na abertura dos créditos de que trata este artigo, poderão ser incluídos grupos de natureza de despesa, além dos aprovados no respectivo subtítulo, desde que compatíveis com a finalidade da ação orçamentária correspondente.

§ 5º O Presidente da Comissão Mista de que trata o art. 166, § 1º, da Constituição, encaminhará ao Ministro de Estado do Planejamento, Orçamento e Gestão, até 30 (trinta) dias após a sanção desta Lei, a relação dos valores incluídos ou acrescidos pelo Congresso Nacional por meio de emendas de que trata o caput deste artigo, cujas alterações, durante a execução, deverão ser informadas pelos órgãos responsáveis à Comissão.

LOA   J. U. JACOBY FERNANDES

§ 6º Não se aplica a vedação de cancelamento de valores incluídos ou acrescidos em decorrência da aprovação de emendas mencionadas no caput deste artigo quando houver solicitação de seu autor ou indicação do Poder Legislativo.

CAPÍTULO III
DO ORÇAMENTO DE INVESTIMENTO
SEÇÃO I
DAS FONTES DE FINANCIAMENTO

Art. 5º As fontes de recursos para financiamento das despesas do Orçamento de Investimento somam R$ 105.675.323.398,00 (cento e cinco bilhões, seiscentos e setenta e cinco milhões, trezentos e vinte e três mil e trezentos e noventa e oito reais), conforme especificadas no Anexo III desta Lei.

SEÇÃO II
DA FIXAÇÃO DA DESPESA

Art. 6º A despesa do Orçamento de Investimento é fixada em R$ 105.675.323.398,00 (cento e cinco bilhões, seiscentos e setenta e cinco milhões, trezentos e vinte e três mil e trezentos e noventa e oito reais), cuja distribuição por órgão orçamentário consta do Anexo IV desta Lei.

SEÇÃO III
DA AUTORIZAÇÃO PARA A ABERTURA DE CRÉDITOS SUPLEMENTARES

Art. 7º Fica o Poder Executivo autorizado a abrir

LRF   LOA

créditos suplementares, observados os limites e condições estabelecidos neste artigo, desde que as alterações promovidas na programação orçamentária sejam compatíveis com a obtenção da meta de resultado primário estabelecida para o exercício de 2014, para as seguintes finalidades:

I - suplementação de subtítulo, exceto os relativos às programações de que trata o inciso IV deste artigo, até o limite de 30% (trinta por cento) do respectivo valor, constante desta Lei, mediante geração adicional de recursos, anulação de dotações orçamentárias da mesma empresa ou aporte de recursos da empresa controladora;

II - atendimento de despesas relativas a ações em execução no exercício de 2014, mediante a utilização, em favor da correspondente empresa e da respectiva programação, de saldo de recursos do Tesouro Nacional repassados em exercícios anteriores ou inscritos em restos a pagar no âmbito dos Orçamentos Fiscal ou da Seguridade Social;

III - realização das correspondentes alterações no Orçamento de Investimento, decorrentes da abertura de créditos suplementares ou especiais aos Orçamentos Fiscal e da Seguridade Social; e

IV - suplementação das programações contempladas no Programa de Aceleração do Crescimento - PAC, classificadas com os identificadores de resultado primário "3" ou "5", mediante geração adicional de recursos ou cancelamento de dotações orçamentárias desse Programa com os respectivos identificadores constantes do Orçamento de que trata este Capítulo, no âmbito da mesma empresa.

Parágrafo único. A autorização de que trata este artigo

LOA
J. U. Jacoby Fernandes

fica condicionada à publicação, até 15 de dezembro de 2014, do ato de abertura do crédito suplementar.

CAPÍTULO IV
DA AUTORIZAÇÃO PARA CONTRATAÇÃO DE OPERAÇÕES DE CRÉDITO E EMISSÃO DE TÍTULOS DA DÍVIDA AGRÁRIA

Art. 8º Em cumprimento ao disposto no art. 32, § 1º, inciso I, da LRF, ficam autorizadas a contratação das operações de crédito incluídas nesta Lei e a emissão de Títulos de Responsabilidade do Tesouro Nacional para o atendimento das despesas previstas nesta Lei com essa receita, sem prejuízo do que estabelece o art.52, inciso V, da Constituição, no que se refere às operações de crédito externas.

Art. 9º Fica o Poder Executivo autorizado a emitir até 27.623.774 (vinte e sete milhões, seiscentos e vinte e três mil, setecentos e setenta e quatro) Títulos da Dívida Agrária para atender ao programa de reforma agrária no exercício de 2014, nos termos do § 4º do art. 184 da Constituição, vedada a emissão com prazos decorridos ou inferiores a 2 (dois) anos.

CAPÍTULO V
DAS DISPOSIÇÕES FINAIS

Art. 10. Integram esta Lei os seguintes Anexos, incluindo os mencionados nos arts. 2º, 3º, 5º e 6º desta Lei:

I - receita estimada nos Orçamentos Fiscal e da Seguridade Social, por categoria econômica e fonte;

II - distribuição da despesa fixada nos Orçamentos Fiscal e da Seguridade Social, por órgão orçamentário;

III - discriminação das fontes de financiamento do Orçamento de Investimento;

IV - distribuição da despesa fixada no Orçamento de Investimento, por órgão orçamentário;

V - autorizações específicas de que trata o art. 169, § 1º, inciso II, da Constituição, relativas a despesas com pessoal e encargos sociais;

VI - relação dos subtítulos relativos a obras e serviços com indícios de irregularidades graves, informada pelo Tribunal de Contas da União;

VII - quadros orçamentários consolidados;

VIII - discriminação das receitas dos Orçamentos Fiscal e da Seguridade Social;

IX - discriminação da legislação da receita e da despesa dos Orçamentos Fiscal e da Seguridade Social;

X - programa de trabalho das unidades orçamentárias e detalhamento dos créditos orçamentários dos Orçamentos Fiscal e da Seguridade Social; e

XI - programa de trabalho das unidades orçamentárias e detalhamento dos créditos orçamentários do Orçamento de Investimento.

Art. 11. Esta Lei entra em vigor na data de sua publicação.

Brasília, 20 de janeiro de 2014; 193º da Independência e 126º da República.

DILMA ROUSSEFF

Jurisprudência – STF: ADI Nº 2238-5[176]

Decisão da Liminar

O Supremo Tribunal Federal, por unanimidade, rejeitou a arguição de inconstitucionalidade formal da lei, em sua totalidade, ao argumento de que o projeto deveria ter voltado à Câmara dos Deputados em razão de o Senado ter alterado certos dispositivos da lei. Votou o Presidente. Prosseguindo no julgamento, o Tribunal, por maioria, vencido o Senhor Ministro Marco Aurélio, rejeitou a arguição de inconstitucionalidade formal da lei, em sua totalidade, ao argumento de que o projeto teria que ter disciplinado por inteiro o artigo 163 da Constituição Federal. Votou o Presidente.

Nota: na ADI foi pedido que a lei inteira fosse considerada inconstitucional. O Supremo Tribunal Federal rejeitou o pedido.

Em seguida, após os votos dos Senhores Ministros Ilmar Galvão (Relator), Marco Aurélio, Sepúlveda Pertence, Octavio Gallotti e o Presidente (Ministro Carlos Velloso), deferindo a medida cautelar de suspensão dos efeitos do artigo 20 da Lei Complementar nº 101, de 04 de maio de 2000, e dos votos dos

---

[176] Fonte: BRASIL. Tribunal de Contas da União. Processo TC nº 014.185/2001-3. Decisão nº 1.084/2001 - Plenário. Relator: Ministro Walton Alencar Rodrigues. Brasília, 12 de dezembro de 2001. **Diário Oficial da União [da] República Federativa do Brasil**, Brasília, DF, 24 jan. 2002.

LEI DE RESPONSABILIDADE FISCAL   STF ADI Nº 2238-5

Senhores Ministros Nelson Jobim, Celso de Mello, Sydney Sanches e Moreira Alves, que indeferiam a medida cautelar, o julgamento foi suspenso a fim de aguardar os votos dos Senhores Ministros Maurício Corrêa e Néri da Silveira, ausentes justificadamente. - Plenário, 28.09.2000.

Prosseguindo no julgamento, o Tribunal, por maioria, vencidos os Senhores Ministros Ilmar Galvão (Relator), Sepúlveda Pertence, Octavio Gallotti, Néri da Silveira e o Presidente (Ministro Carlos Velloso), indeferiu a medida cautelar de suspensão dos efeitos do artigo 020 da Lei Complementar nº 101, de 04 de maio de 2000. Retificou o voto proferido anteriormente o Senhor Ministro Marco Aurélio. Em seguida, o julgamento foi adiado por indicação do Relator. - Plenário, 11.10.2000.

Nota: nesta sessão, o Supremo Tribunal Federal por voto de seis contra cinco, rejeitou o pedido de inconstitucionalidade do art. 20 da Lei de Responsabilidade Fiscal. Cinco votaram favoráveis, por entenderem que ofendia o princípio e podendo a Lei de Diretrizes Orçamentárias dispor de modo diferente da Lei de Responsabilidade Fiscal, como assegura o §5º, do art. 20, não há ofensa a Constituição Federal.

Em face do exposto é possível sustentar que o art. 20 é constitucional e não ofende o princípio federativo porque a própria Lei de Responsabilidade Fiscal autoriza os demais entes da federação a estabelecer percentuais diferentes de distribuição entre os poderes, o Ministério Público e o Tribunal de Contas na Lei de Diretrizes Orçamentárias.

Prosseguindo no julgamento, o Tribunal, por unanimidade, indeferiu o pedido de suspensão cautelar do inciso II do §2º do

STF ADI Nº 2238-5   J. U. Jacoby Fernandes

artigo 4º; do §4º do artigo 4º; do artigo 7º, *caput*; do §1º do artigo 7º e do §5º do artigo 9º, todos da Lei Complementar nº 101, de 04 de maio de 2000. Ainda por unanimidade, não conheceu da ação no que toca aos §§2º e 3º do artigo 7º. E, também por unanimidade, deferiu o pedido de medida cautelar para suspender a eficácia do §3º do artigo 9º da mesma lei complementar. Votou o Presidente. Em seguida, o julgamento foi adiado por indicação do Senhor Ministro-Relator. - Plenário, 22.02.2001.

> **Nota**: O Supremo Tribunal Federal suspendeu a eficácia do § 34º do art. 9º, da Lei de Responsabilidade Fiscal. Portanto, as dotações previstas para os poderes Judiciário, Legislativo e ainda para o Ministério Público e Tribunal de Contas devem ser entregues segundo a regra do art. 168 da Constituição Federal.

Apresentado o feito em mesa, o julgamento foi adiado para prosseguimento com o quorum completo. Ausentes, justificadamente, a Senhora Ministra Ellen Gracie, e, neste julgamento, o Senhor Ministro Marco Aurélio (Presidente). Presidência do Senhor Ministro Ilmar Galvão (Vice-Presidente). - Plenário, 20.06.2001.

O Tribunal, preliminarmente, por maioria, deixou de referendar a admissibilidade, no processo, da Associação Paulista dos Magistrados, vencidos os Senhores Ministros Ilmar Galvão, Relator, Carlos Velloso e Sepúlveda Pertence. E, por unanimidade, indeferiu a liminar, na Lei Complementar nº 101, de 04 de maio de 2000, relativamente ao artigo 9º, §5º; ao artigo 11, parágrafo único; ao artigo 15; ao artigo 17 e §§; ao §1º do artigo 18; à expressão "atendidas ainda as exigências do art. 17", contida na cabeça do artigo 24; ao §1º do artigo 26; ao §2º do artigo 28; ao §1º

LEI DE RESPONSABILIDADE FISCAL   STF ADI Nº 2238-5

do artigo 29 e à cabeça do artigo 39. Por unanimidade, o Tribunal deferiu a medida acauteladora para suspender a eficácia do §2º do artigo 12, e, no §1º do artigo 23, da expressão "quanto pela redução dos valores a eles atribuídos", e, integralmente, a eficácia do §2º do referido artigo. E, por unanimidade, julgou prejudicado o pedido quanto ao artigo 30, inciso I. Votaram o Presidente, o Senhor Ministro Marco Aurélio, e a Senhora Ministra Ellen Gracie. Em seguida, o julgamento foi suspenso, projetando para posterior exame, o pedido de concessão de liminar relativamente ao artigo 14, inciso II, e ao artigo 21, inciso II. Ausentes, justificadamente, os Senhores Ministros Nelson Jobim e Celso de Mello. - Plenário, 09.05.2002.

> **Nota:** o Supremo Tribunal Federal suspendeu a eficácia do §2º do art. 12 da Lei de Responsabilidade Fiscal e ainda da expressão "quanto pela redução dos valores a eles atribuídos", contida no §1º do artigo 23, e, integralmente, a eficácia do §2º do referido artigo.

O Tribunal, por unanimidade, indeferiu a liminar, na Lei Complementar nº 101, de 04 de maio de 2000, quanto ao §2º do artigo 29; ao §1º do artigo 59; ao artigo 60 e ao artigo 68, *caput*. E, por maioria, indeferiu a liminar no tocante ao inciso II do artigo 14, vencidos os Senhores Ministros Ilmar Galvão, Relator, e Sepúlveda Pertence. Por unanimidade, o Tribunal conferiu interpretação conforme a Constituição Federal ao inciso II do artigo 21, para que se entenda como limite legal o previsto em lei complementar, e, quanto ao artigo 72, para que se entenda como serviços de terceiros os serviços permanentes. Votou o Presidente. Relativamente aos artigos 56 e 57, após o voto do Relator, indeferindo a liminar, pediu vista o Senhor Ministro Sepúlveda Pertence. O Tribunal deliberou retificar a papeleta de julgamento para assentar que o indeferimento da liminar, quanto ao artigo 39, apanha a cabeça do artigo, incisos e parágrafos, e, quanto ao artigo 29, o indeferimento diz respeito ao inciso I. Declarou, ainda, prejudicada a ação direta de inconstitucionalidade relativamente ao pedido de concessão de liminar para suspender a eficácia do inciso I do artigo 3º e do artigo 4º da Medida Provisória nº 190-18, de 04 de maio de 2000. Votou o Presidente, o Senhor Ministro Marco Aurélio. Impedido o Senhor Ministro Gilmar Mendes. Ausente, justificadamente, o Senhor Ministro Celso de Mello. - Plenário, 12.02.2003.

> **Nota:** segundo o Supremo Tribunal Federal no art. 21, o inc. II, deve ser entendido que o limite legal deve ser previsto em Lei Complementar, e, no art. 72, deve ser entendido como serviços de terceiros apenas os serviços permanentes.

Em sentido contrário anteriormente havia decidido o TCU:

"[...] Os Ministros do Tribunal de Contas da União, reunidos em sessão do Plenário, ante as razões expostas pelo Relator e com fundamento no art. 1º, inciso XVII, da Lei 8.443/92, DECIDEM conhecer da consulta para respondê-la nos seguintes termos:

8.1. a limitação imposta pelo art. 72 abrange a totalidade das despesas com serviços de terceiros, deduzidos apenas os gastos com pessoal caracterizados como de substituição de servidores e empregados públicos, referidos no art. 18, §1º, da LRF;

8.2. as novas contas criadas pela Secretaria do Tesouro Nacional em 2001, no Plano de Contas da Administração Pública Federal (33390.04.12, 33390.35.04, 33390.36.29, 33390.37.07,

LEI DE RESPONSABILIDADE FISCAL   STF ADI Nº 2238-5

33390.39.13), têm como única finalidade discriminar as despesas com contratos de terceirização de mão-de-obra que se referem à substituição de servidores e empregados públicos para permitir incluí-las no total gasto com pessoal;

8.3 encaminhar cópia desta Decisão, acompanhada do Relatório e Voto que a fundamentam, à autoridade consulente e 8.4. arquivar o presente processo. [...]"

JURISPRUDÊNCIA – STF: AC Nº 1.033-1/DF[177]

DECISÃO: Trata-se de ação cautelar preparatória, com pedido de medida liminar, ajuizada por 18 (dezoito) Estados-membros da Federação e, também, pelo Distrito Federal, todos em formação litisconsorcial ativa, que tem por objetivo suspender os efeitos da inscrição dos autores no Cadastro Único de Convênio (CAUC), assegurando-se-lhes, ainda, as transferências de recursos federais, sem quaisquer outros obstáculos que não os fundados em lei ou na própria Constituição, além daquelas transferências "decorrentes de operações de crédito , especialmente oriundas de processos de autorização de empréstimo externo" (fls. 16).

Os litisconsortes ativos também postulam seja-lhes respeitada a garantia do contraditório e da ampla defesa, a ser exercida, previamente, no que se refere "a qualquer inscrição no CAUC, em relação a eventual pendência própria, na forma preconizada pelo §2º da Lei nº 10.522/02" (fls. 17), além de se assegurar, aos autores, "a observância das causas suspensivas da exigibilidade de crédito , a teor do contido no art. 151 do CTN e do art. 7º da Lei nº 10.522/02 e, afim, que as irregularidades eventuais dos entes autônomos, indevidamente imputadas aos Autores, e eventual

---

[177] Fonte: BRASIL. Supremo Tribunal Federal. AC nº 1.033-1/DF. Relator: Ministro Celso de Mello. Brasília, 02 de dezembro de 2005. Decisão mantida em 30 de dezembro de 2005. Ministra Ellen Gracie - Vice-Presidente (Art. 37, I, RISTF). Disponível em: <http://www.stf.jus.br>. Acesso em: 9 set. 2011.

LRF   STF ADI Nº 1.033-1/DF

pendência com outro ente, que não o transferidor dos recursos, não constituam óbices à regularidade obrigacional dos Autores" (fls. 17).

Os autores esclarecem que, em 17/10/2005, a Secretaria do Tesouro Nacional (STN) editou a Instrução Normativa nº 1 (fls. 21/23), com o objetivo de disciplinar o cumprimento das exigências para transferências voluntárias, previstas na Lei Complementar nº 101, de 04/05/2000 (Lei de Responsabilidade Fiscal).

Consoante informam os autores, a referida Instrução Normativa estabeleceu novo disciplinamento jurídico ao Cadastro Único de Convênio (CAUC), originalmente criado por meio da Instrução Normativa nº 01, de 04/05/2001 (fls. 25/28).

Alegam, os litisconsortes ativos, que a Lei de Responsabilidade Fiscal estabelece requisitos a serem observados pelos entes da Federação, para fins de efetivação das transferências voluntárias. Tais exigências impõem "que o ente beneficiário dos recursos esteja em dia com o pagamento de tributos, empréstimos e financiamentos devidos ao ente transferidor" (fls. 03).

Segundo alegam os autores, com o advento da Instrução Normativa nº 1, em 17/10/2005, o Cadastro Único de Convênio (CAUC) passou a incluir registros de débitos próprios do Poder Executivo dos Estados-membros e demais unidades federadas, além daqueles concernentes aos entes integrantes das respectivas administrações indiretas: "(...) essa nova 'repaginação' legislativa conferida ao CAUC, pela IN STN nº 1/05, inovou no plano normativo para fazer constar, de forma sumária, sem o resguardo do contraditório e da ampla defesa, registro de débitos próprios do Poder Executivo do ente federativo e dos entes autônomos a eles

STF ADI Nº 1.033-1/DF   J. U. JACOBY FERNANDES

vinculados "Autarquias, fundações, estatais e paraestatais" (fls. 05).

A pretensão de direito material ora deduzida pelos litisconsortes ativos apóia-se, essencialmente, nos seguintes fundamentos: (a) ofensa à Lei de Responsabilidade Fiscal (art. 25, §1º, IV, "a"); (b) desrespeito ao princípio da legalidade; (c) "violação à intranscendência subjetiva das relações obrigacionais e das sanções jurídicas correlatas" (fls. 08); (d) transgressão aos postulados do devido processo legal, do contraditório e da ampla defesa; e (e) inobservância do princípio da programação orçamentária.

Em despacho exarado a fls. 369/370 dos autos, determinei a citação da União, para oferecer contestação (CPC, art. 802, "*caput*").

Posteriormente a esse despacho, o Estado de Alagoas formulou pedido de ingresso, como litisconsorte ativo, na presente relação processual (fls. 373).

Os autores, tendo tomado ciência do despacho que ordenou a citação, deduziram pedido de reconsideração, objetivando a imediata apreciação do pedido de medida liminar, considerada a efetiva concretização, na espécie, de situação configuradora do "periculum in mora" (fls. 375/378):

"Os requerentes, pois, pedem 'venia' a Vossa Excelência para retornar nos autos pleiteando reconsideração dessa decisão, tendo em vista que o aguardo da resposta da União inviabilizará diversos programas dos Estados requerentes, causando-lhes prejuízos sociais, políticos, financeiros e econômicos, além de impossibilitar a análise da liminar antes do recesso forense.

A título de exemplo dos danos de difícil reparação que podem surgir diante da não-concessão da medida pleiteada na inicial, cita-se o caso do Estado do Amazonas, que concluiu tratativas com o

300

LRF   STF ADI Nº 1.033-1/DF

Banco Interamericano de Desenvolvimento para um empréstimo externo no valor total de US$ 200 milhões de dólares americanos.

A operação visa a dar continuidade ao PROGRAMA SOCIAL E AMBIENTAL DOS IGARAPÉS DE MANAUS - PROSAMIM, que tem por objeto a recuperação ambiental e a requalificação urbanística dos igarapés de Manaus, Bittencourt, Mestre Chico e do Quarenta, que circundam a Capital do Estado, programa este incluído na Lei Estadual nº 2.870, de 29 de dezembro de 2003, que dispõe sobre o Plano Plurianual para o período de 2004 a 2007, e que depende da verba externa para a reurbanização de várias áreas na capital amazonense, contemplando o reassentamento habitacional de população em outra área da cidade de Manaus, a recuperação e saneamento dos cursos d'água que cortam a cidade, trazendo benefícios ambientais, inclusive, o combate e prevenção de doenças que ameaçam se tornar epidemia em época de vazante acentuada dos rios da bacia amazônica.

Mas tal operação depende ainda de autorização do Senado Federal, nos termos do art. 52 da Constituição da República, sendo que o respectivo processo administrativo se encontra precisamente na STN, que não o encaminhará ao Senado sem que as exigências do CAUC sejam observadas. Isso está em vias de inviabilizar o PROSAMIM e afetar toda uma programação financeira lançada no Plano Plurianual em curso.

Já demonstrado na inicial o 'fumus boni iuris', é patente também, neste caso específico, o 'periculum in mora', uma vez que o recesso parlamentar tem início em 15 de dezembro próximo, após o que a autorização para o empréstimo externo, pleiteado pelo Estado do Amazonas, somente será examinada no exercício vindouro, com prejuízos de ordem social à população, e de ordem

301

STF ADI Nº 1.033-1/DF J. U. JACOBY FERNANDES

administrativa, no que diz respeito ao cronograma do referido programa.

Como o Estado do Amazonas, cada um dos autores está na iminência de sofrer prejuízos incalculáveis caso não seja deferida a liminar pleiteada." (grifei)

Passo a analisar, desse modo, a postulação cautelar ora reiterada pelos litisconsortes ativos.

Os elementos produzidos até o presente momento, nesta sede processual, notadamente aqueles expostos a fls. 375/378, revelam-se suficientes para justificar, na espécie, o integral acolhimento da pretensão cautelar ora deduzida pelos Estados-membros e pelo Distrito Federal, litisconsortes ativos na presente relação processual, eis que concorrem os requisitos autorizadores da concessão da medida liminar ora pleiteada.

A plausibilidade jurídica da pretensão cautelar formulada na presente causa resulta, dentre outros fundamentos invocados pelos autores, da aparente violação ao princípio da intranscendência (ou da personalidade) das sanções e das medidas restritivas de ordem jurídica, eis que as conseqüências gravosas resultantes do ato de inscrição no Cadastro Único de Convênio (CAUC) - por configurarem limitação de direitos - não podem ultrapassar a esfera individual das empresas governamentais ou das entidades paraestatais alegadamente devedoras, para atingir as próprias pessoas políticas (que nada devem), e de que os entes supostamente devedores constituem meras instrumentalidades administrativas.

Essa orientação - é importante assinalar - mereceu o beneplácito do Plenário do Supremo Tribunal Federal, quando do exame de matéria virtualmente idêntica à que ora se analisa nesta sede processual:

LRF   STF ADI Nº 1.033-1/DF

"CADIN (LEI Nº 10.522/2002) - INCLUSÃO, NESSE CADASTRO FEDERAL, DE SOCIEDADE DE ECONOMIA MISTA ESTADUAL, POR EFEITO DE DÉBITOS ALEGADAMENTE NÃO-QUITADOS E CUJA EXIGIBILIDADE FOI POR ELA CONTESTADA - INCIDÊNCIA, SOBRE O ESTADO-MEMBRO, DE LIMITAÇÕES DE ORDEM JURÍDICA, EM DECORRÊNCIA DA VINCULAÇÃO ADMINISTRATIVA, A ELE, ENQUANTO ENTE POLÍTICO MAIOR, DA EMPRESA ESTATAL DEVEDORA - PRETENSÃO CAUTELAR FUNDADA NAS ALEGAÇÕES DE TRANSGRESSÃO À GARANTIA DO 'DUE PROCESS OF LAW' E DE OFENSA AO PRINCÍPIO DA INTRANSCENDÊNCIA DAS MEDIDAS RESTRITIVAS DE DIREITOS - MEDIDA CAUTELAR DEFERIDA - DECISÃO REFERENDADA.

INSCRIÇÃO NO CADIN (LEI Nº 10.522/2002) E ALEGAÇÃO DE OFENSA AO PRINCÍPIO DA INTRANSCENDÊNCIA DAS MEDIDAS RESTRITIVAS DE DIREITOS.

- As conseqüências gravosas resultantes do ato de inscrição no CADIN (Lei nº 10.522/2002), por configurarem limitação de direitos, não podem ultrapassar a esfera individual das empresas governamentais ou das entidades paraestatais alegadamente devedoras, que nesse cadastro federal tenham sido incluídas, sob pena de violação ao princípio da intranscendência (ou da personalidade) das sanções e das medidas restritivas de ordem jurídica. Conseqüente impossibilidade de o Estado-membro sofrer limitações em sua esfera jurídica, motivadas pela só circunstância de, a ele, enquanto ente político maior, acharem-se

303

administrativamente vinculadas as entidades paraestatais, as empresas governamentais ou as sociedades sujeitas ao seu poder de controle. Precedentes.

<u>LIMITAÇÃO</u> DE DIREITOS <u>E NECESSÁRIA OBSERVÂNCIA</u> DO POSTULADO DO DEVIDO PROCESSO LEGAL.

- A imposição estatal de restrições de ordem jurídica, quer se concretize na esfera judicial, quer se efetive no âmbito estritamente administrativo, para legitimar-se em face do ordenamento constitucional, supõe o efetivo respeito, pelo Poder Público, da garantia indisponível do 'due process of law', assegurada à generalidade das pessoas pela Constituição da República (art. 5º, LIV), eis que o Estado, em tema de limitação de direitos, não pode exercer a sua autoridade de maneira arbitrária. Precedentes. Alegação, pelo Estado-membro, de que a inscrição no CADIN, essencialmente limitadora de direitos, desrespeitou, no processo de sua efetivação, o prazo legal a que se refere o art. 2º, **§2º**, da Lei nº 10.522/2002."

(AC 266-QO/SP, Rel. Min. CELSO DE MELLO, Pleno)

Disso resulta, considerado o princípio em questão, a conseqüente impossibilidade de o Estado-membro (ou o Distrito Federal) sofrer limitações em sua esfera jurídica, motivadas pela só circunstância de, a ele, enquanto ente político maior, acharem-se administrativamente vinculadas as entidades paraestatais, as empresas governamentais ou as sociedades sujeitas ao seu poder de controle (AC 39-MC/PR, Rel. Min. ELLEN GRACIE - AC 235-MC/SP, Rel. Min. SEPÚLVEDA PERTENCE).

Demais disso, cumpre reconhecer que a imposição estatal de restrições de ordem jurídica, quer se concretize na esfera judicial,

LRF   STF ADI Nº 1.033-1/DF

quer se efetive no âmbito estritamente administrativo, para legitimar-se em face do ordenamento constitucional, supõe o efetivo respeito, pelo Poder Público, da garantia indisponível do 'due process of law', assegurada à generalidade das pessoas pela Constituição da República (art. 5º, LIV), eis que o Estado, em tema de limitação de direitos, não pode exercer a sua autoridade de maneira arbitrária.

Cumpre ter presente, bem por isso, que o Estado, em tema de restrição à esfera jurídica de qualquer pessoa, física ou jurídica, não pode exercer a sua autoridade de maneira abusiva ou arbitrária, desconsiderando, no exercício de sua atividade, o postulado da plenitude de defesa, pois o reconhecimento da legitimidade ético-jurídica de qualquer medida imposta pelo Poder Público - de que resultem, como no caso, conseqüências gravosas no plano dos direitos e garantias (mesmo aqueles titularizados por pessoas estatais) - exige a fiel observância do princípio constitucional do devido processo legal (CF, art. 5º, LV).

A jurisprudência dos Tribunais, notadamente a do Supremo Tribunal Federal, tem reafirmado a essencialidade desse princípio, nele reconhecendo uma insuprimível garantia, que, instituída em favor de qualquer pessoa ou entidade (pública ou privada), rege e condiciona o exercício, pelo Poder Público, de sua atividade, ainda que em sede materialmente administrativa, sob pena de nulidade da própria medida restritiva de direitos, revestida, ou não, de caráter punitivo (RDA 97/110 - RDA 114/142 - RDA 118/99 - RTJ 163/790, Rel. Min. CARLOS VELLOSO - AI 306.626/MT, Rel. Min. CELSO DE MELLO, "in" Informativo/STF nº 253/2002 - RE 140.195/SC, Rel. Min. ILMAR GALVÃO - RE 191.480/SC, Rel. Min. MARCO AURÉLIO - RE 199.800/SP,

305

Rel. Min. CARLOS VELLOSO, v.g.):

"RESTRIÇÃO DE DIREITOS E GARANTIA DO 'DUE PROCESS OF LAW'.

- O Estado, em tema de punições disciplinares ou de restrição a direitos, qualquer que seja o destinatário de tais medidas, não pode exercer a sua autoridade de maneira abusiva ou arbitrária, desconsiderando, no exercício de sua atividade, o postulado da plenitude de defesa, pois o reconhecimento da legitimidade ético-jurídica de qualquer medida estatal - que importe em punição disciplinar ou em limitação de direitos - exige, ainda que se cuide de procedimento meramente administrativo (CF, art. 5º, LV), a fiel observância do princípio do devido processo legal.

A jurisprudência do Supremo Tribunal Federal tem reafirmado a essencialidade desse princípio, nele reconhecendo uma insuprimível garantia, que, instituída em favor de qualquer pessoa ou entidade, rege e condiciona o exercício, pelo Poder Público, de sua atividade, ainda que em sede materialmente administrativa, sob pena de nulidade do próprio ato punitivo ou da medida restritiva de direitos. Precedentes. Doutrina."

(RTJ 183/371-372, Rel. Min. CELSO DE MELLO)

Isso significa, portanto, que assiste, ao cidadão e a qualquer entidade (pública ou privada), mesmo em procedimentos de índole administrativa, a prerrogativa indisponível do contraditório e da plenitude de defesa, com os meios e recursos a ela inerentes, consoante prescreve, em caráter mandatório, o art. 5º, inciso LV, da Constituição da República, tal como tem advertido, esta Suprema Corte, em sucessivas decisões, na linha da orientação jurisprudencial acima mencionada:

"Mandado de Segurança. (...). 3. Direito de defesa ampliado

LRF   STF ADI Nº 1.033-1/DF

com a Constituição de 1988. Âmbito de proteção que contempla todos os processos, judiciais ou administrativos, e não se resume a um simples direito de manifestação no processo. (...). Pretensão à tutela jurídica que envolve não só o direito de manifestação e de informação, mas também o direito de ver seus argumentos contemplados pelo órgão julgador. 5. Os princípios do contraditório e da ampla defesa, assegurados pela Constituição, aplicam-se a todos os procedimentos administrativos. 6. O exercício pleno do contraditório não se limita à garantia de alegação oportuna e eficaz a respeito de fatos, mas implica a possibilidade de ser ouvido também em matéria jurídica. (...). Incidência da garantia do contraditório, da ampla defesa e do devido processo legal ao processo administrativo. (...). Presença de um componente de ética jurídica. Aplicação nas relações jurídicas de direito público. 10. Mandado de Segurança deferido para determinar observância do princípio do contraditório e da ampla defesa (CF art. 5º LV)."

(RTJ 191/922, Rel. p/ o acórdão Min. GILMAR MENDES, Pleno - grifei)

O respeito efetivo à garantia constitucional do 'due process of law', ainda que se trate de procedimento administrativo - como a inscrição no Cadastro Único de Convênio (CAUC), que não pode processar-se sem prévia audiência dos entes diretamente afetados -, condiciona, de modo estrito, o exercício dos poderes de que se acha investida a Pública Administração, sob pena de descaracterizar-se, com grave ofensa aos postulados que informam a própria concepção do Estado democrático de Direito, a legitimidade jurídica dos atos e resoluções emanados do Estado.

Esse entendimento - que valoriza a perspectiva constitucional que deve orientar o exame do tema em causa - tem o beneplácito de

STF ADI Nº 1.033-1/DF   J. U. JACOBY FERNANDES

autorizado magistério doutrinário (ADA PELLEGRINI GRINOVER, "O Processo em Evolução", p. 82/85, itens ns. 1.3, 1.4, 2.1 e 2.2, 1996, Forense Universitária; MANOEL GONÇALVES FERREIRA FILHO, "Comentários à Constituição Brasileira de 1988", vol. 1/68-69, 1990, Saraiva; PINTO FERREIRA, "Comentários à Constituição Brasileira", vol. 1/176 e 180, 1989, Saraiva; JESSÉ TORRES PEREIRA JÚNIOR, "O Direito à Defesa na Constituição de 1988", p. 71/73, item n. 17, 1991, Renovar; EDGARD SILVEIRA BUENO FILHO, "O Direito à Defesa na Constituição", p. 47/49, 1994, Saraiva; CELSO RIBEIRO BASTOS, "Comentários à Constituição do Brasil", vol. 2/268-269, 1989, Saraiva; MARIA SYLVIA ZANELLA DI PIETRO, "Direito Administrativo", p. 401/402, 5ª ed., 1995, Atlas; LÚCIA VALLE FIGUEIREDO, "Curso de Direito Administrativo", p. 290 e 293/294, 2ª ed., 1995, Malheiros; HELY LOPES MEIRELLES, "Direito Administrativo Brasileiro", p. 588, 17ª ed., 1992, Malheiros, v.g.).

Não se pode perder de perspectiva, portanto, considerada a essencialidade da garantia constitucional da plenitude de defesa e do contraditório, que a Constituição da República estabelece, em seu art. 5º, incisos LIV e LV, que ninguém pode ser privado de sua liberdade, de seus bens ou de seus direitos sem o devido processo legal, notadamente naqueles casos em que se viabilize a possibilidade de imposição, a determinada pessoa ou entidade, de sanções ou de medidas gravosas consubstanciadoras de limitação de direitos.

A maneira como as inscrições no CADASTRO ÚNICO DE CONVÊNIO (CAUC) foram realizadas parece indicar possível ocorrência de violação ao postulado constitucional do devido

LRF   STF ADI Nº 1.033-1/DF

processo legal (também aplicável aos procedimentos de caráter administrativo), pondo em evidência um dado extremamente relevante, eis que não teria sido facultada, na espécie, aos autores, a possibilidade de se defenderem, antes que se tornasse efetiva, com todas as suas conseqüências jurídicas lesivas, a questionada inscrição no mencionado cadastro, sequer precedida de notificação dirigida aos entes estatais atingidos.

Há, ainda, um outro aspecto que parece conferir densidade jurídica à pretensão cautelar ora deduzida pelos litisconsortes ativos.

Refiro-me à alegação de que a Secretaria do Tesouro Nacional, ao editar a Resolução nº 1, de 17/10/2005, teria ofendido o princípio constitucional da reserva de lei em sentido formal, como procuraram demonstrar os autores (fls. 07/08).

Não se desconhece que as resoluções administrativas - enquanto atos juridicamente subordinados à autoridade normativa da lei - não podem disciplinar matéria que foi posta, quanto ao seu regramento, sob a égide do postulado constitucional da reserva de lei em sentido formal.

Na realidade, como se sabe, o princípio da reserva de lei atua como expressiva limitação constitucional ao poder do Estado, cuja competência regulamentar, mesmo quando fundada na própria Constituição - como sucede, p. ex., com o poder regulamentar do Presidente da República (CF, art. 84, incisos IV, "in fine", e VI) ou do Ministro de Estado (CF, art. 87, parágrafo único, II) - não se reveste de idoneidade jurídica para restringir direitos ou para criar obrigações.

Nenhum ato regulamentar pode criar obrigações, sob pena de incidir em matéria constitucionalmente reservada ao domínio normativo da lei formal.

O abuso de poder regulamentar, especialmente nos casos em que o Estado atua "contra legem" ou "praeter legem", não só expõe o ato transgressor ao controle jurisdicional, mas viabiliza, até mesmo, tal a gravidade desse comportamento governamental, o exercício, pelo Congresso Nacional, da competência extraordinária que lhe confere o art. 49, V, da Constituição da República e que lhe permite "sustar os atos normativos do Poder Executivo que exorbitem do poder regulamentar (...)" (grifei).

É preciso por em relevo, neste ponto, ante a sua inquestionável atualidade, o magistério de JOSÉ ANTÔNIO PIMENTA BUENO, Marquês de São Vicente ("Direito Público Brasileiro e Análise da Constituição do Império", p. 232/234, itens ns. 324 a 327, 1858, reedição do Ministério da Justiça/Serviço de Documentação, 1958), cuja advertência vale rememorar, especialmente se se tiver presente a censura que esse eminente jurisconsulto do Império já fazia a propósito do abuso do poder regulamentar pelo Executivo e de suas graves implicações no plano jurídico-constitucional:

"(...) Do que temos exposto, e do princípio, também incontestável, que o poder executivo tem por atribuição executar, e não fazer a lei, nem de maneira alguma alterá-la, segue-se evidentemente que êle cometeria grave abuso em qualquer das hipóteses seguintes:

1º) Em criar direitos, ou obrigações novas, não estabelecidos pela lei, porquanto seria uma inovação exorbitante de suas atribuições, uma usurpação do poder legislativo, que só poderá ser tolerada por câmaras desmoralizadas (...).

....

O govêrno não deve por título algum falsear a divisão dos

LRF STF ADI Nº 1.033-1/DF

poderes políticos, exceder suas próprias atribuições, ou usurpar o poder legislativo.

Tôda e qualquer irrupção fora dêstes limites é fatal, tanto às liberdades públicas, como ao próprio poder.

....

Desde que o regulamento excede seus limites constitucionais, desde que ofende a lei, fica certamente sem autoridade porquanto é êle mesmo quem estabelece o dilema ou de respeitar-se a autoridade legítima e soberana da lei, ou de violá-la para preferir o abuso do poder executivo." (grifei)

Não constitui demasia observar, no que concerne à reserva de leI - consoante adverte JORGE MIRANDA ("Manual de Direito Constitucional", tomo V/217-220, item n. 62, 2ª ed., 2000, Coimbra) - que se trata de postulado revestido de função excludente, de caráter negativo (que veda, nas matérias a ela sujeitas, como parece suceder na espécie, quaisquer intervenções, a título primário, de órgãos estatais não-legislativos), e cuja incidência também reforça, positivamente, o princípio que impõe, à administração e à jurisdição, a necessária submissão aos comandos fundados em norma legal, de tal modo que, conforme acentua o ilustre Professor da Universidade de Lisboa, "quaisquer intervenções - tenham conteúdo normativo ou não normativo - de órgãos administrativos ou jurisdicionais só podem dar-se a título secundário, derivado ou executivo, nunca com critérios próprios ou autônomos de decisão" (grifei).

Vale relembrar, neste ponto, a propósito do postulado da reserva legal - que traduz limitação constitucional ao exercício da atividade estatal - decisão emanada da colenda Segunda Turma do Supremo Tribunal Federal e que se acha consubstanciada em

311

STF ADI Nº 1.033-1/DF   J. U. Jacoby Fernandes

acórdão assim ementado:

"(...) A reserva de lei constitui postulado revestido de função excludente, de caráter negativo, pois veda, nas matérias a ela sujeitas, quaisquer intervenções normativas, a título primário, de órgãos estatais não-legislativos. Essa cláusula constitucional, por sua vez, projeta-se em uma dimensão positiva, eis que a sua incidência reforça o princípio, que, fundado na autoridade da Constituição, impõe, à administração e à jurisdição, a necessária submissão aos comandos estatais emanados, exclusivamente, do legislador. (...)."

(RE 318.873-AgR/SC, Rel. Min. CELSO DE MELLO)

Desse modo, consoante parecem evidenciar os documentos produzidos pelos autores, as restrições resultantes do questionado ato de inscrição no CADASTRO ÚNICO DE CONVÊNIO (CAUC), ao ultrapassarem a esfera individual dos entes alegadamente devedores, culminaram por atingir e afetar terceiras pessoas (os Estados-membros e o Distrito Federal, na espécie), a quem - ao menos em princípio ¿ não se poderia imputar, em caráter solidário, a responsabilidade pelo adimplemento de uma obrigação que não se inseria em sua esfera de responsabilidade.

Registre-se, finalmente, que os litisconsortes ativos justificaram, de maneira inteiramente adequada, as razões que caracterizam a concreta ocorrência, na espécie, da situação configuradora do 'periculum in mora' (fls. 14/15 e 375/378), enfatizando, no ponto, que "(...) a ilegal e inconstitucional inclusão dos Autores no CAUC conduzirá, inexoravelmente, nos próximos dias, à paralisação das transferências de recursos para execução de ações e serviços públicos, padecendo com isso toda a sociedade" (fls. 15).

Sendo assim, e tendo em consideração as razões expostas, defiro, "ad referendum" do E. Plenário do Supremo Tribunal

LRF   STF ADI Nº 1.033-1/DF

Federal, o pedido de medida liminar, nos exatos termos em que
deduzido pelos autores (fls. 15/16, item IV, n. 4.1, i, ii e iii).

Os efeitos da presente medida cautelar prevalecerão até que,
deduzida a contestação pela União Federal, torne-se possível
proceder à ponderação dos direitos e interesses em situação de
antagonismo.

Comunique-se, com urgência, para cumprimento imediato, o
teor da presente decisão, cuja cópia deverá ser encaminhada ao
Senhor Ministro da Fazenda, ao Senhor Procurador-Geral da
Fazenda Nacional e ao Senhor Secretário do Tesouro Nacional.

2. Admito, na condição de litisconsorte ativo, o Estado de
Alagoas (fls. 373). Proceda-se, em consequência, às anotações
pertinentes.

Publique-se.

LEGISLAÇÃO COMPLEMENTAR

SECRETARIA DO TESOURO NACIONAL[178]

Portaria Interministerial STN/SOF nº 163, de 04 de maio de 2001, publicada no D.O.U. de 07.05.2001 (Consolidação das Contas Públicas - Natureza da Receita e da Despesa). Atualizada pelas Portarias:

Portaria Interministerial STN/SOF nº 325, de 27 de agosto de 2001, publicada no D.O.U. de 28.08.2001 (Altera os Anexos I, II e III da Portaria Interministerial nº 163, de 4 de maio de 2001, que dispõe sobre normas gerais de consolidação das Contas Públicas no âmbito da União, Estados, Distrito Federal e Municípios, e dá outras providências).

Portaria Interministerial STN/SOF nº 519, de 27 de novembro de 2001, publicada no D.O.U. de 28.11.2001 (Altera os anexos I e II da Portaria Interministerial nº 163, de 4 de maio de 2001, que dispõe sobre normas gerais de consolidação das Contas Públicas no âmbito da União, Estados, Distrito Federal e Municípios e dá outras providências).

Portaria Interministerial STN/SOF nº 338, de 26 de abril de 2006, publicada no D.O.U. de 28.04.2006 (Altera o Anexo I da Portaria Interministerial STN/SOF nº 163, de 4 de maio de 2001, e dá outras providências).

Portaria Conjunta nº 1, de 18 de junho de 2010 (Altera a

---

[178] As normas precitadas estão disponíveis, na íntegra, no portal http://www.jacoby.pro.br.

LEI DE RESPONSABILIDADE FISCAL   LEGIS. COMPLEMENTAR

Portaria Interministerial STN/SOF nº 163, de 4 de maio de 2001).

Portaria Conjunta nº 02, de 19 de agosto de 2010, publicada no D.O.U. de 23.08.2010 (Altera a Portaria Interministerial STN/SOF no 163, de 4 de maio de 2001).

Portaria Conjunta nº 1, de 20 de Junho de 2011, publicada no D.O.U. de 22.06.2011 (Altera a Portaria Interministerial STN/SOF nº 163, de 4 de maio de 2001, e aprova as Partes I - procedimentos Contábeis Orçamentários e VIII - Demonstrativo de Estatística de Finanças Públicas, de 4ª edição do Manual de Contabilidade Aplicada ao Setor Público – MCASP).

Portaria STN nº 407, de 20 de junho de 2011 (Aprova a 4ª edição do Manual de Demonstrativos Fiscais – MDF.)

Portaria STN nº 42, de 14 de abril de 1999, publicada no D.O.U. de 15.04.1999 (Discriminação da despesa por Funções e Subfunções).

Instrução Normativa nº 5 da STN, de 8 de maio de 2000; publicada no D.O.U. de 09.06.2000 (Cumprimento do art. 25 da LRF).

Decreto Federal nº 7.058, de 29 de dezembro de 2009; publicada no D.O.U. de 30.12.2009 - ed. extra (Dá nova redação ao art. 96 do Decreto nº 93.872, de 23 de dezembro de 1986, que dispõe sobre a unificação dos recursos de caixa do Tesouro Nacional, atualiza e consolida a legislação pertinente e dá outras providências).

CARTILHA DO MPOG SOBRE A
LEI DE RESPONSABILIDADE FISCAL

1. INTRODUÇÃO

O desequilíbrio fiscal, ou gastos sistematicamente superiores às receitas, predominou na administração pública no Brasil até recentemente. As conseqüências para a economia são bastante negativas, e, em alguns casos, têm impacto sobre mais de uma geração. A inflação descontrolada até o lançamento do Real, a convivência com taxas de juros muito altas, o endividamento público também expressivo e a carga tributária relativamente alta, quando comparada com nossos vizinhos, são algumas destas conseqüências.

Esta realidade levou as finanças públicas a uma situação tal, que acabou por limitar o atendimento de necessidades fundamentais da população, como saúde, educação, moradia, saneamento, etc, com efeitos indesejáveis sobre sua parcela mais pobre, e que mais sofre os efeitos da ausência de investimentos governamentais nessas áreas.

Nesse contexto, a Lei de Responsabilidade Fiscal (LRF) representa um instrumento para auxiliar os governantes a gerir os recursos públicos dentro de um marco de regras claras e precisas, aplicadas a todos os gestores de recursos públicos e em todas as esferas de governo, relativas à gestão da receita e da despesa públicas, ao endividamento e à gestão do patrimônio público.

Além disso, a Lei consagra a transparência da gestão como mecanismo de controle social, através da publicação de relatórios e demonstrativos da execução orçamentária, apresentando ao

LRF · CARTILHA MPOG

contribuinte a utilização dos recursos que ele coloca à disposição dos governantes.

Entre o conjunto de normas e princípios estabelecidos pela LRF, alguns merecem destaque. São eles:

- limites de gasto com pessoal: a lei fixa limites para essa despesa em relação à receita corrente líquida para os três Poderes e para cada nível de governo (União, Estados, Distrito Federal e Municípios);

- limites para o endividamento público: serão estabelecidos pelo Senado Federal por proposta do Presidente da República;

- definição de metas fiscais anuais: para os três exercícios seguintes;

- mecanismos de compensação para despesas de caráter permanente: o governante não poderá criar uma despesa continuada (por prazo superior a dois anos) sem indicar uma fonte de receita ou uma redução de outra despesa; e

- mecanismo para controle das finanças públicas em anos de eleição: a Lei impede a contratação de operações de crédito por antecipação de receita orçamentária (ARO) no último ano de mandato e proíbe o aumento das despesas com pessoal nos 180 dias que antecedem o final do mandato.

A obediência a essas novas regras vai permitir um ajuste fiscal permanente no Brasil, uma vez que a disciplina fiscal introduzida pela Lei proporcionará o fortalecimento da situação financeira dos entes da Federação. Isso, por sua vez, possibilitará o aumento da disponibilidade de recursos para o investimento em programas de desenvolvimento social e econômico.

2. O PROCESSO DE PLANEJAMENTO – A LEI DE DIRETRIZES ORÇAMENTÁRIAS – LDO

A Lei de Diretrizes Orçamentárias é elaborada anualmente, estabelecendo as regras gerais para elaboração do Orçamento do ano seguinte. Nela está o Anexo de Metas Fiscais, que deverá conter, entre outros:

a) as metas anuais, em valores correntes e constantes, relativas a receitas, despesas, resultados nominal e primário e montante da dívida pública, para o exercício a que se referirem e para os dois seguintes, sendo, na prática, metas trienais;

b) a avaliação do cumprimento das metas do ano anterior;

c) a evolução do patrimônio líquido, a origem e a aplicação dos recursos de privatizações, se houver; e

d) estimativa e compensação da renúncia fiscal e da margem de expansão das despesas obrigatórias de caráter continuado.

A LEI ORÇAMENTÁRIA ANUAL

O projeto de Lei Orçamentária Anual (LOA) para União, Estados, Distrito Federal e Municípios deverá ser elaborado respeitando as diretrizes e prioridades estabelecidas na LDO e os parâmetros e limites fixados na Lei de Responsabilidade -Fiscal (LRF).

A LOA deverá conter em anexo o demonstrativo da compatibilização do orçamento com os objetivos e metas definidos no Anexo de Metas Fiscais da LDO.

Na LOA deve estar definida a reserva de contingência, como percentual da receita corrente líquida (RCL)[3], para atender a gastos não previstos na Lei, como calamidades públicas.

LRF

CARTILHA MPOG

O que a LRF pretende é fortalecer o processo orçamentário como peça de planejamento, prevenindo desequilíbrios indesejáveis. Além disso, a Lei pretende ser um instrumento de representação do compromisso dos governantes com a sociedade.

3. AS RECEITAS E A RENÚNCIA FISCAL

À União, aos Estados, ao Distrito Federal e aos Municípios cabe instituir, prever e efetivamente arrecadar todos os tributos de sua competência constitucional. Isto significa que cada esfera de governo deverá explorar adequadamente a sua base tributária e, consequentemente, ter capacidade de estimar qual será a sua receita. Isso auxilia o cumprimento das metas fiscais e a alocação das receitas para as diferentes despesas.

A renúncia de receita - ou eja, a anistia, a remissão, o crédito presumido, a isenção em caráter não geral, a alteração de alíquota de algum tributo ou a modificação da base de cálculo, que tenha como impacto a diminuição da receita pública - deverá estar acompanhada de estimativa de impacto orçamentário-financeiro no exercício em que deva iniciar sua vigência e nos dois exercícios seguintes.

Além disso, para estar de acordo com a LRF, cada governante deverá demonstrar que a renúncia de receita foi considerada na Lei Orçamentária Anual - LOA e que não afetará as metas previstas na Lei de Diretrizes Orçamentárias - LDO.

Alternativamente, o governante deve demonstrar que esta renúncia de receita será compensada por aumento de receita proveniente de elevação de alíquotas, ampliação da base de cálculo, aumento ou criação de tributo ou contribuição. Nesse caso, o ato que implique em renúncia só entra em vigor quando estiver assegurada a compensação pelo aumento de receita.

A LDO e a LOA deverão conter um demonstrativo da estimativa e das medidas de compensação da renúncia de receita.

4. AS DESPESAS E OS MECANISMOS DE COMPENSAÇÃO

Além das despesas previstas em lei, existem aquelas que os governantes poderão realizar em decorrência de criação, expansão ou aperfeiçoamento da ação governamental. Entretanto, de acordo com a LRF, elas deverão estar acompanhadas de estimativa do impacto orçamentário-financeiro por 3 anos e de demonstração de que estejam compatível a LDO, além de estarem adequadas à LOA .

Se o governante quiser criar uma despesa obrigatória de caráter continuado (decorrente de lei ou ato administrativo que fixe a obrigação legal de execução por mais de dois anos) essa despesa deverá ser compensada por aumento permanente de receita ou redução permanente de outras despesas. Além disso, vale lembrar que esse mecanismo de compensação não abrange serviço da dívida, nem a revisão da remuneração dos servidores públicos visando a preservação do valor real dos salários.

A LOA deverá conter o demonstrativo das medidas de compensação de despesa obrigatória de caráter continuado. O mesmo mecanismo de compensação tem efeito sobre a geração de novas despesas com a Seguridade Social, exceto nos casos de crescimento pelo aumento do número de beneficiários e para a manutenção do valor real do benefício.

Desse modo, os governantes não poderão tomar decisões de aumento de despesa ou de redução de receita que comprometam a

LRF   CARTILHA MPOG

saúde das finanças públicas no futuro.

5. AS DESPESAS COM PESSOAL – DEFINIÇÕES BÁSICAS

Considera-se como "Despesa Total com Pessoal" o somatório dos gastos do ente da Federação com os ativos, os inativos e os pensionistas, relativos a mandatos eletivos, cargos, funções ou empregos, civis, militares e de membros de Poder, com quaisquer espécies remuneratórias, tais como: vencimentos e vantagens, fixas e variáveis, subsídios, proventos da aposentadoria, reformas e pensões, inclusive adicionais, gratificações, horas extras e vantagens pessoais de qualquer natureza, bem como encargos sociais e contribuições recolhidas pelo ente às entidades de previdência.

Os valores dos contratos de terceirização de mão-de-obra que se referirem à substituição de servidores e empregados públicos serão contabilizados como "Outras Despesas de Pessoal".

A apuração da despesa total com pessoal será obtida somando-se a realizada no mês em referência com as dos onze meses imediatamente anteriores, adotando-se o regime de competência.

LIMITES DE GASTOS COM PESSOAL

UNIÃO
Na esfera federal, os limites máximos para gastos com pessoal (50% da Receita Corrente Líquida) são assim distribuídos:
- 2,5 % para o Poder Legislativo, incluído o Tribunal de Contas
- 6 % para o Poder Judiciário
- 0,6 % para o Ministério Público da União

321

CARTILHA MPOG   J. U. JACOBY FERNANDES

- 3 % para custeio de despesas do DF e de ex territórios

- 37,9% para o Poder Executivo

ESTADOS

Na esfera estadual, os limites máximos para gastos com pessoal (60% da Receita Corrente Líquida) serão:

- 3% para o Poder Legislativo, incluído o Tribunal de Contas

- 6% para o Poder Judiciário

- 2% para o Ministério Público

- 49% para o Poder Executivo.

MUNICÍPIOS

Na esfera municipal, os limites máximos para gastos com pessoal (60% da Receita Corrente Líquida) serão:

- 6% para o Poder Legislativo, incluído o Tribunal de Contas, quando houver

- 54% para o Poder Executivo

MECANISMOS DE CORREÇÃO DE DESVIOS

Se a despesa total com pessoal exceder a noventa e cinco por

LRF   CARTILHA MPOG

cento (95%) do limite, ficam vedados ao Poder ou órgão referido que houver incorrido no excesso:

- concessão de vantagem, aumento, reajuste ou adequação de remuneração a qualquer título;

- criação de cargo, emprego ou função;

- alteração de estrutura de carreira que implique aumento de despesa;

- provimento de cargo público, admissão ou contratação de pessoal a qualquer título, ressalvada a reposição decorrente de aposentadoria ou falecimento de servidores das áreas de educação, saúde e segurança;

- contratação de hora extra, salvo em situações previstas na Lei de Diretrizes Orçamentárias.

Além disso:

- ultrapassado o limite máximo no quadrimestre, o excedente deve ser eliminado em 2 quadrimestres (sendo de, pelo menos, 1/3 no primeiro);

- há uma regra transitória que permitirá ao ente ou Poder que estiver acima do limite, quando da entrada em vigor da LRF, eliminar o excedente nos 2 exercícios subseqüentes, sendo de, no mínimo, 50%, no primeiro ano;

- caso a despesa total com pessoal esteja abaixo dos limites fixados na Lei, essa despesa poderá ser acrescida em até dez por cento em relação à despesa verificada no exercício imediatamente anterior, até o final do terceiro exercício após a vigência da LRF, respeitados os limites para a esfera administrativa correspondente e para os respectivos poderes. De qualquer forma, os eventuais aumentos de salário, gratificações ou reestruração de carreiras estarão sujeitos à edição de lei específica; e

323

- o montante de recursos financeiros a serem entregues aos órgãos dos Poderes Legislativo e Judiciário e do Ministério Público, para atender a despesas com pessoal, será a resultante da aplicação dos limites e regras fixados na LRF.

Nenhum ato que provoque aumento da despesa de pessoal, nos Poderes Legislativo e Executivo, poderá ser editado nos 180 dias anteriores ao final da legislatura ou do mandato dos chefes do Poder Executivo.

Em caso de crescimento econômico negativo ou inferior a 1% nos quatro últimos trimestres ou de calamidade pública, estado de defesa ou de sítio, fica suspensa a contagem dos prazos para enquadramento nos limites de pessoal.

6. A DÍVIDA PÚBLICA, AS OPERAÇÕES DE CRÉDITO E AS GARANTIAS

A LRF define conceitos e normas a serem observados por todos os entes da Federação quanto à dívida pública, dívida mobiliária[4], operações de crédito e garantias.

Os limites ao montante da dívida (estoque) serão fixados tomando-se por base a dívida consolidada[5] da União, Estados, Distrito Federal e Municípios, que compreende a dívida da administração direta, autarquias, fundações e empresas estatais dependentes - sempre em relação à Receita Corrente Líquida (RCL).

No prazo de noventa dias após a publicação da LRF, o Presidente da República submeterá ao Senado Federal uma proposta de limites globais para o montante da dívida consolidada da União, Estados e Municípios. Adicionalmente, apresentará ao

LRF   CARTILHA MPOG

Congresso Nacional projeto de lei que defina limites para o montante da dívida mobiliária federal, acompanhado da demonstração de sua adequação aos limites fixados para a dívida consolidada da União.

As propostas conterão:

- demonstração de que os limites e condições guardam coerência com as normas estabelecidas na LRF e com os objetivos da política fiscal;

- estimativas do impacto da aplicação dos limites a cada uma das três esferas de governo;

- razões de eventual proposição de limites diferenciados por esfera de governo; e

- metodologia de apuração dos resultados primário e nominal.

Os limites das dívidas serão fixados em percentual da Receita Corrente Líquida (RCL) para cada esfera de governo e aplicados igualmente a todos os entes da Federação que façam parte de seu cálculo, constituindo, para cada um deles, limites máximos.

A apuração do montante da dívida consolidada será efetuada ao final de cada quadrimestre.

Sempre que alterados os fundamentos das propostas de limites, em razão de instabilidade econômica ou alterações nas políticas monetária ou cambial, o Presidente da República poderá encaminhar ao Senado ou ao Congresso Nacional solicitação de revisão desses limites.

ATENÇÃO!!!!!!

A partir da vigência da LRF, os precatórios judiciais não pagos durante a execução do orçamento em que houverem sido incluídos, integram a dívida consolidada, para fins de aplicação dos limites.

Uma vez excedido o limite máximo ao final de um quadrimestre , é dado prazo de três quadrimestres subseqüentes para a eliminação do excesso que deve ser reduzido em pelo menos vinte e cinco por cento (25%) no primeiro quadrimestre.

Enquanto se verificar o excesso, a União, Estados, Distrito Federal e Municípios ficarão:

- proibidos de realizar novas operações de crédito , internas ou externas, inclusive por antecipação de receita orçamentária (ARO);

- obrigados a obter resultado primário necessário à recondução da dívida ao limite.

Decorrido o prazo para o retorno do montante da dívida ao limite, fica também impedido de receber transferências voluntárias.

OPERAÇÕES DE CRÉDITO [7]

O Ministério da Fazenda verificará o cumprimento dos limites e condições da realização de operações de crédito da União, Estados, Distrito Federal e Municípios, inclusive das empresas por eles controladas, direta ou indiretamente. A realização de operações de crédito estará sujeita ao enquadramento na Lei Orçamentária Anual - LOA, em créditos adicionais ou em lei específica, bem como ao cumprimento dos limites e condições estabelecidos pelo Senado Federal.

Segundo a LRF, deverá sempre ser obedecida a "Regra de Ouro", que diz o seguinte: a contratação de operações de crédito em cada exercício fica limitada ao montante da despesa de capital.

LRF · CARTILHA MPOG

Na prática, isso significa que os empréstimos somente deverão ser destinados a gastos com investimentos.

São proibidas:

- a captação de recursos na forma de antecipação de receita de tributo ou contribuição, cujo fato gerador ainda não tenha ocorrido;

- recebimento antecipado de valores de empresa em que o Poder Público detenha, direta ou indiretamente, a maioria do capital social com direito a voto, salvo lucros e dividendos;

- a assunção direta de compromisso, confissão de dívida ou operação assemelhada, com fornecedor de bens, mercadorias ou serviços, mediante emissão, aceite ou aval de título de crédito, não se aplicando esta vedação a empresas estatais dependentes;

- a assunção de obrigação, sem autorização orçamentária, com fornecedores para pagamento a posteriori de bens e serviços;

- qualquer tipo de concessão de novo crédito ou financiamento da União, Estados, Distrito Federal e Municípios entre si, ainda que para refinanciamento ou postergação de dívida, exceto operações de crédito com instituição financeira estatal, não destinadas ao financiamento de despesas correntes ou refinanciamento de dívida não contraída com a própria instituição que conceda o crédito.

Os efeitos de operações de crédito irregulares serão anulados mediante o cancelamento da operação, com devolução do principal sem juros ou atualização monetária ou constituição de reserva na LOA do exercício seguinte.

Enquanto não for promovida a anulação, a dívida decorrente da operação de crédito irregular será considerada vencida e não paga, impedindo o ente de receber transferências voluntárias, obter

CARTILHA MPOG J. U. JACOBY FERNANDES

garantias e contratar novas operações de crédito (exceto para refinanciamento da dívida e redução das despesas com pessoal).

A operação de crédito irregular impede a obtenção de garantias, o recebimento de transferências voluntárias e contratação de novas operações de crédito .

OPERAÇÕES DE CRÉDITO POR ANTECIPAÇÃO DE RECEITA ORÇAMENTÁRIA

As operações de crédito por Antecipação de Receita Orçamentária (ARO) deverão destinar-se exclusivamente a atender a insuficiência de caixa durante o exercício financeiro e deverão cumprir as exigências da contratação de operações de crédito e, adicionalmente, as seguintes:

- poderão ser realizadas somente a partir do décimo dia do início do exercício (10 de janeiro);
- deverão ser liquidadas, com juros e outros encargos incidentes, até o dia dez de dezembro de cada ano;
- não serão autorizadas se forem cobrados outros encargos que não a taxa de juros da operação, obrigatoriamente prefixada ou indexada à taxa básica financeira, ou a que vier a esta substituir;
- as operações de crédito por ARO ficam proibidas enquanto existir operação anterior da mesma natureza não integralmente resgatada ou no último ano de mandato do Presidente, Governador ou Prefeito.

CONCESSÃO DE GARANTIAS[8]

A União, os Estados, o Distrito Federal e os Municípios

poderão conceder garantias em operações de crédito internas ou externas, desde que observem as regras de contratação de operações de crédito , e, no caso da União, os limites e as condições fixados pelo Senado. Adicionalmente, ainda devem ser observados os seguintes requisitos:

- a garantia estará condicionada à oferta de contragarantia, em valor igual ou superior ao da garantia a ser concedida. Além disso, a entidade que a pleitear deverá estar em dia com suas obrigações junto ao garantidor e às entidades por ele controladas;

- no caso de operação de crédito externa ou de repasse de recursos externos por instituição federal de crédito , deve atender também às exigências para recebimento de transferências voluntárias; e

- o Banco Central fica proibido de conceder garantias à União, aos Estados, ao Distrito Federal e aos Municípios.

O ente da Federação cuja dívida tiver sido honrada pela União ou Estado, terá suspenso o acesso a novos créditos ou financiamentos até liquidação da dívida.

INSCRIÇÕES EM RESTOS A PAGAR

Nos dois últimos quadrimestres do último ano de mandato, é vedado ao governante contrair obrigação de despesa que não possa ser paga no mesmo exercício. Se isso ocorrer, o governante deverá assegurar disponibilidade de caixa para o exercício seguinte.

7. A TRANSPARÊNCIA E O CONTROLE SOCIAL

A busca da transparência na gestão fiscal é um dos elementos fundamentais para a manutenção do equilíbrio das contas públicas, pois:

- atesta o atendimento dos limites, condições, objetivos e metas;
- firma responsabilidades;
- justifica desvios e indica medidas corretivas;
- define o prazo estimado para correção;
- dá acesso público a dados concisos e substanciais das contas públicas.

A transparência na gestão fiscal é o principal instrumento para o controle social.

Na elaboração, aprovação e implementação da Lei de Diretrizes Orçamentária - LDO e da Lei Orçamentária Anual - LOA, bem como nas prestações anuais de contas, serão utilizados procedimentos transparentes, ou seja: publicação e ampla divulgação da síntese das propostas, leis e prestações de contas, inclusive através de meios eletrônicos, evidenciando objetivos, metas, resultados esperados e verificados.

A ABRANGÊNCIA E A ESCRITURAÇÃO DAS CONTAS

- aplicável a toda a administração pública federal, estadual e municipal, além de autarquias, fundações e empresas estatais dependentes de recursos dos Tesouros da União, dos Estados , do Distrito Federal e dos Municípios;
- todas as despesas deverão ser registradas em regime de competência;
- as receitas e despesas da previdência deverão ser registradas em contas separadas das demais; e
- as normas gerais para a consolidação das contas públicas será definida por um Conselho de Gestão Fiscal ou, enquanto não for

| LRF | CARTILHA MPOG |

constituído, pelo órgão central de contabilidade da União.

É importante destacar que a divulgação das contas não depende de prévia autorização ou posterior prestação de contas ao Executivo Federal, que será responsável apenas por consolidar e divulgar contas nacionais.

O percurso e os prazos das prestações de contas:

Os Municípios consolidam suas contas e encaminham ao Estado e à União até 30 de abril → Estados consolidam suas contas e encaminham à União até 31 de maio → União consolida suas contas e as de todos os entes da Federação e as divulga até o dia 30 de junho.

O RELATÓRIO RESUMIDO DE EXECUÇÃO ORÇAMENTÁRIA

A LRF prevê que o atual Relatório Resumido de Execução Orçamentária passe a ser publicado por todos os Poderes e pelo Ministério Público, até trinta dias após o encerramento de cada bimestre, devendo conter:

1. Balanço orçamentário, que especificará, por categoria econômica:

- receitas, por fonte, informando as realizadas e a realizar, bem como a previsão atualizada; e

- despesas, por grupo de natureza da despesa, discriminando a dotação para o exercício, a despesa liquidada e o saldo.

2. Os demonstrativos da execução das:

- receitas, por categoria econômica e fonte, especificando a previsão inicial, a previsão atualizada para o exercício, a receita realizada no bimestre, a realizada no exercício e a previsão a realizar;

- despesas, por categoria econômica e grupo de natureza da

CARTILHA MPOG   J. U. JACOBY FERNANDES

despesa, discriminando a dotação inicial, dotação para o exercício, despesas empenhadas e liquidadas, no bimestre e no exercício; e

- despesas, por função e subfunção.

receita corrente líquida (RCL), sua evolução, assim como a previsão de seu desempenho até o final do exercício;

4. As receitas e despesas previdenciárias;

5. Os resultados nominal e primário;

6. As despesas com juros;

7. Os restos a pagar, detalhando, por Poder e órgão, os valores inscritos, os pagamentos realizados e o montante a pagar;

O relatório referente ao último bimestre do exercício deverá, também, informar sobre o atendimento à "regra de ouro" e sobre a variação patrimonial, evidenciando a alienação de ativos e a aplicação dos recursos dela decorrentes.

Quando for o caso, deverão ser apresentadas justificativas para a limitação de empenho e para a frustração de receitas, especificando as medidas de combate à sonegação e à evasão fiscal, adotadas e a adotar, e as ações de fiscalização e cobrança.

O RELATÓRIO DE GESTÃO FISCAL

Ao final de cada quadrimestre, será emitido e assinado pelos titulares dos Poderes e órgãos de todos os entes federados o Relatório de Gestão Fiscal, que deverá conter:

1. O comparativo com os limites da LRF dos seguintes montantes:

- despesa total com pessoal, destacando a despesa com inativos e pensionistas;

- dívidas consolidada e mobiliária;

LRF   CARTILHA MPOG

- concessão de garantias; e

- operações de crédito , inclusive por antecipação de receita.

2. A indicação das medidas corretivas adotadas ou a adotar, se ultrapassados qualquer dos limites.

3. Os demonstrativos, no último quadrimestre do exercício: do montante das disponibilidades de caixa em trinta e um de dezembro; e da inscrição em restos a pagar, das despesas: liquidadas; empenhadas e não liquidadas decorrentes de contratos administrativos ou de convênios em andamento; empenhadas e não liquidadas, inscritas até o limite do saldo da disponibilidade de caixa; e despesas não inscritas por falta de disponibilidade de caixa e cujos empenhos foram cancelados;

O relatório será publicado até trinta dias após o encerramento do período a que corresponder, com amplo acesso ao público, inclusive por meio eletrônico.

O não cumprimento dos prazos previstos, impedirá, até que a situação seja regularizada, que União, Estados, Distrito Federal ou Municípios recebam transferências voluntárias e contratem operações de crédito , exceto as destinadas ao refinanciamento do principal atualizado da respectiva dívida mobiliária.

FISCALIZAÇÃO

A verificação da observância das normas e limites da LRF está a cargo do Poder Legislativo (diretamente ou com o auxílio dos Tribunais de Contas) e do Sistema de Controle Interno de cada Poder e do Ministério Público.

Os Tribunais de Contas alertarão os Poderes, entes da Federação ou órgãos quando constatarem que o nível de gastos esteja próximo aos limites fixados pela LRF.

Compete ainda aos Tribunais de Contas verificar os cálculos dos limites da despesa total com pessoal de cada ente da Federação e de cada Poder.

8. SANÇÕES INSTITUCIONAIS E PESSOAIS

Em caso de não cumprimento de suas normas, a LRF estabelece várias sanções institucionais e pessoais.

São exemplos de sanção institucional:

- suspensão das transferências voluntárias para aquele governo que não instituir, prever e arrecadar impostos de sua competência;

- no caso de limites de despesas com pessoal, se as regras da LRF não forem cumpridas e enquanto não for feito o ajuste, ou se houver excesso do primeiro quadrimestre do último ano de mandato, ficam suspensas:

- transferências voluntárias;

- obtenção de garantias;

- contratação de operações de crédito, exceto para refinanciamento da dívida e redução de despesas com pessoal.

Ainda no que se refere aos limites de despesas com pessoal, é nulo de pleno direito o ato que:

- não atender ao mecanismo de compensação (aumento permanente da receita ou redução permanente de despesa);

- não atender ao limite legal de comprometimento aplicado às despesas com pessoal inativo; e

- aumentar despesa de pessoal 180 dias antes do final do mandato.

- No caso de limites para o estoque da dívida, vencido o prazo de retorno ao limite máximo e enquanto perdurar o excesso, fica impedido de receber transferências voluntárias da União ou do Estado.

- Para as operações de crédito irregulares, enquanto não forem cumpridos os mecanismos de correção de desvios (cancelamento da operação ou constituição de reserva), ficam proibidos o recebimento de transferências voluntárias, a obtenção de garantias e a contratação de novas operações de crédito , exceto para refinanciamento da dívida e redução das despesas com pessoal.

- Na concessão de garantias, caso não sejam obedecidos os mecanismos de correção e seus prazos, o ente cuja dívida tiver sido honrada pela União ou Estado, terá suspenso o acesso a novos créditos ou financiamentos até a liquidação da dívida.

Além das sanções institucionais há as sanções pessoais, previstas em um projeto de lei ordinária denominada Lei de Crimes de Responsabilidade Fiscal, que prevê que os governantes poderão ser responsabilizados pessoalmente e punidos com a perda de cargo, inabilitação para exercício de emprego público, prisão e multa.

As penalidades alcançam todos os responsáveis, dos Três Poderes da União, Estados e Municípios, e todo cidadão será parte legítima para denunciar.

9. A CONTRIBUIÇÃO DA SOCIEDADE PARA O SUCESSO DA LRF

A LRF define como as contas públicas deverão ser consolidadas e divulgadas à população. Cria o Relatório de Gestão Fiscal, que deverá apresentar, em linguagem simples e objetiva, as contas da União, do Distrito Federal e de cada Estado e Município. O acesso público será amplo, inclusive por meio eletrônico. A partir daí, caberá à sociedade cobrar de seus governantes e julgar se estão procedendo de forma fiscalmente responsável.

A intenção é justamente aumentar a transparência na gestão do gasto público, de modo a permitir que os mecanismos de mercado e o processo político sirvam como instrumento de controle e de punição dos fiscalmente irresponsáveis. Ao mesmo tempo, espera-se que os bons administradores sejam premiados com o reconhecimento da população e do mercado, inclusive com maior acesso a crédito .

Vale lembrar que esta mudança, no sentido de uma maior transparência, já foi iniciada na própria elaboração do projeto de lei, que envolveu uma consulta pública, inclusive via Internet, onde foram registrados mais de 5.000 acessos. A consulta pública aliás, consolidou a importância e a necessidade de mudança no regime fiscal, manifestada em várias demonstrações de apoio e em sugestões, na sua maioria incorporadas ao texto final da lei.

Destaque-se a determinação demonstrada pelo Congresso Nacional, que analisou e discutiu por quase um ano, tempo relativamente curto para um tema tão complexo e relevante, tendo, finalmente, aprovado o texto final da Lei de Responsabilidade Fiscal.

Essa determinação, tanto do Congresso, como do Poder Executivo, atestam o compromisso do país com a consolidação da estabilidade econômica e a construção de um caminho seguro de desenvolvimento econômico e social.

LRF — CARTILHA MPOG

10. QUADROS RESUMO

- Para os Estados:

ITENS DA LEI	O QUE FAZER	QUANDO FAZER
Limites para despesas com Pessoal	60% da receita corrente líquida:	Limite global já em vigor, pela Lei Camata II.
Regra	- 49% para o Executivo - 3% para o Legislativo - 6% para o Judiciário - 2% para o Ministério Público	Limites por Poder, a partir da publicação da LRF.
Prazo de transição		2 anos, com redução de, no mínimo, 50% do excesso no primeiro ano.
Limites para dívida	A serem estabelecidos pelo Senado Federal, por proposta do Presidente da República, 90 dias após a publicação da LRF.	Depois de estabelecidos os limites, os Estados terão um ano para ajustar-se.

- Para os Municípios:

ITENS DA LEI	O QUE FAZER	QUANDO FAZER

337

CARTILHA MPOG   J. U. JACOBY FERNANDES

Limites para despesas com Pessoal	60% da receita corrente líquida:	
Regra	- 54% para o Executivo	Limites por Poder, a partir da publicação da LRF. 2 anos, com redução de, no mínimo, 50% do excesso no primeiro ano.
Prazo de transição	- 6% para o Legislativo	
Limites para dívida	A serem estabelecidos pelo Senado Federal, por proposta do Presidente da República, 90 dias após a publicação da LRF.	Depois de estabelecidos os limites, os Municípios terão um ano para ajustar-se.

- Para os Pequenos Municípios (menos de 50 mil habitantes, cerca de 90% dos municípios do País):

ITENS DA LEI	REGRA GERAL	PEQUENOS MUNICÍPIOS
Objetivos e metas fiscais: - LDO	Na primeira LDO a partir da publicação da Lei de Responsabilidade Fiscal.	A partir de 2005.

Anexo de Metas Fiscais para o triênio		
Relatórios - Cálculo dos limites	A cada 4 meses (a partir da publicação da LRF).	A cada 6 meses (a partir da publicação da LRF).
- Avaliação das metas fiscais	A cada 4 meses (a partir do exercício seguinte ao da primeira LDO aprovada a partir da publicação da LRF).	A cada 4 meses.
- Relatório Resumido de Execução Orçamentária	Já em vigor, a cada 2 meses (novo formato a partir da publicação da LRF).	Já em vigor, a cada 2 meses.
- Demonstrativos do Relatório Resumido	Já em vigor, a cada 2 meses.	A cada 2 meses.
- Relatório de Gestão Fiscal	A cada 4 meses (a partir da publicação da LRF).	A cada 4 meses.

11. GLOSSÁRIO

1. Resultado Nominal: É a diferença entre as receitas e as despesas públicas, incluindo receitas e despesas financeiras, os efeitos da inflação (correção monetária) e da variação cambial. Equivale ao aumento da dívida pública líquida em um determinado período.

2. Resultado Primário: É a diferença entre as receitas e as despesas públicas não financeiras.

3. Receita corrente líquida (RCL): soma das receitas tributárias, de contribuições, patrimoniais, industriais, agropecuárias, de serviços, transferências correntes e outras receitas também correntes, sendo deduzidos:

- na União, os valores transferidos aos estados e municípios, por determinação legal ou constitucional, e as contribuições patronais e dos trabalhadores e demais segurados da previdência social para o Regime Geral da Previdência Social e bem como as contribuições para o PIS/PASEP.

- nos estados, as parcelas entregues aos municípios por determinação constitucional.

- na União, nos estados e nos municípios, a contribuição dos servidores públicos para o custeio de seu sistema de previdência e assistência social e as receitas provenientes da compensação financeira entre os diversos regimes de previdência social para a contagem recíproca do tempo de contribuição, para efeito de aposentadoria. Serão computados no cálculo da RCL os valores recebidos em decorrência da Lei Kandir (Lei Complementar nº 87/96) e do FUNDEF. Não serão considerados na RCL do Distrito Federal e dos Estados do Amapá e de Roraima os recursos recebidos da União para o atendimento das despesas com pessoal ligados às áreas de segurança, saúde e educação, bem como os integrantes do quadro em extinção da administração federal

LRF

CARTILHA MPOG

naqueles estados. A RCL será apurada somando-se as receitas arrecadadas no mês em referência e nos onze meses anteriores, excluídas as duplicidades.

4. Dívida pública mobiliária: dívida pública representada por títulos emitidos pela União (inclusive os do Banco Central), pelos Estados e pelos Municípios.

5. Dívida pública consolidada ou fundada: montante total, apurado sem duplicidade, das obrigações financeiras do ente da Federação, assumidas em virtude de leis, contratos, convênios ou tratados e da realização de operações de crédito , para amortização em prazo superior a doze meses.

6. Precatórios judiciais: débitos oriundos de sentenças transitadas em julgado devidos por Pessoa Jurídica de Direito Público (União, Estados, Distrito Federal, Municípios, autarquias e fundações).

7. Operação(ões) de crédito : compromisso financeiro assumido em razão de mútuo, abertura de crédito , emissão e aceite de título, aquisição financiada de bens, recebimento antecipado de valores provenientes da venda a termo de bens e serviços, arrendamento mercantil e outras operações assemelhadas, inclusive com o uso de derivativos financeiros.

8. Concessão de garantia: compromisso de adimplência de obrigação financeira ou contratual assumida por ente da Federação ou entidade a ele vinculada.

Ministério do Planejamento, Orçamento e Gestão
www.portalsof.planejamento.gov.br

Índice de Assuntos

Abertura

de créditos especiais e suplementares, LDO 193

Abrir

créditos especiais, poder executivo, LDO 195

Ação

governamental - planejada e transparente - art. 1º 12

orçamentária, entendida como atividade, LDO 153

Aceite

assunção direta de compromisso 327

vedação - art. 37, III 84

Acesso

da sociedade, LDO 259

irrestrito, LDO 256

Ações

de saúde, LDO 183

previstas, execução, LDO 217

sigilosas, recursos não aplicáveis, LDO 167

unidade orçamentária descentralizadora, LDO 158

Acompanhamento

LDO 181

orçamentário, LDO 256

ADCT

Ato das Disposições Constitucionais Transitórias, LDO 163

Adequação

orçamentária, LDO 149, 239

Adicionais

créditos, obras, LDO 246

Administração

direta - sujeita-se à LRF - art. 1º, II, b 14

Administração
indireta - vedação à concessão de garantia 88
LDO 170
pública - sistema de custos - art. 50, § 3° 104
pública federal, LDO 265

Admitidos
servidores se, LDO 224

Adolescentes
crianças e idosos , vulnerabilidade social, LDO 209

Agências
de fomento, política de aplicação de recursos, LDO 233
financeiras oficiais de fomento - impacto fiscal 102
financeiras oficiais de fomento, LDO 233
financeiras oficiais, transferências, LDO 218

Agregação
de elementos de despesa, LDO 155

Agricultores
familiares, LDO 209

Agricultura
atividade, LDO 209

Ajustes
a serem efetuados, LDO 266

Alcance
de metas, obras, LDO 256

Alienação
de ativos - aplicação de recursos - art. 4°, § 2°, III 21
de ativos - custeio de despesas com inativos - art. 19, § 2° 54
de ativos - escrituração dos recursos - art. 50, VI 103
de bens - aplicação 96
de bens - custeio de despesas com inativos - art. 19, § 2° 54
de bens - vedações à aplicação da receita - art. 44 96

LRF — Cartilha MPOG

Alienação
de direitos - aplicação 96
de direitos - custeio de despesas com inativos - art. 19, § 2º 54
de direitos - vedações à aplicação da receita - art. 44 96

Alimentação
escolar, LDO 161

Alocação
de recursos para entidades sem fins lucrativos, LDO 207
dos recursos, LDO 166

Alteração
da finalidade, LDO 152
de alíquota - elevação - aumento de receita - art. 17, § 3º..............43
de alíquota - para menos é renúncia de receita 33
do produto, LDO..152
na legislação, LDO..149, 239
receita pública, LDO 241

Ambiental
preservação, LDO...208

Amortização
da Dívida, LDO...188

Ampliação
ou concessão de incentivos, LDO 242
recursos não aplicáveis, LDO 167

Análise
da eficiência na alocação dos recursos, LDO 166

Anexo(s)
créditos adicionais, LDO 194
de metas fiscais - conteúdo - art. 4º, § 1º e 2º.................................20
de metas fiscais - na LDO - LC101, art. 4º, § 1º 20
de Metas Fiscais, LDO 150
de Política Anual - metas fiscais 127

Anexo(s)

de riscos fiscais - conteúdo - art. 4º, § 3º 21

do projeto da LDO - LC101, art. 4º, § 1º 20

do Projeto de Lei Orçamentária de 2014, LDO 160

específico com a relação dos subtítulos, LDO 159

projeto da LDO - LC101, art 4º, § 4º 22

ANGELA

Sistema de Análise Gerencial da Arrecadação, LDO 257

Anistia

é renúncia de receita 33

Antecipação de receita .... v. também Receita

fato gerador 327

limitação - art. 1º 12

operações de crédito - razões do veto 128

orçamentária 326, 328

Antevigência

execução das despesas, LDO 267

Anuidades

e contribuições - a organismos nacionais, LDO 164

Apropriação

em programações por emenda individual, LDO 165

Aprovação

do Projeto de Lei Orçamentária, LDO 150

Apuração

de resultado dos fluxos financeiros - art. 50, II 103

despesa com pessoal, LDO 230

despesa total com pessoal - art. 18, § 2º 51

dos valores per capita, LDO 233

montante da dívida consolidada - art. 30, § 4º 74

receita corrente líquida - art. 2º, § 3º 18

LRF / Cartilha MPOG

Aquisição
de automóveis recursos não aplicáveis, LDO 167
de equipamentos, LDO 210
recursos não aplicáveis, LDO 167

Arrecadação
metas bimestrais - art. 13 31
receita pública - art. 11 e ss. 29

Arrendamentos
recursos não aplicáveis, LDO 167

Assembleia Legislativa................v. também Poder Legislativo
art. 20, § 2º, II, b 58
metas - art. 9º, § 4º 28

Assistência
financeira - art. 25 65
judiciária, LDO 175
jurídica, pagamento, LDO 162
médica, despesa, LDO 230
médica, LDO 161
odontológica, LDO 161
pré-escolar, despesa, LDO 230
pré-escolar, LDO 161, 222
social, ações descentralizadas, LDO 161
técnica - conceito - art. 64, § 1º 118
técnica recursos não aplicáveis, LDO 167
técnica, LDO 170

Associações
LDO 209
recursos não aplicáveis, LDO 167

Assunção de compromisso
despesa, regime de competência 12
direta 327

347

Atendimento
de despesa, LDO 224
de relevantes interesses públicos, LDO 224

Atividades
ação orçamentária, LDO 153
conservação, LDO 208
esportivas, LDO 208
Poderes Legislativo e Judiciário, do MP, LDO 198
que possuem a mesma finalidade, LDO 153

Ativos
alienação - aplicação de recursos - art. 4º, § 2º, III 21

Ato(s)
das Disposições Constitucionais Transitórias - ADCT, LDO 163
de alerta - cabimento - art. 59, § 1º, I a V 113
de entrega dos recursos correntes e de capital, LDO 216
de provimentos e vacâncias de cargos, LDO 228
e fatos, registro contábil, LDO 266

Atualização
monetária da dívida mobiliária - art. 5º, § 3º 24
monetária de dívida, LDO 220

Audiência pública
avaliação de metas - art. 9º, § 4º 28
instrumento de transparência - art. 48, p.u. 100
LDO 253
realização, LDO 263

Auditorias
operacionais, LDO 256

Aumento
de despesa ....ver Despesa
de despesa, LDO 239
de gastos com pessoal, LDO 224
do capital de empresas e sociedades, LDO 221

LRF   CARTILHA MPOG

Aumento
  parcelas transitórias, LDO 241
Autarquias
  contratos - atos - previsão 13
  sujeitam-se à LRF - art. 1º, I, b 14
Autógrafo
  do Projeto de Lei Orçamentária de 2014, LDO 165
Automóveis
  aquisição, recursos não aplicáveis, LDO 167
  aquisições, LDO 169
Autonomia
  gerencial - empresa controlada - art. 47 99
Autorização
  em lei especial, LDO 207
  em lei, LDO 206
Autorização Legislativa
  programa RELUZ 142
Auxílio
  LDO 217
Auxílio financeiro
  art. 25 65
Auxílio-alimentação
  despesas, LDO 230
  dotações orçamentárias, LDO 232
  LDO 161
Auxílio-transporte
  despesa, LDO 230
  dotações orçamentárias, LDO 232
  LDO 161
Aval de título
  vedação - art. 37, III 84

Avaliação

da LRF, LDO 268

da proposta orçamentária da Defensoria Pública, LDO 269

das necessidades de financiamento do Governo Central, LDO 160

do cumprimento de superávit, LDO 263

situação financeira e atuarial - art. 4º § 2º, IV 21

BACEN

acompanhamento de crédito aberto - art. 38, § 3º 86

aplicação de sanções - art. 38, § 3º 86

art. 32, § 4º 79

balanços trimestrais - conteúdo - art. 7º, § 3º 25

compra de títulos emitidos pela União - art. 39, § 2º 87

concessão de garantias 329

controle de saldo de crédito aberto - art. 38, § 3º 86

custo das operações realizadas - art. 7º, § 2º 25

despesas que integram as da União - art. 5º, § 6º 25

letras - art. 39, § 1º 87

operações com o - art. 39 86

operações realizadas - art. 7º, § 2º 25

prazo - demonstração de metas - art. 9º, § 5º 29

processo competitivo eletrônico - art. 38, § 2º 86

rentabilidade da carteira de títulos - art. 7º, § 3º 25

resultado é receita do Tesouro Nacional - art. 7º 25

resultado negativo - art. 7º, § 1º 25

transferência de recursos a entes privados - art. 26, § 1º 69

veda emissão de títulos da dívida pública - art. 34 80

vedações 86

Balanços trimestrais

empresa controlada - art. 47, p.u. 99

Banco

Central do Brasil, impacto das operações, LDO 267

oficial 93

LRF   CARTILHA MPOG

Banco Central ....ver BACEN
Beneficiário
   e do valor transferido, LDO 210
   identificação na execução financeira - art. 10 29
   identificação na execução orçamentária - art. 10 29
   pagamentos, LDO..265
   tabelas disponibilizadas, LDO.......................................231
Benefícios
   aos servidores, empregados e seus dependentes, despesas, LDO 230
   aos servidores, empregados, LDO..................................221
   aos servidores, LDO..149
   assistenciais - despesas, LDO...184
   do empreendimento pela população, LDO....................247
   dotações orçamentárias, LDO...232
   entidades públicas e privadas, LDO...............................218
   financeiros e creditícios 33
   recursos não aplicáveis, LDO...168
Benfeitorias
   em bens da União..186
   necessárias à infraestrutura, LDO.................................186
Bens
   classificáveis no ativo imobilizado, LDO......................186
BID
   Banco Interamericano de Desenvolvimento, LDO 157
BIRD
   Banco Internacional para Reconstrução e Desenvolvimento, LDO 157
Bloqueio
   da execução, LDO...245
   obras, LDO..255
   ou desbloqueio de contratos, LDO................................253
   serviços, LDO..255

351

BNDES
prestação de contas 102

Bolsa-Atleta
LDO 204

Bolsas
de estudo, LDO 204

Cadastro
das entidades OSCIP, LDO 257
Nacional de Entidades Ambientalistas – CNEA, LDO 208

Caixa
disponibilidade - como determinar - art. 42 92
disponibilidade - depósito - art. 43 93
disponibilidade de escrituração - art. 50, I 103
indisponibilidade - final de mandato - art. 42 90
insuficiência de - art. 38 85

Calamidade pública
suspensão de prazos e exigências - art. 65 118

Cálculo
limite da despesa total com pessoal, LDO 230
memória das novas estimativas, LDO 199
metodologia - art. 4º, § 2º, II 21

Câmara
de Vereadores - art. 20, § 2º, II, d 58
dos Deputados - art. 20, § 2º, II, a 58
dos Deputados - convocação extraordinária 53
dos Deputados - LDO 169
Legislativa .... v. também Poder Legislativo
Legislativa, art. 20, § 2º, II, c 58
Legislativa, metas - art. 9º, § 4º 28

Canceladas
programação, LDO 194

LRF	CARTILHA MPOG

CAPES
Fundação Coordenação de Aperfeiçoamento de Pessoal de Nível Superior, LDO 204
Capital
custeio 134
recursos correntes e capital, entrega dos, LDO............................216
Captação de recursos
fato gerador 327
Cargo público
provimento - restrições - art. 22, p.u., IV...................................61
Cargos
criação, LDO..228
e empregos públicos vagos, LDO..224
e funções vagos, desconsiderados, LDO.......................................223
efetivos vagos e ocupados, LDO..223
em comissão e funções de confiança, LDO 223
Carreira
restrições se aumentar despesa - art. 22, p.u., III 61
Cartas-consulta
operação de crédito , LDO 173
Cartórios
eleitorais, manutenção, LDO 176
Categoria
de despesa com saúde, LDO...163
Caução
títulos da dívida pública - art. 61 116
Celebração
recursos não aplicáveis, LDO 167
Centralização, LDO 181
Cerimonial
do serviço diplomático, LDO 169

353

Certidão
de trânsito em julgado, LDO..177

CIDE..22

Ciência
instituições de apoio ao desenvolvimento, LDO............................208

Classificação
das dotações, LDO..188
dos indícios de irregularidades, LDO..252

Cláusula
suspensiva, LDO..228

Clubes
recursos não aplicáveis, LDO..167

CNEA
Cadastro Nacional de Entidades Ambientalistas, LDO................208

CNJ
inaplicável, LDO...193

CNPJ
responsável pela obra ou do serviço, LDO.....................................252

CNPq
Conselho Nacional de Desenvolvimento Científico e Tecnológico,
LDO...204

Cobertura
integral dos prejuízos potenciais ao erário, LDO..........................245

Código
atividades com a mesma finalidade, LDO......................................153
sequencial, subtítulo, LDO...153

COFIEX
Comissão de Financiamentos Externos, LDO................................173

Coleta
e processamento de material reciclável, LDO................................209

LRF   CARTILHA MPOG

Comandantes
das Forças Armadas, informações 223
Marinha, Exército, Aeronáutica, LDO 169

Comissão
acesso ao seu sistema eletrônico de fiscalização, LDO 255
de Financiamentos Externos - COFIEX, LDO 173
LDO..183
mista, pareceres, LDO..246

Compensação
despesa obrigatória de caráter continuado - art. 24, § 1º..................65
entre as metas estabelecidas para os Orçamentos, LDO 150
renúncia de receita - art. 4º, § 2º, V..21

Compromisso
escrituração da assunção - art. 50, V..103
vedação à assunção direta - art. 37, III..84

Comunidades
tradicionais, LDO 209

Concedente
o órgão ou a entidade da administração, LDO................................152

Conceito
assistência técnica - art. 64, § 1º 118
concessão de garantia - art. 29, IV...71, 341
despesa adequada com a LOA - LC101, art. 16, § 1º, I....................40
despesa com pessoal - art. 18 44
despesa compatível com a LDO - LC101, art. 16, § 1º, II................40
despesa compatível com o PPA - art. 16, § 1º, II 40
despesa obrigatória de caráter continuado - art. 17 42
dívida pública consolidada - art. 29, I 71, 341
dívida pública fundada - art. 29, I 71, 341
dívida pública mobiliária 341
dívida pública mobiliária - art. 29, II..71

355

Conceito

empresa controlada - art. 1º, II 14
empresa estatal - art. 1º, III 15
operação de crédito - art. 29, III 71, 341
precatórios judiciais 341
receita - aumento permanente - art. 17, § 3º 43
receita corrente líquida - art. 1º, IV 15, 340
resultado nominal 340
resultado primário 340
transferências voluntárias - art. 25 65

Concessão

benefício tributário - requisitos - art. 14 31
de benefício - medida de compensação - art. 14, § 2º 35
de empréstimo depende de lei - art. 27, p.u. 70
de empréstimos - art. 26, § 2º 69
de financiamento depende de lei - art. 27, p.u. 70
de garantia - conceito - art. 29, IV 71, 341
de garantia - condições - art. 40, § 1º 87
de garantia - hipótese de suspensão 335
de garantia - limite inferior aos da LRF - art. 60 116
de garantia - pelo BACEN - vedações - art. 39, III 87
de garantia - possibilidades - art. 40 87
de incentivo - medida de compensação - art. 14, § 2º 35
de isenção é renúncia de receita 33
de pensões especiais, LDO 222
de subvenções - art. 26, § 2º 69
de subvenções sociais, LDO 211
de vantagem - restrições - art. 22, p.u., I 61
incentivo tributário - requisitos - art. 14 31
ou ampliação de incentivos, LDO 242
recursos não aplicáveis, LDO 168

Concurso - provimento de cargo 59

LRF   CARTILHA MPOG

Condições
de vida, melhoria, LDO 233
despesas de outros entes - custeio - art. 62 116
Confiança
funções nos Poderes, LDO 228
Confissão de dívida **327**
ente da Federação - art. 29, § 1º 71
vedação - art. 37, III 84
Congresso Nacional .... **v. também Poder Legislativo**
alteração de limites da dívida - art. 30, § 5º 74
art. 30, II...73
comissões temáticas - BACEN - art. 9º, § 5º 29
será informado pelo TCU, LDO..254
Conjunto
das receitas públicas, LDO...153
Conselho
de classe - aplicação do art. 164, § 3º, da CF/1988 94
de fiscalização de profissão regulamentada, LDO.....................154
de gestão fiscal - constituição - art. 67.......................................119
de gestão fiscal - objetivos - art. 67, I a IV 119
Nacional de Desenvolvimento Científico e Tecnológico - CNPq,
LDO..204
Conselho de classe **14, 94**
Conservação
atividades, LDO...208
Consolidação
das contas públicas...ver Contas Públicas
e unificação das informações de despesas, LDO 229
Constituição Federal
ADCT, art. 60 - LC101, art. 2º, § 1º...17
art. 21 - LC101, art. 19, 1º, V..53

357

Constituição Federal

art. 21 - LC101, art. 20, I, c 55
art. 21, XIII - LC101, art. 20, § 3º 58
art. 37, X - LC101, art. 20, p.u., I 61
art. 37, XIII - LC101, art. 21 60
art. 48, XIV - LC101, art. 30, II 73
art. 52, VI - LC101, art. 30, I 73
art. 52, VII - LC101, art. 30, I 73
art. 52, VIII - LC101, art. 30, I 73
art. 52, IX - LC101, art. 30, I 73
art. 57, § 6º, II 61
art. 57, § 6º, II - LC101, art. 19, § 1º, III 53
art. 92 - LC101, art. 20, § 2º, III, a 58
art. 100 - LC101, art. 10 29
art. 153, § 1º - LC101, art. 14, § 3º 36
art. 164, § 3º - LC101, art. 43 93
art. 165, § 2º - LC101, art. 4º 19
art. 165, § 3º - LC101, art. 52 105
art. 165, § 5º, II 99
art. 166, § 1º 111
art. 166, § 1º - LC101, art. 9º, § 4º 28
art. 167, § 1º - LC101, art. 5º, § 5º 24
art. 167, III 78, 80, 86
art. 167, inc. X - LC101, art. 25, § 1º, III 66
art. 168 - LC101, art. 20, § 5º 59
art. 169 - LC101, art. 19 52
art. 169, § 1º - LC101 - art. 21 60
art. 169, § 3º - LC101, art. 23 62
art. 169, § 4º - LC101, art. 23 62
art. 182, § 3º - LC101, art. 46 98
art. 195, § 5º - LC101, art. 24 64
art. 201, § 9º - LC101, art. 19, § 1º, VI, b 54

Constituição Federal

art. 249 - LC101, art. 43, § 1º 96
art. 250 - LC101, art. 43, § 1º 96
art. 250 - LC101, art. 68 120
LC101 - art. 150, § 7º 83

Construção

LDO 175
recursos não aplicáveis, LDO 167

Consultoria

recursos não aplicáveis, LDO 167
serviços, LDO 171

Conta

bancária, movimentação, LDO 219

Contabilidade

registro de todos os atos e fatos, LDO 266

Contas

ampla divulgação - art. 56, § 3º 111
devem ser divulgadas - art. 51 104
do Poder Judiciário - apresentação - art. 56, § 1º 111
dos Tribunais de Contas - parecer - art. 56, § 2º 111
equilíbrio - art. 1º 12
prestação - o que deve evidenciar - art. 58 112
prestação, LDO 210
públicas - consolidação - normas gerais - art. 51, § 2º 104
públicas - equilíbrio 330

Conteúdo

anexo de riscos fiscais - art. 4º, § 3º 21

Contragarantia 329

execução - razões do veto 136

Contrapartida

exclusivamente financeira, LDO 214

359

Contrapartida

exigência para transferências, LDO 214

limites, LDO 215

nacional de empréstimos internos e externos, LDO 196

Contratação

de operações de crédito 334

de pessoal, despesas, LDO 230

Contrato

administrativo 333

contrair obrigação, LDO 267

convênios, gestão, LDO 166

de gestão - empresa controlada - art. 47 99

de gestão entre órgãos e entidades da Adm. Pública, LDO 163

de gestão, LDO 208

irregularidade, LDO 255

prorrogação recursos não aplicáveis, LDO 167

regido pela Lei nº 8.666/1993 - prorrogação - requisitos 92

Contribuições

alterações, LDO 242

Correntes e de Capital, LDO 206

de capital, recursos para entidades, LDO 207

e anuidades a organismos e entidades, LDO 163

e anuidades a organismos nacionais, LDO 164

LDO 217

sociais, LDO 184

Controle

de custos - normas na LDO - LC101, art. 4º, I, e 19

de custos, LDO 166

dos valores transferidos, LDO 166

interno fiscaliza a gestão fiscal - art. 59 112

LDO 181

LRF — CARTILHA MPOG

Convenente
o órgão ou a entidade da administração, LDO 152

Convênio
contratos, gestão, LDO 166
irregularidade, LDO 255
prestações de contas, LDO 218
razões do veto 139
recursos da contrapartida 67

Cooperação
entre entes da Federação - art. 25 65
financeira - União - art. 64, § 2º 118
financeira, LDO 170

Cooperativas
integradas por pessoas, LDO 209

Creches
LDO 170

Crédito(s)
à conta de recursos, LDO 190
aberto por medida provisória, LDO 193
adicionais, anexos, LDO 194
adicionais, consignação, LDO 220
adicionais, LDO 152, 159, 190, 269
adicionais, obras, LDO 246
adicional, restrição, LDO 190
aprovados pelo Congresso Nacional, LDO 191
com indicação de recursos, LDO 192
especiais e suplementares, propostas de abertura, LDO 193
especiais, abertura, LDO 195
especiais, LDO 173
especiais, projetos de lei, LDO 189
especiais, reabertura, LDO 194
extraordinário, abertura, vedações, LDO 193

Crédito(s)

extraordinários, LDO 175
finalidade imprecisa, vedação - art. 5º, § 4º 24
orçamentário deve ser consignado, LDO 158
presumido - é renúncia de receita 33
suplementares autorizados na Lei Orçamentária, LDO 189
suplementares e especiais, LDO 175
suplementares limites e condições, LOA 288
suplementares, abertura, LOA 276
suplementares, projetos de lei 191
suplementares, projetos de lei, LDO 189

Criação

cargos, empregos ou funções, LDO 228
de cargos - restrições - art. 22, p.u., II 61
de empregos - restrições - art. 22, p.u., II 61
de funções - restrições - art. 22, p.u., II 61

Crianças

idosos e adolescentes, vulnerabilidade social, LDO 209

Crimes de Responsabilidade Fiscal 335

Critérios

limitação de empenho na LDO - LC101, art. 4º, I, a 19
limitação de empenho na LDO - LC101, art. 9º 27

Cronograma

anual de desembolso mensal, LDO 196
de pagamentos mensais de despesas primárias, LDO 197

Cumprimento

de sentenças judiciais de empresas estatais, LDO 163

Custeio

capital 134

Custos

da remuneração do Tesouro Nacional, LDO 268

LRF · CARTILHA MPOG

Custos

de obras e serviços de engenharia, ldo 258

normas p/ controle na LDO - LC101, art. 4º, I, e 19

operações do BACEN - art. 7º, § 2º 25

Sistema de Controle do Espaço Aéreo Brasileiro 108

sistema mantido pela Administração - art. 50, § 3º 104

Débitos

judiciais periódicos vincendos, LDO 162

Judiciais Periódicos Vincendos, LDO 182

precatórios, LDO 177

Decisão judicial - despesa - art. 19, § 1º, IV 53

Declaração

do ordenador da despesa - art. 16, II 39

Defensor

Público-Geral Federal, LDO 169

Defensoria

Pública da União, LDO 175

Pública, ato, LDO 188

Pública, limite orçamentário, LDO 230

Defesa civil

LDO 172

Déficit

do setor privado - recursos públicos - art. 26 69

fiscal - irregularidade - atenuantes 37

habitacional, redução, LDO 233

Deliberações

do bloqueio ou desbloqueio de contratos, LDO 253

Demissão

de servidores - despesa não é computada - art. 19, § 1º, I 53

voluntária - despesa não é computada - art. 19, § 1º, II 53

363

Cartilha MPOG — J. U. Jacoby Fernandes

Demonstração ....v. também Demonstrativo
contábil - conteúdo - art. 50, III.............................103
contábil conjunta - cuidados - art. 50, § 1º 103
contábil, LDO..266

Demonstrativo .... v. também Demonstração
acompanha o relatório resumido - art. 53....................106
compatibilidade da programação dos orçamentos - art. 5º, I 23
da Margem de Expansão das Despesas, LDO 270
das metas anuais - art. 4º, § 2º, II 21
elaborados a preços correntes, LDO 160
evolução nos últimos três anos da receita - art. 12............30
financeiro - despesas previdenciárias - art. 50, III 103
impacto financeiro - elaboração...........................37
impacto orçamentário - elaboração 37
orçamentário - despesas previdenciárias - art. 50, III............103
prestação de contas da União - art. 49, p.u.................102
renúncia de receita - art. 4º, § 2º, V 21
sintético, LDO 161
trimestral do BACEN - art. 7º, § 2º..........................25

Demonstrativos Fiscais
manual técnico 102

Dengue
humana, LDO 206

Departamento
de Coordenação e Governança das Empresas Estatais, LDO 188
Nacional de Infraestrutura de Transportes - DNIT, LDO 257

Dependentes
de servidores, LDO 222
despesas LDO..149

Desapropriação
de imóvel urbano - nulidade do ato - art. 46...................98

364

LRF CARTILHA MPOG

Desapropriação
despesa - demonstrativo - art. 16, § 4º..41

Desbloqueio
ou bloqueio de contratos, LDO 253

Descentralização
de créditos orçamentários, LDO 158

Desembolsos
mediante documento bancário, LDO 219

Desequilíbrio fiscal
consequências/impacto 316

Desmembramento
dotação orçamentária, LDO 195

Desoneração(es)
das exportações, LDO..163
fiscais, LDO...244

Despesa ....v. também Despesa com pessoal,
Despesa obrigatória de caráter continuado e Despesa pública
adequada com a LOA - conceito - LC101, art. 16, § 1º, I 40
administrativa decorrentes das transferências, LDO.......................218
anexos, LDO 159
apuração - cessão de servidores - Municípios................................116
art. 16 - aplicabilidade 37
assistência médica, LDO 230
assistência pré-escolar, LDO 230
atendimento, LDO 224
ato de aumento - acompanhamentos - art. 17, § 2º 43
aumento - ato deve apontar recursos p/ custeio - art. 17, § 1º.......42
aumento - contigenciamento 26
aumento, LDO...239
auxílio-alimentação, LDO...230
auxílio-transporte, LDO...230

365

CARTILHA MPOG · J. U. JACOBY FERNANDES

Despesa

cobertura com amortização, LDO 221

com a equipe de transição, LDO..172

com benefícios aos servidores, empregados e seus dependentes, LDO 230

com inativos - art. 19, § 1º, VI...54

com juros..332

com o refinanciamento da dívida pública, LDO 220

com pessoal pagamento de aumentos, LDO 229

com pessoal, apuração, LDO..230

com serviços de terceiros - limites - art. 72 122

compatível com a LDO - conceito - LC101, art. 16, § 1º, II 40

compatível com o PPA - conceito - art. 16, § 1º, II..................40

compensação 320

congêneres, LDO 183

consolidação e unificação das informações, LDO 229

convocação extraordinária do Congresso - art. 19, § 1º, III..............53

cuja cobertura seja autorizada, LDO 221

da dívida pública na LOA - LC101, art. 5º, 1º..........................24

de capital - não se computa - art. 32, § 3º, I e II 79

de competência - custeio por municípios - art. 62 116

de contratação de pessoal, LDO 230

de decisão judicial - art. 19, § 1º, IV...53

de Pessoal e Encargos Sociais, LDO 221

demonstrativo da execução..332

deve ter adequação financeira e orçamentária - art. 16, II................39

dotações orçamentárias, LDO 232

efeitos financeiros do aumento - compensação - art. 17, § 2º 43

elementos, classificação, LDO 217

escrituração - art. 50, II..103

exclusão, LDO..198

fixação, LDO 242

366

LRF · Cartilha MPOG

Despesa

fixada para a União, LOA 288
informações de execução, LDO 264
irrelevante - dispensa - requisitos - art. 16, § 3º 41
irrelevante - fixada pela LDO - LC101, art. 16, § 3º 41
irrelevantes, LDO 267
limite de geração - art. 1º 12
não computada 52
não será objeto de limitação - art. 9º, § 2º 28
natureza específica, LDO 168
necessárias à realização de eleições, LDO 222
odontológica, LDO 230
pagamento dos benefícios, LDO 184
por unidade orçamentária, LDO 154
prestação de serviços já existentes, LDO 267
previdenciária 332
prorrogação de contrato regido pela Lei nº 8.666/93 - requisitos 35
prorrogação é aumento - art. 17, § 7º 44
que integram as da União - art. 5º § 6º 25
que não serão objeto de Limitação de Empenho, LDO ... 270
receita equilibrada - art. 4º, I 19
recursos não aplicáveis, LDO 168
redução permanente - art. 17, § 2º 43
refeição, LDO 230
regime de competência - assunção de compromisso 12
regionalizada, LDO 165
relativas à contratação de pessoal, LDO 230
serviço da dívida - não exige indicação de recursos - art. 17, § 6º 43
serviços de terceiros, LDO 230
suficiente disponibilidade orçamentária, LDO 265
total com pessoal, cálculo limite, LDO 230
total fixada, LOA 275

Despesa

variáveis, encargos com pensionistas e inativos, LDO......................229

Despesa com pessoal

a cargo da União - art. 20, § 3º...58

alteração na LDO - razões do veto...134

apuração...321

apuração - art. 18, § 2º...51

aumento em final de mandato - art. 21, p.u..................................60

cálculo dos limites - verificação - art. 59, § 2º.............................115

conceito - art. 18..44

custeadas pelo controlador - art. 1º, III.......................................15

decorrente de sentença judicial - art. 19, § 2º...............................54

Defensoria Pública do Distrito Federal..54

definição...321

descumprimento de prazo - art. 70, p.u......................................121

discriminação, LDO...229

Distrito Federal...63

eliminação do excedente - art. 23...62

em final de mandato - efeitos..60

enquadramento aos limites da LRF - art. 70................................121

imposto de renda retido na fonte..45

LDO...149

limite legal de comprometimento...334

limites..321

limites - art. 71..122

limites - o que não deve ser considerado - art. 19, § 1º..................52

limites - requisito para transferências - art. 25, § 1º, IV, b..............67

limites constitucionais - art. 19..52

mecanismo de compensação..334

Ministério Público do Distrito Federal..56

Municípios - requisitos da LRF..57

não constituem, LDO...222

LRF   CARTILHA MPOG

Despesa com pessoal

no DF e Estados do AP e RR - art. 19, 1º, V...................................53
nulidade de ato..334
parcelas integrantes - art. 18...44
reconhecimento - via administrativa..51
reconhecimento - via judicial..52, 53
repasse da União - art. 2º, § 2º..18
restrições - art. 22, p.u..61
total - art. 71 - correta interpretação 122
verificação dos limites - art. 22..61

Despesa obrigatória de caráter continuado

compensação 320
compensação - art. 24, § 1º..65
conceito - art. 17...42
condições à execução - art. 17, § 5º..43
demonstrativo - art. 4º, § 2º, V...21
implementação de medidas de compensação - art. 17, § 5º.............43
LDO...176
limitação de empenho e movimentação..12
limites e condições para a execução - razões do veto 130
LOA...320
margem de expansão - art. 4º, § 2º, V...21

Despesa pública

aumento - documentos obrigatórios - art. 16..................................36
aumento - restrições - art. 16...36
geração - art. 15 e ss..35
irregular - caracterização - art. 15...35
lesiva - caracterização - art. 15...35
não autorizada - caracterização - art. 15.......................................35

Destinatários

de contribuições dos empregadores, LDO....................................264

Desvio(s)
relativos aos princípios constitucionais, LDO 245
Detalhamento
ações e respectivos subtítulos, LDO 260
das fontes de financiamento, LDO 186
de obras e serviços, LDO 258
Diárias
conceito 44
pagamento, recursos não aplicáveis, LDO 167
previsão - pagamento 44
Diminuição
de receita, LDO 239
Diplomáticas
representações, LDO 168
Direitos
violação, LDO 209
Diretrizes
elaboração e execução dos orçamentos da União, LDO 166
específicas para os poderes legislativo e judiciário, o Ministério
Público da União e a Defensoria Pública da União, LDO 174
orçamentárias da União, LDO 149
para a elaboração e execução dos orçamentos da União, LDO 149
para elaboração e execução da Lei Orçamentária de 2014 149
Dirigente
máximo do órgão ou entidade, LDO 220
Discriminação
das despesas com pessoal, LDO 229
legislação da receita e da despesa, LDO 159
Discriminarão
em categorias de programação específicas, LDO 161

LRF — CARTILHA MPOG

Disponibilidade

de caixa 90, 92, 102, 110, 142, 143, 329, 333

de caixa - instituições financeiras oficiais 93

de caixa - tesouro estadual - banco oficial 93

de dotações orçamentárias, LDO 232

de informações, responsabilidade, LDO 232

Disposições

sobre a fiscalização, LDO 244

Distrito Federal .... v. também Ente da Federação

Câmara Legislativa é órgão do Legislativo - art. 20, § 2º, II, c 58

despesas com pessoal 63

ente da Federação - art. 2º, I 14

receita - exclusões - art. 2º, § 2º 18

sujeita-se à LRF - art. 1º 13

sujeita-se à LRF - art. 1º, II 14

Tribunal de Contas - art. 20, § 2º, II, c 58

Dívida

amortização, LDO 188

pública federal, disposições, LDO 149

pública federal, LDO 173, 220

pública, despesas com o refinanciamento da, LDO 220

Dívida consolidada ....v.   também   Dívida

contratual, Dívida mobiliária e Dívida pública

limitação de despesa - art. 1º 12

limite - requisito para transferências - art. 25, § 1º, IV, b 66

limite ultrapassado - providências cabíveis - art. 31 75

pode ter limites inferiores aos da LRF - art. 60 116

prazo p/ redução alargado - hipóteses - art. 66, § 4º 119

União - alterações na proposta - art. 30, § 6º 74

União - conteúdo da proposta de limites - art. 30, § 1º 73

União - proposta de limites - art. 30, I 73

371

CARTILHA MPOG — J. U. JACOBY FERNANDES

Dívida contratual
despesas e receitas na LOA - LC101, art. 5º, 1º 24
Dívida imobiliária
conceitos e normas.. 324
Dívida mobiliária ....v. também Dívida consolidada,
Dívida contratual e Dívida pública
alterações na proposta a qualquer tempo - art. 30, § 6º 74
despesas na LOA - LC101, art. 5º, 1º.. 24
federal - conteúdo do projeto de lei - art. 30, § 1º 73
federal - operações de crédito simplificadas 78
federal - projeto de lei - art. 30, II.. 73
limitação - art. 1º 12
limite da atualização monetária - art. 5º, § 3º 24
limite no refinanciamento - art. 29, § 4º.................................... 72
limite respeitado - transferências voluntárias - art. 25, § 1º, IV, b 67
pode ter limites inferiores aos da LRF - art. 60.......................... 116
receitas na LOA - LC101, art. 5º, 1º.. 24
Dívida pública ....v. também Dívida consolidada,
Dívida contratual, Dívida mobiliária e Refinanciamento
acesso público - art. 32, 4º... 79
composição - art. 26, § 2º 69
conceitos e normas.. 324
consolidada - conceito... 341
consolidada - conceito - art. 29, I.. 71
despesas na LOA - LC101, art. 5º, 1º.. 24
fundada - conceito - art. 29, I.. 71
garantida e não honrada - sanções - art. 40, § 10.......................... 89
mobiliária - conceito - art. 29, II......................................71, 341
pagamento do serviço - limitação - art. 9º, § 2º.......................... 28
prorrogação - art. 26, § 2º.. 69
receitas na LOA - LC101, art. 5º, 1º.. 24

LRF   CARTILHA MPOG

Dívida pública
  refinanciamento - art. 5º, § 2º...24
  vedação à emissão de títulos - art. 34.................................80
Divulgação
  internet, transparência, LDO...259
DNIT
  Departamento Nacional de Infraestrutura de Transportes, LDO ..257
Doação
  de recursos financeiros a países estrangeiros, LDO.........................163
Documento
  bancário, desembolsos, LDO...219
Dotação
  classificações, LDO 188
  contrapartida nacional de empréstimos internos e externos, LDO 196
  ilimitada - vedação à previsão na LOA - LC101, art. 5º, § 4º...........24
  investimento superior a um ano - art. 5º, § 5º........................24
  necessárias, LDO...154
  orçamentária prévia, LDO...224
  orçamentárias, disponibilidades, LDO 232
  orçamentárias, transpor, remanejar, transferir, utilizar, LDO 195
  recomposição proporcional - art. 9º, § 1º..............................27
Duodécimos
  orçamento não pode ser sancionado - razões do veto.....................133
Duplicidade
  receita corrente líquida - art. 2º, § 3º.....................................18
EBSERH
  Empresa Brasileira de Serviços Hospitalares, LDO 204
Educação
  atendimento direto e gratuito, LDO..207
  básica, LDO...207
  especial, LDO...207

373

Educação
transferências voluntárias - art. 25, § 1º, IV, b.................................66
Efeitos
de propostas, LDO.................................242
Eficiência
LDO.................................265
Elaboração
do Projeto de Lei Orçamentária, LDO.................................150
Eleições
despesas necessárias, LDO.................................222
Justiça Eleitoral, LDO.................................163
LDO.................................172
pela Justiça Eleitoral, LDO.................................176
Elementos
de despesa, classificação, LDO.................................217
Eletrobras
LDO.................................150
Emenda Constitucional nº 19/1998
art. 31 - LC101, art. 19, 1º, V.................................54
art. 31 - LC101, art. 20, I, c.................................55
Empenho
condições - art. 16, § 4º, I.................................41
critérios de limitação na LDO - LC101, art. 4º, I, a.................................19
e movimentação financeira, limitação, LDO.................................198
limitação - justificativas - art. 53, § 2º, I.................................107
limitação - ocorrência - art. 9º.................................27
no exercício de 2012, LDO.................................159
Empreendimento
benefícios a população, LDO.................................247
irregularidades, LDO.................................255
responsabilidade, LDO.................................248

374

LRF CARTILHA MPOG

Empreendimento
riscos, LDO 247

Empregados
despesas, LDO 149
pagamentos, LDO 171
públicos, LDO 222

Empregos
criação, LDO 228
públicos vagos, LDO 224

Empresa controlada
art. 47, p.u. - cumprimento 14
balanços trimestrais - art. 47, p.u. 99
conceito - art. 1º, II 14
concessão de garantia 88
contrato de gestão - art. 47 99
estatal - art. 1º, III 15

Empresa estatal
conceito - art. 1º, III 15
dependente - assunção de compromisso - exceção - art. 37, III 84
dependente - sujeição à LRF - art. 1º, I, b 14

Empresa subsidiária
concessão de garantia 88

Empresa(s)
Brasileira de Serviços Hospitalares – EBSERH, LDO 204
destinatária de recursos, LDO 264
em que União é detentora, LDO 186
estatais dependentes, Sentenças Judiciais, LDO 182
estatais, aplicação da LDO, LDO 230
estatais, benfeitorias, LDO 186
estatais, cumprimento de sentenças judiciais, LDO 163
estatais, execução, LDO 182
estatal dependente, informações, LDO 223

375

CARTILHA MPOG   J. U. JACOBY FERNANDES

Empresa(s)
integrantes do Orçamento de Investimento, LDO 187
públicas, LDO 154

Empréstimos
e financiamentos de agências, encargos, LDO 239
LDO 183
pagamento, LDO 154
transferências voluntárias - art. 25, § 1º, IV, a 66

Encargos
de empréstimos e financiamentos de agências, LDO 239
financeiros, LDO 183
sociais, aumento, LDO 224
sociais, despesas, LDO 149

Endividamento público
limites 317

Enfoque
Setorial Amplo, modalidade, LDO 221

Ente da Federação ....v. também Distrito Federal, Estados Federados, Municípios e União
concedente de crédito à pessoa física - art. 27 69
concedente de crédito à pessoa jurídica - art. 27 69
confissão de dívida - art. 29, § 1º 71
cooperação - art. 25 65
entendimento da LRF - art. 2º, I 14
exigência na operação de crédito - art. 33 79
transf. recursos, LDO 216
vedações à operação de crédito - art. 35 81

Entidade(s)
beneficiada compromisso, LDO 210
beneficiada, LDO 207
divulgarão seus orçamentos na internet, LDO 264
fiscalizada, LDO 254

LRF — Cartilha MPOG

Entidade(s)

públicas e privadas beneficiadas, LDO 218
públicas, transferências de recursos, LDO 218
sem fins lucrativos, recursos, LDO 206
serviço social autônomo, LDO 264

Entrega

dos recursos correntes e de capital, LDO 216

Epidemiologia

LDO 172

Equilíbrio

das contas públicas 330
entre receitas e despesas - art. 4º, I 19

Equipe

de transição, LDO 172

Escolas

para o atendimento pré-escolar, LDO 170

Escrituração

assunção de compromisso - art. 50, II 103
de contas - normas - art. 50, I a VI e §§ 102
despesa - art. 50, II 103
disponibilidade de caixa 103
disponibilidade de caixa - art. 50, I 102

Esfera

orçamentária, LDO 154
orçamentárias, LDO 188

Esforço

fiscal, resultados, LDO 150

Estado de defesa

suspende exigências da LRF - art. 65, II 118
suspende prazos da LRF - art. 65, I, c/c 65, p.u. 118

377

Estado de sítio

suspende exigências e prazos da LRF - art. 65..................................118

Estados Federados .... v. também Ente da Federação

condições de contragarantia - art. 40, § 1º, II................................88

deduções na receita líquida - art. 2º, IV, b....................................17

entes da Federação - art. 2º, I...14

estimativas de receita - art. 12, § 3º..31

limites à despesa total com pessoal - art. 19, II.............................52

limites inferiores p/ concessão de garantia - art. 60 116

limites inferiores p/ dívida consolidada - art. 60 116

limites inferiores p/ dívida mobiliária - art. 60............................116

limites inferiores p/ operação de crédito - art. 60 116

operação de crédito por antecipação de receita - art. 38, § 2º........86

podem comprar títulos da dívida - art. 35, § 2º.............................82

prazo p/ enviar contas ao Executivo Federal - art. 51, § 1º............104

repartição de limites globais - art. 20, II..56

sujeitam-se à LRF - art. 1º...13

sujeitam-se à LRF - art. 1º, II...14

Estatais

empresas, aplicação da LDO, LDO...230

Estimativa

da receita da União, LOA..273

das receitas, LDO...242

de receita, LDO..244

e projeções de PIB, LDO...185

novas e memória de cálculo, LDO...199

Estimativa de impacto orçamentário-financeiro

acompanhamentos - art. 16, § 2º..41

art. 14 31

aumento de despesa - art. 16, I...39

instrui ato que aumenta despesa obrigatória - art. 17, § 1º.............42

instrui ato que cria despesa obrigatória - art. 17, § 1º....................42

LRF CARTILHA MPOG

Estimativa de impacto orçamentário-financeiro
  LDO..240
Estoque
  e o serviço da dívida pública federal, LDO 263
  público vinculado, LDO 204
Estrutura
  dos orçamentos, LDO..149
  e organização dos orçamentos, LDO 151
  remuneratória dos cargos e funções, LDO.......................................264
Estudo
  bolsas, LDO...204
Etapas
  irregularidade, LDO..255
Evasão
  tributária, medidas de combate - art. 13..31
Eventuais
  disponibilidades de dotações orçamentárias, LDO 232
Evidenciar
  os valores despendidos, LDO 229
Evolução
  das operações compromissadas, LDO...268
Excesso
  de arrecadação, LDO 190
Exclusão
  de despesas, LDO...198
Execução(es)
  adequar à necessidade, LDO 194
  bloqueio, LDO..245
  contra empresas estatais, LDO 182
  das despesas na antevigência, LDO 267

CARTILHA MPOG   J. U. JACOBY FERNANDES

Execução(es)

de obras - condições - art. 16, § 4º, I 41

de programas de modernização, LDO 175

financeira - identificação de beneficiário - art. 10......................... 29

financeira, o pagamento da despesa, inclusive dos restos a pagar, LDO 244

física, a realização da obra, fornecimento do bem ou prestação do serviço, LDO 244

orçamentária - art. 8º... 26

orçamentária - identificação de beneficiário - art. 10.................... 29

orçamentária - relatório resumido 331

orçamentária e financeira, LDO... 217

orçamentária, o empenho e a liquidação da despesa, inclusive sua inscrição em restos a pagar, LDO... 244

orçamentária, relatório bimestral, LDO 229

orçamentária, relatório resumido, LDO 191

projetos, LDO 167

provisória do projeto de Lei Orçamentária, LDO 203

Exercício financeiro

de 2014, LDO 159

diverso da ocorrência do ingresso - art. 8º, p.u. 27

dotação superior - art. 5º, § 5º 24

Exigência

de contrapartida para transferências, LDO 214

para o recebimento das transferências voluntárias, LDO 215

Exportações

desoneração, LDO 163

fomento, LDO 163

Exposições

de motivos, créditos complementares e especiais, LDO................ 190

de motivos, justificativas, LDO 190

LRF — CARTILHA MPOG

Extinção
dotação orçamentária, LDO 195
Extrativismo
atividade, LDO 209
FAT
Fundo de Amparo ao Trabalhador, LDO 184
Fatos
e atos, registro contábil, LDO 266
FGP
Fundo Garantidor de Parcerias Público-Privadas, LDO 163
Financiamento(s)
art. 26, § 2º 69
concedidos, LDO 154
detalhamento das fontes, LDO 186
e empréstimos de agências, encargos, LDO 239
escrituração - art. 50, V 103
garantido e não honrado - sanções - art. 40, § 10 89
LDO 183
transferências voluntárias - requisitos - art. 25, § 1º, IV, a 66
Fiscal
desoneração, LDO 244
Fiscalização
auxílio do TC 333
LDO 172
obras e serviços, TCU, LDO 251
orçamentária, LDO 256
Sistema de Controle Interno 333
Fixação
das despesas, LDO 242
Florestas
manejo, LDO 209

381

FNAS
pagamento de benefícios assistenciais, LDO 161
FNDE
Fundo Nacional de Desenvolvimento da Educação, LDO 204
Fomento
agências financeiras oficiais, LDO......................... 233
agências, política de aplicação de recursos, LDO 233
Fontes
de financiamento, LDO......................... 188
natureza financeira, LDO 158
Forças Armadas
aplicação da LDO, LDO......................... 230
Fornecedor
de bens......................... 327
Fornecimento
de bens - condições - art. 16, § 4º, I. 41
de bens, LDO......................... 154
Fronteira
residências funcionais, LDO 169
Funcionamento
de novas varas, LDO......................... 176
Funções
criação, LDO......................... 228
de confiança nos Poderes, LDO......................... 228
de confiança, LDO......................... 223
vagos, cargos, desconsiderados, LDO......................... 223
Fundação(es)
Coordenação de Aperfeiçoamento de Pessoal de Nível Superior - CAPES, LDO......................... 204
Instituto Brasileiro de Geografia e Estatística......................ver IBGE
sujeitam-se à LRF - art. 1º, I, b......................... 14

LRF · CARTILHA MPOG

FUNDEB

Fundo de Manutenção e Desenvolvimento da Educação Básica e de Valorização dos Profissionais da Educação, LDO 162

União, LDO 162

Fundo(s)

de Amparo ao Trabalhador - art. 4º, § 2º, IV, a 21

de Amparo ao Trabalhador - FAT, LDO 184

de incentivos fiscais, LDO 154

de Manutenção e Desenvolvimento da Educação Básica e de Valorização dos Profissionais da Educação – FUNDEB, LDO 162

de Manutenção e Desenvolvimento do Ensino Fundamental e valorização do Magistério - complementação 140

específicos - despesas c/ inativos - art. 19, § 1º, VI 54

Garantidor de Parcerias Público-Privadas - FGP, LDO 163

Nacional de Desenvolvimento da Educação - FNDE, LDO 204

nacional de saúde - recursos 67

públicos, situação - art. 4º, § 2º, IV, b 21

Regime Geral de Previdência Social 120

sujeitam-se à LRF - art. 1º, I, b 14

Garantia

concessão 333, 335

concessão - pelo Banco Central 329

contragarantia 329

de empréstimos - caução de títulos - art. 61 116

direta ou indireta - vedações - art. 23, § 3º, II 64

limitação da concessão - art. 1º 12

operações de crédito 329

Gasto(s)

com pessoal - limites 317

com pessoal, aumento, LDO 224

com pessoal, LDO 240

regionalização, LDO 251

Gasto(s)
seja discriminado, LDO...168

Gestão
de contratos e convênios, LDO.......................166

fiscal, transparência, LDO................................259

fiscalcontrole social..330

fiscalo que deve ser fiscalizado - art. 59..........113

fiscalresponsável - art. 1º....................................12

fiscalresponsável - requisitos - art. 11..............29

para controlar o empenho, LDO.....................172

GND 1
pessoal e encargos sociais, LDO.....................155

GND 2
juros e encargos da dívida, LDO.....................155

GND 3
outras despesas correntes, LDO......................155

GND 4
investimentos, LDO..155

GND 5
inversões financeiras, LDO..............................155

GND 6
amortização da dívida, LDO............................155

Governador
assina relatório de gestão fiscal - art. 54, I......108

vedações ao último ano de mandato - art. 38, IV, b........85

Grupos
de Natureza de Despesa – GND, LDO............154

de natureza de despesa, LDO..........................194

Hanseníase
humana, LDO...206

HCPA
Hospital de Clínicas de Porto Alegre, LDO 204
Hepatites
virais, LDO...206
Histórico
de irregularidades pendentes, LDO 251
HIV
pessoas com, LDO 206
Hora extra
contratação - restrições - art. 22, p.u., V.......................................61
Hospedagem
recursos não aplicáveis, LDO 168
Hospital
de Clínicas de Porto Alegre - HCPA, LDO 204
IBGE
apuração do PIB - art. 66, § 2º..119
Identificadores
de uso, LDO..188
Identificar
legislação que autorizou o benefício, LDO 162
IDH
Índice de Desenvolvimento Humano, LDO.................................214
Idosos
crianças e adolescentes, vulnerabilidade social, LDO.....................209
IGC
indício de irregularidade grave que não prejudique a continuidade,
LDO..245
IGP
indícios de irregularidades graves com recomendação de paralisação,
LDO..244

IGP-M
Índice Geral de Preços - Mercado, LDO 220
IGR
irregularidade grave com recomendação de retenção parcial de valores, LDO 245
Imóveis
aquisição, LDO 175
cedidos, LDO 176
recursos não aplicáveis, LDO 167
Impacto(s)
e o custo fiscal das operações, LDO 267
orçamentário-financeiro, estimativa, LDO 240
sociais, econômicos e financeiros, LDO 247
Impessoalidade
LDO 265
Implantação
de novas varas, LDO 176
de varas, LDO 175
Inabilitação
para exercício de cargo público 335
Inadequação
no montante de recursos, LDO 185
Inativos
despesas - art. 19, § 1º, VI 54
Incorporação
dotação orçamentária, LDO 195
Indenização
prévio depósito judicial - desapropriação - art. 46 99
recursos não aplicáveis, LDO 168
Indicação
do órgão que apurará os resultados, LDO 161

LRF — CARTILHA MPOG

Índice
de Desenvolvimento Humano - IDH, LDO 214
de preçosobservância - previsão de receita - art. 12 30
Geral de Preços - Mercado - IGP-M, LDO 220
Nacional de Preços ao Consumidor Amplo - IPCA, LDO 232

Indício(s)
de irregularidade - grave que não prejudique a continuidade, LDO 245
de irregularidade grave com recomendação de retenção parcial de valores, LDO 245
de irregularidades graves, LDO 250
de irregularidades graves, parecer, LDO 246
de irregularidades, classificação, LDO 252

Indígenas
saúde dos povos, LDO 206

Inflação
metas - art. 4º, § 4º 22

Informações
complementares exigidos, LDO 159
contidas contrato, LDO 259
da execução física e financeira, LDO 265
disponibilizar e atualizar, LDO 223
disponibilizar, responsabilidade, LDO 232
execução das despesas, LDO 264
relativas à movimentação, LDO 219
Sistema de Informações Gerenciais de Arrecadação, LDO 257

Infraestrutura
benfeitorias necessárias, LDO 1

INSS
deve gerir o FRGPS - art. 68, § 2º ....
Instituto Nacional do Seguro Social, LDO ....

Instalação

de equipamentos, LDO 210

Instituição(es)

de apoio ao desenvolvimento da científica, LDO........................... 208

e transferências, LDO 218

federal de crédito e fomento art. 40, § 2º 88

financeira operação de crédito - exigências - art. 33...................... 79

financeira operação de crédito - realização - art. 38, § 2º 86

financeira estatal - operação de crédito c/ ente da Federação - art. 35, § 1º.. 82

financeira estatal controlada - operação de crédito com controlador - art. 36 82

Instituto

de Pesquisa Econômica Aplicada - IPEA, LDO............................ 204

Nacional do Seguro Social... ver INSS

Nacional do Seguro Social - INSS, LDO...................................... 178

Instrumento(s)

congênere de convênio, LDO.. 207

de contratação, LDO 259

de transferência voluntária, LDO 214

Interesse

público, LDO.. 209

Internet

divulgação, transparência, LDO 259

transparência, LDO 258

Inversões

financeiras, LDO.. 188

Investimentos

à conta de recursos, programação, LDO....................................... 187

LDO 188

LRF   CARTILHA MPOG

IPCA

Índice Nacional de Preços ao Consumidor Amplo, LDO 232

IPEA

Instituto de Pesquisa Econômica Aplicada, LDO 204

Irregularidade(s)

graves, indícios, parecer, LDO...246

indícios graves com recomendação de paralisação, LDO...............244

pendentes, histórico, LDO 251

responsabilidade, LDO...248

Irrelevantes

despesas, LDO...267

IU

Identificador de Uso, LDO 157

IU 2

empréstimos do Banco Interamericano de Desenvolvimento, LDO 157

IU 3

empréstimos por desempenho ou com enfoque setorial amplo, LDO 157

IU 4

contrapartida de outros empréstimos, LDO..............................157

IU 5

contrapartida de doações, LDO 157

IU 6

recursos não destinados à contrapartida, LDO 157

IU0

recursos não destinados à contrapartida, LDO 157

Jornada de trabalho - redução - art. 23, § 2º ....

Juizados

especiais, novos, LDO..

Juros

e Encargos da Dívida, LDO..188

montante das despesas - razões do veto.................................129

Justiça Eleitoral

eleições, LDO..176

Justificativa(s)

da estimativa e da fixação, LDO...161

exposições de motivos, LDO...190

frustração de receitas - art. 53, § 2º, I......................................107

limitação de empenho - art. 53, § 2º, I....................................107

LDO

ações prioritárias - alerta dos Tribunais de Contas...................113

anexos do projeto - LC101, art. 4º, § 1º....................................20

aumento de despesa deve ser compatível - LC101, art. 17, 4º.........43

conceito..318

conteúdo...318

destinação de recursos ao setor privado - LC101, art. 26...........69

disporá sobre a despesa irrelevante - LC101, art. 16, § 3º...........41

instrumento de gestão fiscal transparente - LC101, art. 48..........100

limitação de empenho - critérios - LC101, art. 4º, I, a................19

limitação de empenho - critérios - LC101, art. 9º.......................27

limitação de empenho - forma - LC101, art. 4º, I, a....................19

mensagem de encaminhamento - LC101, art 4º, § 4º...................22

parâmetro para aumento da despesa - LC101, art. 16, II..............39

processo de planejamento..318

publicação do orçamento - LC101, art. 8º.................................26

transferências voluntárias - exigências - LC101, art. 25, § 1º.......65

União, demonstrativos do BACEN - LC101, art. 7º, § 3º..............25

Legalidade

LDO...265

Legislação

orçamentária, alterações, LDO...149

LRF CARTILHA MPOG

Legislação

tributária e demais receitas, alterações 241

tributária, alterações, LDO 242

Lei

de Responsabilidade Fiscal, LDO..149

Orçamentária de 2013, LDO 159

Orçamentária, alterações, LDO..188

Lei autorizadora

composição de dívida - art. 27, p.u..70

investimento superior a um exercício financeiro art. 5º, § 5º 24

p/ concessão de empréstimo ou financiamento - art. 27, p.u. 70

transferência de recursos ao setor privado - art. 26.........................69

Lei Complementar nº 87/1996

LC101, art. 2º, § 1º.. 17

Lei de Créditos Adicionais

novos projetos - art. 45..97

Lei de Diretrizes Orçamentárias ....ver LDO

Lei de Responsabilidade Fiscal ....ver LRF

Lei nº 12.919/2013 149

Lei nº 12.952/2014 273

Lei Orçamentária Anual ....ver LOA

Letras

do Banco Central - art. 39, § 1º..87

Licitação

à receita de operações de crédito - art. 12, § 2º..............................31

ausência de recursos orçamentários 24

de serviços - condições - art. 16, § 4º, I...41

despesa total com pessoal - art. 19..52

despesas que não serão objeto - art. 9º, § 2º...................................28

Limitação de empenho

art. 31, § 1º, II...75

391

Limitação de empenho
critérios na LDO - LC101, art. 4º, I, a 19
descumprimento de prazo - art. 9º, § 3º... 28
despesas obrigatórias - contingenciamento 26
e movimentação financeira, LDO 198
LDO 197
movimentação 27
prazo - art. 9º 27
quando ocorre - art. 9º 27

Limite(s)..v. também Limites globais
à atualização monetária da dívida - art. 5º, § 3º.................................... 24
a obedecer - art. 1º... 12
às operações de crédito - fiscalização do MF - art. 32........................... 76
da dívida - recondução - art. 31 e ss.. 75
da LRF - comparativo - art. 55, I... 109
de contrapartida, LDO 215
de despesa - cálculos 334
de orçamento 2014 para os Poderes, LDO.. 230
excedidos - vedações - art. 23, § 3º.. 64
gasto com pessoal 321
globais - repartição - esfera federal - art. 20, I..................................... 55
Orçamentária e Financeira, LDO 196
orçamentários, LDO 182
para despesas com Pessoallimites para dívida 337
para despesas com Pessoalprazo de transição....................................... 338
para despesas com Pessoalquadros resumos 337
para elaboração de suas propostas orçamentárias, LDO 222
Poder Judiciário 54
promovida pelo Executivo, LDO 198
renúncia de receita - art. 1º.. 12

Limites globais
repartição - art. 20... 54

Limites globais

repartição - esfera estadual - art. 20, II..56

repartição - esfera municipal - art. 20, II..57

repartição - Executivo federal - art. 20, I, c...55

repartição - Judiciário - art. 20, I, b...55

repartição - Legislativo - art. 20, I, a..55

repartição - MPU - art. 20, I, d..56

repartição - TCU - art. 20, I, a..55

Linguagem

da LRF - simples e objetiva..336

Liquidação

operação de crédito - art. 38, II...85

LOA

anexos - art. 5º, I...23

compatibilidade com a LDO - LC101, art. 5º...22

compatibilidade com a LRF - LC101, art. 5º..22

compatibilidade com o PPA - LC101, art. 5º..22

conteúdo..318

crédito c/ dotação ilimitada - LC101, art. 5º, § 4º..............................24

crédito c/ finalidade imprecisa - LC101, art. 5º, § 4º.........................24

despesas..321

elaboração...318

Lei nº 12.952/2014..273

parâmetro para aumento da despesa - LC101, art. 16, II 39

prazos de encaminhamento - razões do veto.....................................132

processo de planejamento..318

reserva de contingência - LC101 - art. 5º, III 23

restrições a novos projetos - LC101, art. 45 97

vedações - LC101, art. 5º, § 4º...24

Locações

recursos não aplicáveis, LDO 167

Localidade
referências a mais, LDO 152
LRF
ações para o cumprimento.. 32
aplicação - art. 1º 13
infrações - art. 73 123
linguagem 336
meio eletrônico 336
punição 336
sucesso 336
transparência 336
MA
Modalidade de Aplicação, LDO 156
MA 30
Transferências a Estados e ao Distrito Federal, LDO...................... 156
MA 40
Transferências a Municípios, LDO 156
MA 50
Transferências a Instituições Privadas sem Fins Lucrativos, LDO.. 156
MA 60
Transferências a Instituições Privadas com Fins Lucrativos, LDO . 157
MA 90
Aplicações Diretas, LDO 157
MA 99
empenho da despesa não poderá ser realizado com modalidade de aplicação "a definir", LDO 157
MA91
Aplicação Direta Decorrente de Operação entre Órgãos, LDO 157
Malária
humana, LDO.. 206

LRF — CARTILHA MPOG

Malha
rodoviária federal, LDO..170

Mandato
final - nulidade de atos - art. 21, p.u..60
final - obrigação vedada...90
vedações ao último ano - art. 38, IV, b.....................................85

Manutenção
da administração pública federal, serviços, LDO 267
de novas instalações, LDO...176

Material
aquisição, LDO 210

Médica
assistência, dotações orçamentárias, LDO 232

Medida(s)
corretivasindicação - art. 55, II...109
de compensaçãoaliada à concessão de benefício - art. 14, § 2° ...35
de compensaçãoaumento de despesas obrigatórias - caráter
continuado - art. 5°, II..23
de compensaçãorenúncia de receita - art. 5°, II.......................23
de compensaçãorenúncia de receita - art. 14, II.......................33
provisória, crédito aberto, LDO 193

Meio
magnético, transferência, LDO 219

Memória
de cálculo das novas estimativas, LDO 199
de cálculoprazo - art. 12, § 3°...31

Mensagem
que encaminhar o Projeto de Lei Orçamentária, LDO...................160

Meta(s)
anuais - demonstrativo - art. 4°, § 2°, I....................................21
avaliação - audiência pública - art. 9°, § 4°..............................28

395

Meta(s)

avaliação do cumprimento - art. 4º, § 2º, I................................21

bimestrais de arrecadação - art. 13..31

bimestrais, LDO..196

cumprimento...26

cumprimento - receita insuficiente...27

da administração pública federal, LDO.................................150

da Administração Pública Federal, LDO...............................149

de resultado - cumprimento - art. 1º.......................................12

de resultado nominal - art. 9º..27

de resultado primário - art. 9º...27

de resultados fiscais - aumento da despesa - art. 17, § 2º........43

de superávit primário, LDO...150

de superávit, LDO..150

fiscais..317, 338

fiscais - anexo na LDO - LC101, art. 4º, § 1º..........................20

fiscais - conteúdo do anexo - art. 4º, § 1º................................20

Fiscais Anuais, LDO...270

Fiscais, LDO..270

física, definição, LDO..152

física, indicação, LDO..152

inflação - art. 4º, § 4º...22

previstas no Plano Plurianual, LDO.......................................207

quadrimestrais, LDO..197

quadrimestral para o superávit, LDO.....................................196

Metodologia

de cálculo - não afetação das metas - art. 17, § 4º...................43

de cálculo dos itens, LDO..160

Metroviário

de passageiros, LDO...170

Militares

das Forças Armadas, aplicação da LDO, LDO........................230

LRF — CARTILHA MPOG

Militares
organizações, LDO 168
pagamento, LDO 171
revisão de remuneração, LDO 229

Ministério da Fazenda
cumprimento de limites - fiscalização 76
divulgação de relação - art. 31, § 4º 76
registro eletrônico atualizado das dívidas - art. 32, § 4º 79
valor de títulos da dívida pública - definição - art. 61 116

Ministério da Previdência e Assistência Social
FRGPS - art. 68 120

Ministério da Saúde
SUS, LDO 186

Ministério Público
ato, LDO 188
da União - órgão do Poder Legislativo - art. 20, § 2º, I 57
da União, LDO 175
da União, limite orçamentário, LDO 230
estadual - repartição dos limites globais - art. 20, II, d 57
Federal - repartição dos limites globais - art. 20, I, d 56
limitação de empenho - ocorrência - art. 9º 27
limitado pelo Executivo - art. 9º, § 3º 28
quem assina relatório de gestão fiscal - art. 54, IV 108
relatório de gestão fiscal - conteúdo - art. 55, § 1º 110
sujeita-se à LRF - art. 1º, I, a 14

Ministros
de Estado, LDO 169

Modalidade
Enfoque Setorial Amplo, LDO 221

Modificações
constantes de projeto, LDO 174

397

Montante

dívida consolidada, apuração - art. 30, § 4º 74

limite no refinanciamento da dívida - art. 29, § 4º 72

Moradia

recursos não aplicáveis, LDO 168

Moralidade

LDO 265

Movimentação

financeira, LDO 197

informações relativas, LDO 219

mediante conta bancária, LDO 219

MPOG

Secretaria de Orçamento Federal, portaria, LDO 188

Municípios .... v. também Ente da Federação

< 50.000 hab. - possibilidades - art. 63 117

cessão de servidores - apuração da despesa 116

custeio de despesas de outros entes - art. 62 116

ente da Federação - art. 2º, I 14

estimativas de receita - art. 12, § 3º 31

limites à despesa total com pessoal - art. 19, III 52

limites inferiores p/ concessão de garantia - art. 60 116

limites inferiores p/ dívida consolidada - art. 60 116

limites inferiores p/ dívida mobiliária - art. 60 116

limites inferiores p/ operação de crédito - art. 60 116

operação de crédito por antecipação de receita - art. 38, § 2º 86

pequenos municípios 338

podem comprar títulos da dívida - art. 35, § 2º 82

prazo p/ envio das contas à União - art. 51, § 1º 104

prazo p/ envio de cópia ao Estado - art. 51, § 1º 104

repartição de limites globais - art. 20, III 57

sujeita-se à LRF - art. 1º 13

Tribunal de Contas - sujeita-se à LRF - art. 1º, III 14

LRF | CARTILHA MPOG

Mutuário
LDO...183
Natureza
de despesa, LDO 154
Nominalmente
identificada, LDO 206
Normas
p/ controle de custos na LDO - LC101, art. 4º, I, e 19
técnicas e legais nas previsões de receita - art. 12 30
Nota
de empenho, transferência, LDO......................218
Novo(s)
código, vedação 193
indícios de irregularidades, LDO 255
Nulidade
ato que aumente despesa c/ pessoal - art. 21 59
da operação de crédito - art. 33, § 1º.................80
de procedimento licitatório ou de contrato, LDO 245
desapropriação de imóvel urbano - art. 46.........98
garantia acima dos limites - art. 40, § 5º.............88
Objetivos
da política monetária, LDO..............................268
das políticas monetária creditícia e cambial, LDO 268
das Políticas Monetária, Creditícia e Cambial, LDO 271
dos programas, LDO...256
Obra(s)
com indícios de irregularidades graves, LDO 149
comissão mista, acesso ao seu sistema eletrônico de fiscalização, LDO 255
de adequação, LDO 210
e dos serviços relação com indícios de irregularidades, LDO 250

399

Obra(s)

e dos serviços, fiscalização, TCU, LDO 251

e os serviços com indícios de irregularidades graves, ldo 244

e serviços com indícios de irregularidades, subtítulos, LDO 244

físicas em entidades filantrópicas, LDO 210

rodoviárias, LDO 170

Obrigação(es)

constitucionais ou legais da União, LDO 203

constitucional - limitação - art. 9º, § 2º 28

constitucional ou legal da União, LDO 269

contraída em contratação, LDO 267

do Tesouro com o BACEN - art. 7º, § 1º 25

execução superior a dois exercícios - art. 17 42

irregular - caracterização - art. 15 35

legais, LDO 220

não autorizada - caracterização - art. 15 35

para a União, LDO 269

sem autorização orçamentária - art. 37, IV 84

Odontológica

despesa, LDO 230

Operação(ões)

de crédito 335

de crédito , recursos, LDO 221

de crédito antecipação de receita - razões do veto 128

de crédito antecipação de receita orçamentária 326

de crédito atos equiparados - art. 29, § 1º 71

de crédito atos equiparados e vedados - art. 37 83

de crédito com instituição financeira estatal 327

de crédito como contratar - art. 32, § 1º 77

de crédito composição depende de lei - art. 27, p.u. 70

de crédito conceito 341

de crédito conceito - art. 29, III 71

LRF — CARTILHA MPOG

Operação(ões)

de crédito concessão de garantia - art. 40......................................87

de crédito contratação - art. 32 e ss. 76

de crédito entre entes da Federação - art. 35.............................81

de crédito escrituração - art. 50, V...103

de crédito externas, LDO...170

de crédito garantia..329

de crédito infração à LRF - sanções - art. 33, § 3º......................80

de crédito irregulares - efeitos anulados 327, 328

de crédito junto a organismo internacional - art. 40, § 2º......88

de crédito limitação - art. 1º..12

de crédito limitação da receita - art. 12, 2º.................................31

de crédito limite - requisito para transferências - art. 25, § 1º, IV, b 67

de crédito limites e condições de realização............................326

de crédito p/ redução das despesas com pessoal - art. 23, § 3º, III...64

de crédito parecer jurídico p/ contratação - art. 32, § 1º 78

de crédito parecer técnico p/ contratação - art. 32, § 1º 78

de crédito pode ter limite inferior aos da LRF - art. 60....................116

de crédito por antecipação de receita - destino - art. 38.............84

de crédito por antecipação de receita - Estados - art. 38, § 2º......86

de crédito por antecipação de receita - liquidação - art. 38, II..........85

de crédito por antecipação de receita - municípios - art. 38, § 2º......86

de crédito por antecipação de receita - vedações - art. 38, IV............85

de crédito por antecipação de receita orçamentária - art. 38 e ss. 84

de crédito prazo inferior a doze meses - art. 29, § 3º...................72

de crédito prorrogação depende de lei - art. 27, p.u. 70

de crédito Regra de Ouro...327

de crédito requisitos para contratação - art. 32, § 1º.....................76

de crédito vedações - art. 23, § 3º, III..64

de crédito vedações - art. 31, § 1º..75

de crédito vedações aos contratos - art. 32, § 5º..........................79

de crédito, Programa Reluz..76

401

Operação(ões)
de créditos simplificada - art. 32, § 2º..78
entidades integrantes dos Orçamentos Fiscal, LDO 158
especiais, LDO 152

Orçamentária
e execução financeira 217

Orçamento(s) ....**v. também LOA**
adequação, LDO 239
da seguridade social, LDO 183
de Investimento deverá contemplar, LDO 160
de investimento, LDO 186
de Investimento, LDO 188
fiscal compreende, LDO 153
fiscal, entidades 151
instrumento de transparência - art. 48 100
Lei nº 12.952/2014 273
limite em 2014 para os Poderes, LDO 230
não sancionado - duodécimos - razões do veto 133
previsão, LDO 267
programação - art. 5º, I...23
propostas, LDO 174
publicação 26

Ordem cronológica
observância - art. 10 29

Ordenador de despesa
aumento de despesa - art. 16, II...39

Organismos
multilaterais, LDO 221

Organização
dos orçamentos, LDO 149

Órgão(s)
concedente, transferências, LDO 218

LRF   CARTILHA MPOG

Órgão(s)
definição para efeitos da LRF - art. 20, § 2º 57
fiscalizado, LDO 254
orçamentário, LDO 151
públicos, contrato de gestão, LDO 208

OSCIP
cadastro das entidades, LDO 257

Outras
Despesas Correntes, LDO 188

PAC
ações integrantes, LDO 172
Programa de Aceleração do Crescimento, LDO 151

Pagamento(s)
a empresas, recursos não aplicáveis, LDO 168
a posteriori - vedação - art. 37, IV 84
à recursos recebidos, LDO 219
de aumentos de despesa com pessoal, LDO 229
de beneficiários, LDO 265
de benefícios assistenciais FNAS, LDO 161
de benefícios do RGPS, LDO 161
de estagiários, LDO 204
de precatórios, LDO 194
integral do débito, LDO 180
ordem cronológica - art. 10 29
recursos não aplicáveis, LDO 167

Parâmetros
utilizados, LDO 160

Parcelas
irregularidades, LDO 255
remuneratórias, LDO 240
transitórias aumento, LDO 241

403

Parecer(es)
da Comissão Mista, LDO 246
jurídico - contratação de operação de crédito - art. 32, § 1º 78
prévio - de execução orçamentária - art. 48 100
prévio - separado - Tribunal de Contas 111
técnico - na contratação de operação de crédito - art. 32, § 1º 78

Participação
acionária, LDO 154
populartransparência da gestão fiscal - art. 48, p.u. 100

Passageiros
urbanos e suburbanos, LDO 170

Patrimônio Público
lesão - geração de despesa - art. 15 35

Penalidades
responsáveis 335

Pensões
especiais concedidas, LDO 163
especiais, concessão, LDO 222
revisão, LDO 228

Perda de cargo 335

Pesca
atividade, LDO 209

Pessoa
com deficiência, atendimento, LDO 206
com transtornos, LDO 206
programas de proteção, LDO 209

Pessoa Física
privada deficitária - socorro público - art. 26 69

LRF
CARTILHA MPOG

Pessoa Jurídica ....v. também Autarquias, Distrito Federal, Empresa controlada, Empresa estatal, Entes da Federação, Fundações, Fundos, Municípios, Tribunais regionais, Tribunais superiores, Tribunal de contas e União
  privada deficitária - socorro público - art. 26....................69

Pessoal ....v. também Despesa com pessoal
  aumento de gastos, LDO 224
  contratação - restrições - art. 22, p.u., IV..........................61
  contratado por tempo determinado, LDO 223
  correção de desvios...323
  despesa total 323, 333
  despesas 321
  inativos e pensionistas..333

PET
  Programa de Educação Tutorial, LDO 204

Petrobras
  LDO...150

PIB
  baixo crescimento - art. 66, § 1º....................................119
  negativo ou baixo pode duplicar prazos da LRF - art. 66 119
  taxa de variação - art. 66, § 2º......................................119

Planejamento
  art 3º..18
  de programas de modernização, LDO............................175
  LDO...170

Plano Plurianual .... ver PPA
  2012-2015 LDO 173

Planos
  instrumento de gestão fiscal transparente - art. 48 100

Plebiscitos
  Justiça Eleitoral, LDO..163

405

PNDR
Política Nacional de Desenvolvimento Regional, LDO 215

Pobreza
extrema, combate, LDO 206

Poder
Executivo encaminhará ao Congresso Nacional, LDO 158
Executivo informará o Congresso os empréstimos pelo Tesouro, LDO 265
Executivo, ato, LDO 188
Executivo, transferências, LDO 219
Judiciário, ato, LDO 188
Legislativo, ato, LDO 188
Legislativo, LDO 198

Poder Executivo .... v. também Presidente da República
contas do chefe - disponibilidade - prazo - art. 49 101
estadual - repartição dos limites globais - art. 20, II, c 57
imposição de limites - art. 9º, § 3º 28
limita outros poderes - art. 9º, § 3º 28
limitação de empenho - ocorrência - art. 9º 27
metas - meses p/ demonstração - art. 9º, § 4º 28
municipal - repartição de limites globais - art. 20, III, b 57
prazo p/ consolidar contas dos entes - art. 51 104
prestação de contas do chefe - conteúdo - art. 56 110
relatório de cumprimento de metas - art. 45, p.u. 98
sujeita-se à LRF - art. 1º, I, a 14

Poder Judiciário
apresentação de contas - art. 56, § 1º 111
estadual - repartição dos limites globais - art. 20, II, b 57
federal - repartição dos limites globais - art. 20, I, b 55
LDO 175
limitação de empenho - ocorrência - art. 9º 27
limitado pelo Executivo - art. 9º, § 3º 28

LRF | CARTILHA MPOG

Poder Judiciário

limites 54

municipal - repartição de limites globais - art. 20, III, b 57

quem assina relatórios de gestão fiscal - art. 54, III 108

relatório de gestão fiscal - conteúdo - art. 55, § 1º 110

sujeito à LRF - art. 1º, I, a 14

União - despesa com pessoal - limite 115

Poder Legislativo ....v. também Assembleia Legislativa, Câmara Legislativa e Congresso Nacional

conteúdo do relatório de gestão fiscal - art. 55, § 1º 110

federal - repartição dos limites globais - art. 20, I, a 55

fiscaliza a gestão fiscal - art. 59 112

LDO 175

limitação de empenho - ocorrência - art. 9º 27

limitado pelo Executivo - art. 9º, § 3º 28

quem assina relatórios de gestão fiscal - art. 54, II 108

reestimativa de receita - art. 12º, § 1º 30

sujeita-se à LRF - art. 1º, I, a 14

Política

aplicação de recursos das agências de fomento, LDO 233

cambial - cumprimento - art. 9º, § 5º 29

cambial - mudança drástica - art. 66, § 4º 119

cambial - objetivos - art. 4º, § 4º 22

creditícia - cumprimento - art. 9º, § 5º 29

creditícia - objetivos - art. 4º, § 4º 22

de aplicação dos recursos das agências financeiras oficiais, LDO ... 149

econômica nacional - consistência - art. 4º, § 2º, II 21

monetária - cumprimento - art. 9º, § 5º 29

monetária - mudança drástica - art. 66, § 4º 119

monetária - objetivos - art. 4º, § 4º 22

Nacional de Desenvolvimento Regional - PNDR, LDO 215

CARTILHA MPOG — J. U. JACOBY FERNANDES

Portaria
Departamento de Coordenação e Governança das Empresas Estatais,
LDO 188

Povos
LDO 209

PPA
art 3º (vetado) 18
aumento de despesa deve ser compatível - art. 17, 4º 43
instrumento de gestão fiscal transparente - art. 48 100
parâmetro para aumento da despesa - art. 16, II 39
sanção - veto 125

Prazo
alteração de proposta de limites da dívida - art. 30, § 5º 74
Banco Central avalia metas - art. 9º, § 5º 29
duplicação - possibilidade - art. 66 119
envio das contas à União - Município - art. 51, § 1º, I 104
envio de contas à União - Estados - art. 51, § 1º, I 104
Executivo consolidar contas dos entes - art. 51 104
limitação de empenho - art. 9º 27
para desdobramento de receitas - art. 13 31
parecer das contas dos TC's - art. 56, § 2º 111
programação financeira - art. 8º 26
sanções por descumprimento - art. 52, § 2º 106

Precatórios
débitos, LDO 177
integram a dívida consolidada 326
integram a dívida consolidada - art. 30, § 7º 74
judiciais - conceito 341
judiciários, pagamento, LDO 162
LDO 180
não pagos 326
pagamento, LDO 177, 194

LRF   CARTILHA MPOG

Precatórios
relação, LDO...179
superiores ao valor necessário, LDO................................180
Pré-escolar
assistência, dotações orçamentárias, LDO.......................232
Prefeito
assina relatório de gestão fiscal - art. 54, I......................108
vedações ao último ano de mandato - art. 38, IV, b..........85
Prejuízos
potenciais ao erário, cobertura integral, LDO..................245
Preservação
ambiental, LDO..208
Presidente da República ....v. também Poder Executivo
alteração de proposta de limites da dívida - art. 30, § 5º.........74
art. 30...72
assina relatório de gestão fiscal - art. 54, I......................108
vedações ao último ano de mandato - art. 38, IV, b..........85
Prestação
de serviços, LDO..154
jurisdicional itinerante federal, LDO..............................175
Prestação de contas
agências financeiras de fomento - art. 49, p.u..................102
da União - demonstrativos necessários - art. 49, p.u........102
de convênios, LDO...218
instrumento de gestão fiscal transparente - art. 48..........100
LDO...210
o que deve evidenciar - art. 58......................................112
prazo..331
Tesouro Nacional - art. 49, p.u......................................102
transferências voluntárias - art. 25, § 1º, IV, a...................66

409

CARTILHA MPOG   J. U. JACOBY FERNANDES

Prevenção
    promoção e atenção às pessoas com HIV, LDO...............................206
Prévia
    dotação orçamentária, LDO...224
Previdência ....v. também Fundo do Regime
 Geral de Previdência Social
    geral - aplicação dos recursos - art. 43, § 1º.................................96
    geral - aplicação dos recursos - vedações - art. 43, § 2º................96
    geral - depósito das disponibilidades de caixa - art. 43, § 1º..............96
    LDO 183
    privada - despesas - escrituração - art. 50, IV 103
    privada - receitas - escrituração - art. 50, IV 103
    própria dos servidores - aplicação dos recursos - art. 43, § 1º...96
    própria dos servidores - disponibilidades de caixa - art. 43, § 1º.......96
    repartição dos recursos vinculados ao regime próprio 55
    social - aplicação dos recursos - art. 43, § 1º...............................96
    social - aplicação dos recursos - vedações - art. 43, § 2º 96
    social - art. 4º, § 2º, IV, a 21
    social - compensação financeira entre regimes.............................54
    social - deduções na receita corrente líquida - art. 2º, IV, c...............17
    social - depósito das disponibilidades de caixa - art. 43, § 1º......96
    social - despesas - escrituração - art. 50, IV 103
    social - própria dos servidores - art. 4º, § 2º, IV, a 21
    social - receitas - contabilização - art. 50, IV.............................103
    social - regime próprio - entes da federação - art. 69.................121
    social - restrições - art. 24, § 2º..65
Previsão
    orçamentária, LDO..267
    receita pública - art. 11 e ss..29
Princípios
    constitucionais, LDO...265

LRF   CARTILHA MPOG

Prioridades

agências de fomento, LDO 233

da administração pública federal, LDO 149, 150

Processamento

eletrônico, LDO 165

Processo

administrativo, LDO 267

competitivo eletrônico - art. 38, § 2º 86

de elaboração - transparência da gestão fiscal 100

Processos de discussão

LDO - transparência da gestão fiscal - art. 48, p.u. 100

orçamentos - transparência da gestão fiscal - art. 48, p.u. 100

planos - transparência da gestão fiscal - art. 48, p.u. 100

Procurador-Geral da República

LDO 169

Produto

bem ou serviço que resulta da ação orçamentária, LDO 152

Interno Bruto .... ver PIB

Programa

de Governo - avaliação dos resultados 115

RELUZ - autorização legislativa 142

Programa(s)

de Aceleração do Crescimento - PAC, LDO 151

de Dispêndios Globais, LDO 150

de Educação Tutorial - PET, LDO 204

de proteção a pessoas, LDO 209

Dinheiro Direto na Escola 139

Nacional de Alimentação Escolar 139

Segundo Tempo, LDO 204

Programação(es)

canceladas, LDO 194

Programação(es)
da despesa, LDO 151
dos investimentos à conta de recursos, LDO 187
novas categorias, LDO 165
orçamentárias, LDO 202
Projeções
estimativas de PIB, LDO 185
Projeto(s)
básicos e de engenharia pré-formatados, LDO 167
da LDO - mensagem - art. 4º, § 4º 22
de grande vulto, LDO 251
de Lei Orçamentária de 2013, LDO 159
de Lei Orçamentária de 2014, LDO 158, 203
de lei relativos a créditos suplementares e especiais, LDO 189
disponibilizados em meio eletrônico, LDO 270
encaminhamento, LDO 190
técnicos cadastrados, LDO 167
Propostas
de abertura de créditos especiais e suplementares, LDO 193
de abertura de créditos suplementares, LDO 191
efeitos, LDO 242
orçamentárias, LDO 174
orçamentárias, limite para elaboração, LDO 222
Prorrogação
ou renovação de convênio, LDO 207
Proteção
das áreas produtoras de petróleo e gás natural, LDO 165
Proventos
revisão, LDO 228
Provimentos
e vacâncias de cargos, LDO 228

412

LRF CARTILHA MPOG

Publicação
orçamento..26
Publicidade
institucional, despesas, LDO..162
LDO..265
na elaboração e aprovação dos orçamentos, LDO...............259
Público
interesse, LDO..209
Quadros
créditos orçamentários, LDO..194
orçamentários consolidados, LDO............................158, 159
Qualidade
da implementação, LDO..256
Quantitativos
site da transparência, LDO..223
RCL
apuração..332
apuração - art. 2º, § 3º...18
cálculo - art. 2º, § 2º...17
conceito..340
conceito - art. 1º, IV..15
deduções - art. 1º, IV...16
dever de disponibilização de estimativas - art. 12, § 3º...........31
percentuais de limitação da despesa total com pessoal - art. 19........52
percentual de limites das dívidas....................................325
Reabertura
créditos especiais, LDO..194
Reajustamento
remuneração de pessoal - art. 17, § 6º..............................43
Reajuste .... v. também Dívida contratual
acima da variação, vedado, LDO......................................232

413

Realização

de serviço extraordinário, LDO 224

Receita(s) .... v. também RCL, Recursos, Renúncia de receita e Superávit

antecipação - vedação - art. 37, I 83

aumento permanente - art. 17, § 2º e 3º 43

Corrente Líquida .... ver RCL

corrente líquida, contingencia, LDO 164

da União - Lei nº 12.952/2014 273

demonstrativo da execução 331

diminuição, LDO 239

e despesa equilibrada - art. 4º, I 19

e legislação tributária, alterações, LDO 241

estimativa decorrente de títulos da dívida, LDO 220

estimativa, LDO 242

estimativas, LDO 244

evolução nos últimos três anos - art. 12 30

o que deve ser observado na previsão - art. 12 30

prazo para desdobramento - art. 13 31

públicaarrecadação e previsão - art. 11 e ss. 29

realização insuficiente 27

reestimativa pelo Legislativo - vedações - art. 12º, § 1º 30

renúncia - medidas de compensação - art. 5º, II 23

renúncia, LDO 242

restabelecimento - art. 9º, § 1º 27

seguridade social, LDO 184

total estimada, LOA 274

tributáriaevasão - sonegação - combate - art. 13 31

tributáriavinculação - art. 40, § 1º, II 88

vinculadas, LDO 191

Reciclável

material, coleta e processamento, LDO 209

LRF | CARTILHA MPOG

Recursos..**v. também Receita**

à conta dos Orçamentos Fiscal, LDO 161
a título de auxílios, LDO 207
alienação de ativos - aplicação - art. 4º, § 2º, III 21
alocação, LDO 166
às entidades, sem contrapartida, LDO 214
correntes e capital, entrega dos, LDO 216
da União, LDO 154
de capital, aplicação, LDO 210
de doações e convênios, LDO 198
de operações de crédito , LDO 221
devolução - operação de crédito nula - art. 33, § 2º 80
do fundo nacional de saúde 67
empresa destinatária, LDO 264
entrega aos Estados, DF, Municípios, LDO 217
finalidade específica 26
financeiros - entrega - art. 20, § 5º 59
fontes para financiamento das despesas, LOA 288
humanos - desenvolvimento e treinamento - art. 64, § 1º 118
indicação da disponibilidade antes da licitação 39
legalmente vinculados 26
movimentação, LDO 219
não aplicáveis a entidades privadas, LDO 168
no âmbito do SUS, LDO 216
p/ custeio do aumento da despesa - indicação - art. 17, § 1º 42

Receita(s)

para entidade sem fins lucrativos, LDO 210
para entidades sem fins lucrativos, LDO 207
política de aplicação, LDO 14
programação dos investimentos, LDO
provenientes das contribuições sociais, LDO
públicos - vedação a socorro ao SFN - art. 28..............................28

415

Receita(s)

que não podem ser destinados, LDO 167
recebidos, pagamento, LDO 219
repasse - cooperação financeira - art. 64, § 2º 118
transferência - condições na LDO - LC101, art. 4º, I, f. 20
transferência a título de contribuição corrente, LDO 206

Rede

SUAS, LDO 185
SUS, LDO 185

Redução

da presença do setor público nas atividades, LDO 162
de tributos discriminada é renúncia de receita 33
do déficit habitacional, LDO 233

Refeição

despesas, LDO 230
dotações orçamentárias, LDO 232
LDO 161

Referendos

Justiça Eleitoral, LDO 163

Refinanciamento 327

art. 26, § 2º 69
da dívida pública, LDO 220
de dívida, LDO 221
dívida mobiliária - art. 23, § 3º, III 64
dívida mobiliária - exceção - art. 31, § 1º, I 75
dívida pública - art. 5º, § 2º 24
LDO 183
o pagamento do principal, LDO 220

Reforma

recursos não aplicáveis, LDO 167

gime de competência

. 50, II 103

416

LRF   CARTILHA MPOG

Regime de competência
  despesa - assunção de compromisso 12
  despesa total com pessoal - art. 18, § 2º 51
Regionalização
  do gasto, LDO 251
Relação
  Informações Complementares ao Projeto de Lei Orçamentária, LDO 270
  Quadros Orçamentários Consolidados, LDO 270
Relatório de Gestão Fiscal **332**
  conteúdo 332
  conteúdo - art. 54, p.u. 109
  demonstrativos no último quadrimestre - art. 55, III 109
  deve conter comparativo de limites - art. 55, I 109
  do Poder Executivo - SIAFI 108
  instrumento de gestão fiscal transparente - art. 48 100
  meio eletrônico 333
  pode ser semestral - art. 63, II, b. 117
  prazo p/ publicação - art. 55, § 2º 110
  quem deve assinar - art. 54 108
  quem deve assinar - art. 54, p.u. 109
  segregação ativos/inativos 107, 109
Relatório Resumido de Execução Orçamentária **339**
  art. 48 100
  conteúdo - art. 52 105
  conteúdo do balanço orçamentário - art. 52, I 105
  demonstrativos que o acompanham - art. 53 106
  prazo p/ publicação - art. 52 105
  último bimestre do exercício - art. 53, § 1º 106
Relatório(s)
  bimestral de execução orçamentária, LDO 229
  gestão fiscal, LDO 265

417

CARTILHA MPOG   J. U. JACOBY FERNANDES

Relatório(s)
Resumido da Execução Orçamentária, LDO 191
Remanejar
dotação orçamentária, LDO 195
Remissão
é renúncia de receita 33
Remuneração(es) .... v. também Despesa com pessoal
adequação - restrições - art. 22, p.u., I 61
aumento - restrições - art. 22, p.u., I 61
reajuste - restrições - art. 22, p.u., I 61
revisão, LDO 228
Renda
consular, recursos, LDO 169
Renovação
de convênio, LDO 207
recursos não aplicáveis, LDO 167
Rentabilidade
da carteira de títulos, LDO 268
Renúncia de receita
atos que podem caracterizá-la - art. 14, § 1º 33
cancelamento de crédito tributário 32, 35
conceito 319
condições - art. 14, I e II 32
definição 319
estimativa do impacto orçamentário-financeiro - art. 14 31
LDO 242
limite - art. 1º 12
medidas de compensação - art. 14, II 33
processo de planejamento 319
remissão 33
restrições - art. 14, § 3º 35

418

LRF · CARTILHA MPOG

Renúncia de receita
subsídio 33

Repartição
despesas - limites globais - art. 20 54

Repasse
da União p/ despesa de pessoal - art. 2º, § 2º 18

Requisições
de pequeno valor, LDO 179, 180

Requisitos ....**v. também Restrições**
contratação de operação de crédito - art. 32, § 1º 76
gestão fiscal responsável - art. 11 29
realização de transferências voluntárias - art. 25, § 1º 65

Reserva
cambial - BACEN - art. 7º, § 3º 25
de contingência - conteúdo da LOA - LC101, art. 5º, III.... 23
de contingência - destinação - art. 5º, III, b................. 23
de contingência, LDO 164

Residências
funcionais, LDO 168

Responsabilidade
disponibilizar informações, LDO 232
empreendimento, LDO 248

Restabelecimento ....**v. também Receita**
da receita - art. 9º, § 1º..................................... 27

Restos a pagar **332, 333**
disponibilidade de caixa......................................329
escrituração da inscrição - art. 50, V.........................103
inscrição...329
inscrição - demonstrativo - art. 55, III, b 110
insuficiência de disponibilidade de caixa 91
LDO..151

419

Restos a pagar

limitação da inscrição - art. 1º.. 12

limites - transferências voluntárias - art. 25, § 1º, IV, b.................. 67

não processados - critérios para omissão do empenho...................... 91

pagamento - razões do veto.. 131

poderão ser considerados, LDO.. 202

razões do veto.. 137

serviços contínuos.. 91

Restrições

à renúncia de receita - art. 14, § 3º.. 35

excesso dos limites da despesa c/ pessoal - art. 22, p.u................... 61

Resultado

comparação aos anteriores - art. 4º, § 2º, II...................................... 21

do BACEN é receita do Tesouro Nacional - art. 7º............................ 25

nominal - conceito.. 340

para o setor público, LDO.. 150

primário - conceito... 340

Resumo

da política econômica do País, LDO.. 160

das políticas setoriais do governo, LDO 160

Retificação

feita mediante a abertura de créditos, LDO 270

Revisão

das remunerações, subsídios, proventos, pensões, LDO..................... 228

remuneração dos militares ativos e inativos, pensionistas, LDO 229

RGPS

pagamento de benefícios, LDO.. 161

Risco(s)

ambientais, empreendimento, LDO... 247

cobertura pela reserva de contingência - art. 5º, b III..................... 23

fiscais - conteúdo do anexo - art. 4º, § 3º....................................... 21

Fiscais, LDO... 271

LRF CARTILHA MPOG

Risco(s)
pessoal, LDO..209
prevenção - art. 1º..12
segurança da população, empreendimento, LDO...............247
sociais, empreendimento, LDO...247

RP
Resultado Primário, LDO..155

RP 0
financeira, LDO...155

RP 1
obrigatória quando constar do Anexo III, LDO..................155

RP 2
discricionária e não abrangida pelo PAC, LDO..................155

RP 3
discricionária e abrangida pelo PAC, LDO........................155

RP 4
discricionária e não abrangida pelo PAC, LDO..................156

RP 5
discricionária e abrangida pelo PAC, LDO........................156

RP 6
discricionária e decorrente de emendas individuais, LDO.....155

Sanção(es)
aplicação pelo BACEN - art. 38, § 3º................................86
descumprimento de prazos de envio das contas - art. 51, § 2º......105
descumprimento do prazo - art. 52, § 2º..........................106
institucionais - exemplos...334
institucionais - obtenção de garantias..............................334
institucionais - transferências voluntárias........................334
LDO...203
operação de crédito c/ infração à LRF - art. 33, § 3º..........80
presidencial, LDO..165

421

Sanção(es)

suspensão de transferências voluntárias - art. 25, § 3°...................... 68

veto - plano plurianual... 125

Saúde

atendimento direto e gratuito ao público, LDO 208

aumento de benefícios - art. 24 64

criação de benefícios - art. 24 64

dos povos indígenas, LDO 206

extensão de benefícios - art. 24 64

limitação de despesa - art. 1°.. 12

Sistema Único - art. 25 65

transferências voluntárias - art. 25, § 1°, IV, b............................ 66

Segregação..91

Segurança

da sociedade, LDO 169

pública, LDO 170, 172

Seguridade

social, compreende, LDO 153

Social, entidades, LDO.. 151

social, receitas, LDO 184

Seguro-desemprego

pagamento, LDO 164

Senado Federal........................... v. também Poder Legislativo

art. 30, I... 73

art. 32, § 4°... 79

convocação extraordinária - despesas 53

fixa limites p/ garantias - art. 40, § 5°... 88

LDO 169

limites da dívida - alteração de proposta - art. 30, § 5°.................. 74

órgão do Poder Legislativo - art. 20, § 2°, II, a........................... 58

Sentença judicial

despesa com pessoal - art. 19, § 2°.. 54

Sentenças
Judiciais de empresas estatais dependentes, LDO 182
Serviço(s)
com indícios de irregularidades graves, LDO 149
comissão mista, acesso ao seu sistema eletrônico de fiscalização, LDO 255
contrato, contendo informações, LDO.. 259
de consultoria, LDO 171
de saúderestrições - art. 24, § 2º 65
de terceiros, despesas, LDO... 230
e o estoque da dívida pública federal, LDO.................................. 263
e obras com indícios de irregularidades, subtítulos, LDO 244
e obras, fiscalização, TCU, LDO 251
extraordinário, autorização, LDO 224
extraordinário, LDO 224
Servidor(es)
admitidos se, LDO... 224
benefícios, LDO 149
despesa c/ demissão - art. 19, § 1º, I 53
pagamento, LDO 171
Setor
privado, transferências, LDO 205
SFN
prevenção de insolvência - art. 28, § 1º... 70
vedação a socorro c/ recursos públicos - art. 28............................ 70
SIAC
Sistema de Acompanhamento de Contratos, LDO........................ 257
SIAFI
LDO...181, 257
Sistema Integrado de Administração Financeira do Governo Federal, LDO 153

SIASG
inclusive ComprasNet, LDO......257
LDO......167
Sistema Integrado de Administração de Serviços Gerais, LDO......166

SICONV
LDO......167, 257
Sistema de Gestão de Convênios e Contratos de Repasse, LDO...166

SIEST
Sistema de Informação das Estatais, LDO......257

SINTESE
Sistema Integrado de Tratamento Estatístico de Séries Estratégicas, LDO......257

SIOP
LDO......257
Sistema Integrado de Planejamento e Orçamento, LDO......174

SIOPE
Sistema de Informações sobre Orçamentos Públicos em Educação, LDO......257

SIOPS
Sistema de Informação sobre Orçamento Público em Saúde, LDO......257
Sistema de Informações sobre Orçamentos Públicos em Saúde, LDO......185

SISPAC
Sistema de Monitoramento do Programa de Aceleração do Crescimento, LDO......257

Sistema
de Acompanhamento de Contratos - SIAC, LDO......257
de Análise Gerencial da Arrecadação - ANGELA, LDO......257
de Coleta de Dados Contábeis dos Entes da Federação - SISTN, LDO......258

LRF   CARTILHA MPOG

Sistema

de Controle Interno..333

de custos..20

de Gestão de Convênios e Contratos de Repasse - SICONV, LDO 166

de Informação das Estatais - SIEST, LDO 257

de Informação sobre Orçamento Público em Saúde - SIOPS, LDO 257

de Informações Gerenciais de Arrecadação - INFORMAR, LDO..257

de Informações sobre Orçamentos Públicos em Educação - SIOPE, LDO..257

de Informações sobre Orçamentos Públicos em Saúde - SIOPS, LDO 185

de Monitoramento do Programa de Aceleração do Crescimento - SISPAC, LDO..257

Financeiro Nacional..ver SFN

Integrado de Administração de Serviços Gerais - SIASG, LDO 166

Integrado de Administração Financeira do Governo Federal - SIAFI, LDO..153

Integrado de Planejamento e Orçamento - SIOP, LDO.................174

Integrado de Tratamento Estatístico de Séries Estratégicas - SINTESE, LDO 257

Sistema "S"

art. 35 - inaplicabilidade...81

Sistema Integrado de Administração Financeira - SIAFI ... 108

SISTN

Sistema de Coleta de Dados Contábeis dos Entes da Federação, LDO 258

Sociais

aumento, encargos, LDO..224

Sociedade(s)

acesso, LDO 259

425

Sociedade(s)
de economia mista, LDO 154
segurança, LDO 169

Sonegação
medidas de combate - art. 13 31

STF
inaplicável, LDO 193
órgão do Judiciário - art. 20, § 2º, III, a 58

STJ
órgão do Judiciário - art. 20, § 2º, III, a 58

STMe juízes são órgãos do Judiciário - art. 20, § 2º, III, a 58

SUAS
Rede, LDO 185

Subfunção
definição LDO 153

Subsídio(s)
é renúncia de receita 33
LDO 162
revisão, LDO 228

Substâncias
psicoativas, dependência, LDO 206

Subtítulo(s)
o menor nível da categoria, LDO 151
relação, LDO 159
relativos a obras e serviços, LDO 246

Subtrechos
irregularidade, LDO 255

Suburbanos
transportes, LDO 170

Subvenções
econômicas, LDO 162

LRF   CARTILHA MPOG

Subvenções
 Sociais, LDO 217
 sociais, transferência de recursos a título, LDO 205
SUDAM
 Superintendência do Desenvolvimento da Amazônia, LDO 215
SUDECO
 Superintendência do Desenvolvimento do Centro-Oeste, LDO 215
SUDENE
 Superintendência do Desenvolvimento do Nordeste, LDO 215
Superávit
 receita p/ custeio de despesas com inativos - art. 19, § 2º 54
Superintendência
 do Desenvolvimento da Amazônia - SUDAM, LDO 215
 do Desenvolvimento do Centro-Oeste - SUDECO, LDO 215
 do Desenvolvimento do Nordeste - SUDENE, LDO.....................215
 de desenvolvimento regionais, LDO 154
Superior Tribunal de Justiça ....ver STJ
Superior Tribunal Militar ....ver STM
Supremo Tribunal Federal...ver STF
 LDO..169
SUS
 recursos no âmbito, LDO 216
 rede, LDO 185
Suspensão
 de acesso a novos créditos - art. 40, § 10...................................89
 de acesso a novos financiamentos - art. 40, § 10 89
 transferências voluntárias - art. 25, § 3º 68
Suspensiva
 cláusula, LDO 228
Tabelas
 com beneficiários, disponibilizados, LDO 231

427

Taxa(s)

básica financeira,operação de crédito - art. 38, III 85

LDO 183

Referencial, LDO 183

TCU

Acórdão nº 95/2004 - Plenário 67

Acórdão nº 138/2005 - Plenário 91

Acórdão nº 183/2005 - Plenário 26

Acórdão nº 341/2004 - Plenário 13, 94

Acórdão nº 399/2003 - Plenário 39

Acórdão nº 404/2005 - Plenário 52, 53, 91

Acórdão nº 558/2005 - 1ª Câmara 30, 65

Acórdão nº 585/2005 - 2ª Câmara 67

Acórdão nº 612/2005 - Plenário 20, 115

Acórdão nº 616/2005 - Plenário 37, 81

Acórdão nº 868/2005 - 2ª Câmara 93

Acórdão nº 883/2005 - 1ª Câmara 37

Acórdão nº 980/2005 - 2ª Câmara 13, 94

Acórdão nº 1.112/2005 - 2ª Câmara 47

Acórdão nº 1.143/2005 - Plenário 107, 109

Acórdão nº 1.440/2005 - Plenário 91

Acórdão nº 1.510/2005 - Plenário 113

Acórdão nº 1.550/2003 - 2ª Câmara 67

Acórdão nº 1.563/2005 - Plenário 76

Acórdão nº 1.565/2005 - Plenário 49

Acórdão nº 1.574/2005 - Plenário 12, 27

Acórdão nº 1.674/2005 - Plenário 54, 56

Acórdão nº 1.718/2005 - Plenário 33

Acórdão nº 1.805/2005 - 2ª Câmara 24

Acórdão nº 1.857/2005 - Plenário 22

Decisão nº 1.084/2001 - Plenário 123

fiscaliza operações com títulos pelo BACEN - art. 59, § 3º 115

TCU

informações, obras ou serviços, LDO 251

obras e serviços, fiscalização, LDO 251

órgão do Poder Legislativo - art. 20, § 2º, II, a 58

remeterá ao Congresso Nacional, LDO 254

repartição dos limites globais - art. 20, I, a 55

sujeita-se à LRF - art. 1º, III..14

Tecnologia

transferência - assistência da União - art. 64, § 1º 118

Terceirização 47

apuração contábil..321

contratos - contabilização - art. 18, § 1º..47

de mão de obra - características 47

de mão de obra - contabilização..49

Tesouro Nacional

o resultado do BACEN é receita sua - art. 7º................................25

obrigação com o BACEN - art. 7º, § 1º...25

prestação de contas - art. 49, p.u. 102

títulos da dívida pública federal - vedações - art. 39, § 4º.........87

Titulares

disponibilizarão relatórios de gestão fiscal, LDO............................265

Título(s)

da dívida agrária, autorização, LOA 290

da dívida pública federal, LDO 173

da dívida, permuta - vedações - art. 39, II....................................86

da dívida, vedações - art. 39, I, II..86

das ações e subtítulos, LDO...188

de crédito..327

públicos compra, LDO 171

Trabalho

vara, LDO..175

Transferência(s)

contrapartida na lei orçamentária, LDO.................................214

de recursos a título de auxílios, LDO..................................207

de recursos a título de contribuição corrente, LDO.......................206

de recursos a título de subvenções sociais, LDO.........................205

dependerá da comprovação pelo convenente, LDO.....................214

disposições gerais, LDO...218

dotação orçamentária, LDO..195

em meio magnético, LDO..219

financeiras para órgãos públicos, LDO.................................218

LDO..149, 205

para aplicação em programas, LDO....................................154

para ente da Federação, LDO..216

para o Setor Privado, LDO...205

respectivas, LDO...219

voluntárias, exigência para o recebimento, LDO.......................215

voluntárias, LDO...214

Transferências voluntárias 334

conceito - art. 25...65

condições na LDO - LC101, art. 4º, I, f..................................20

constitucionais - ressarcimento de pagamento - art. 40, § 9º............89

continuidade - vedação 67

exigências - na LDO - LC101, art. 25, § 1º.............................65

o que deve comprovar o beneficiário - art. 25, § 1º, IV.................66

orientação do TCU...65

suspensão - art. 25, § 3º...68

suspensão - descumprimento de prazo - art. 51, § 2º...................104

utilização diversa, vedação - art. 25, § 2º.............................67

vedações - art. 11, p.u...30

vedações - art. 23, § 3º, I...64

vedações - art. 31, § 2º..75

LRF — CARTILHA MPOG

Transformação
dotação orçamentária, LDO 195

Transitados
em julgado, débitos judiciais, LDO 162

Transparência
da gestão fiscal - art. 48 ....100, 330
disposições finais, LDO 264
disposições, LDO 150
LDO 258

Transpor
dotação orçamentária, LDO 195

Transporte
ferroviário, LDO 170
recursos não aplicáveis, LDO 168

Tribunal de Contas
ações prioritárias da LDO - alerta 113
competências 334
da União ....ver TCU
da União encaminhará, LDO 250
dever de alertar - art. 59, § 1º...113
Estados - repartição dos limites globais - art. 20, II, a 57
estadual - órgão do Legislativo - art. 20, § 2º, II, b 58
estadual - sujeita-se à LRF - art. 1º, III 14
fiscaliza a gestão fiscal - art. 59 112
LDO 170
municipal - órgão do Legislativo - art. 20, § 2º, II, d 58
municípal - sujeita-se à LRF - art. 1º, III 14
Municípios - repartição de limite global - art. 20, § 4º.........................58
Municípios - repartição de limite global - art. 20, III, a 57
parecer prévio separado 111
prazo p/ emissão do parecer prévio - art. 57 111
sujeita-se à LRF - art. 1º, I, a..14

Tribunal de Contas

suspensão de recesso - art. 57, § 2º......................................112

Tribunal de Justiça

art. 20, § 2º, III, b 58

do DF, LDO 169

Tribunal Regional Federal art. 20, § 2º, III, a....................58

Tribunal(is)

Regional do Trabalhoart. 20, § 2º, III, a................................58

Regional Eleitoraart. 20, § 2º, III, a......................................58

Superiores, LDO 169

Tributo

antecipação de receita - vedação - art. 37, I 83

orientações do TCU 30

transferências voluntárias - art. 25, § 1º, IV, a 66

Tuberculose

humana, LDO..206

UI 1

empréstimos do Banco Internacional para Reconstrução e
Desenvolvimento, LDO 157

União ....v. também Estados e Municípios

anexo do projeto da LDO - LC101, art 4º, § 4º 22

ato, LDO 188

compõe a dívida pública consolidada - art. 29, § 2º 72

condições de contragarantia exigida - art. 40, § 1º, II 88

deduções na receita corrente líquida - art. 2º, IV, a 16

diretrizes para a elaboração e execução dos orçamentos, LDO.......149

disponibilização de estimativas de receita - art. 12, § 3º.............31

ente da Federação - art. 2º, I 14

integram suas despesas as do BACEN - art. 5º § 6º 25

limites à despesa total com pessoal - art. 19, I.......................52

recursos para custeio de despesa de pessoal - art. 19, § 1º, V.............53

repartição de limites globais - art. 20, I 55

LRF CARTILHA MPOG

União
sujeita-se à LRF - art. 1º 13
Unidade(s)
de medida, definição, LDO 152
orçamentária, LDO 151
residenciais recursos não aplicáveis, LDO 167
Unificação
e consolidação das informações de despesas, LDO 229
Urbanos
transportes, LDO 170
Utilizar
dotação orçamentária, LDO 195
Vacância
de cargos, LDO 228
Valor(es)
aprovados para 2014, LDO 159
despendidos, evidenciar, LDO 229
insuficiente, quitação do débito, LDO 180
médio da União, LDO 232
pequeno, requisições, LDO 179
per capita, apuração, LDO 233
praticados, LDO 233
transferidos controle, LDO 166
Vantagem
concessão de qualquer, LDO 162
recursos não aplicáveis, LDO 168
Vara
Justiça do Distrito Federal e Territórios, LDO 175
Variáveis
despesas com encargos de pensionistas e inativos, LDO 229

CARTILHA MPOG   J. U. JACOBY FERNANDES

Vedações

à aplicação de receita da alienação de bens - art. 44 96
à emissão de títulos da dívida pública - art. 34 80
à LOA - LC101, art. 5º, § 4º 24
ao Tesouro Nacional - art. 39, § 4º 87
às transferências voluntárias - art. 31, § 2º 75
atos equiparados a operações de crédito - art. 37 83
Banco Central 86
crédito - com dotação ilimitada - art. 5º, § 4º 24
crédito - finalidade imprecisa - art. 5º, § 4º 24
obrigação que se estende ao próximo mandato - art. 42 90
recebimento de transferência voluntária - art. 23, § 3º, I 64
ultrapassagens a limites de dívidas - art. 31, 1º 75

Vedada

a execução orçamentária de programação, LDO 157

Vedado

o reajuste acima da variação, LDO 232

Vencimentos .... v. também Despesa com pessoal

redução - art. 23, § 2º 64

Viabilizar

a conclusão, LDO 173

Vias

rodoviárias, obras, LDO 170

Vida

condições, melhoria, LDO 233

Vigilância

sanitária, LDO 172

Vírus

da Imunodeficiência humana, LDO 206

Vulnerabilidade

social, atendimento, LDO 209

Vulnerabilidade
social, LDO 209
Zonas
eleitorais novas, LDO 176

Esta obra foi composta em fonte *Goudy Old Style*, capa cartão supremo 250g, miolo em papel AP 63g, impressa pela Cromosete Gráfica e Editora Ltda. 1.000 exemplares. São Paulo/SP, fevereiro de 2014.

?